老科学家学术成长资料采集工程

中国工程院院士传记 丛书

誓言无声铸重器

黄旭华 传

王艳明 ◎ 著

中国科学技术出版社

图书在版编目（CIP）数据

誓言无声铸重器：黄旭华传 / 王艳明著 . —北京：
中国科学技术出版社，2017.4（2024.7 重印）
（老科学家学术成长资料采集工程丛书　中国
工程院院士传记丛书）
ISBN 978-7-5046-7446-3

I. ①誓… II. ①王… III. ①黄旭华—传记　IV.
① K826.16

中国版本图书馆 CIP 数据核字 (2017) 第 065243 号

责任编辑	李双北	
责任校对	杨京华	
责任印制	徐　飞	
版式设计	中文天地	

出　　版	中国科学技术出版社	
发　　行	中国科学技术出版社有限公司	
地　　址	北京市海淀区中关村南大街 16 号	
邮　　编	100081	
发行电话	010-62173865	
传　　真	010-62173081	
网　　址	http://www.cspbooks.com.cn	

开　　本	787mm×1092mm　1/16	
字　　数	310 千字	
印　　张	20	
彩　　插	2	
版　　次	2017 年 5 月第 1 版	
印　　次	2024 年 7 月第 2 次印刷	
印　　刷	德富泰（唐山）印务有限公司	
书　　号	ISBN 978-7-5046-7446-3 / K・206	
定　　价	80.00 元	

老科学家学术成长资料采集工程简介

  老科学家学术成长资料采集工程（以下简称"采集工程"）是根据国务院领导同志的指示精神，由国家科教领导小组于 2010 年正式启动，中国科协牵头，联合中组部、教育部、科技部、工信部、财政部、文化部、国资委、解放军总政治部、中国科学院、中国工程院、国家自然科学基金委员会等 11 部委共同实施的一项抢救性工程，旨在通过实物采集、口述访谈、录音录像等方法，把反映老科学家学术成长历程的关键事件、重要节点、师承关系等各方面的资料保存下来，为深入研究科技人才成长规律，宣传优秀科技人物提供第一手资料和原始素材。

  采集工程是一项开创性工作。为确保采集工作规范科学，启动之初即成立了由中国科协主要领导任组长、12 个部委分管领导任成员的领导小组，负责采集工程的宏观指导和重要政策措施制定，同时成立领导小组专家委员会负责采集原则确定、采集名单审定和学术咨询，委托科学史学者承担学术指导与组织工作，建立专门的馆藏基地确保采集资料的永久性收藏和提供使用，并研究制定了《采集工作流程》《采集工作规范》等一系列基础文件，作为采集人员的工作指南。截至 2016 年 6 月，已启动 400 多位老科学家的学术成长资料采集工作，获得手稿、书信等实物原件资料 73968 件，数字化资料 178326 件，视频资料 4037 小时，音频资料 4963 小时，具有重要的史料价值。

　　采集工程的成果目前主要有三种体现形式，一是建设"中国科学家博物馆网络版"，提供学术研究和弘扬科学精神、宣传科学家之用；二是编辑制作科学家专题资料片系列，以视频形式播出；三是研究撰写客观反映老科学家学术成长经历的研究报告，以学术传记的形式，与中国科学院、中国工程院联合出版。随着采集工程的不断拓展和深入，将有更多形式的采集成果问世，为社会公众了解老科学家的感人事迹，探索科技人才成长规律，研究中国科技事业的发展历程提供客观翔实的史料支撑。

总序一

中国科学技术协会主席 韩启德

　　老科学家是共和国建设的重要参与者，也是新中国科技发展历史的亲历者和见证者，他们的学术成长历程生动反映了近现代中国科技事业与科技教育的进展，本身就是新中国科技发展历史的重要组成部分。针对近年来老科学家相继辞世、学术成长资料大量散失的突出问题，中国科协于2009年向国务院提出抢救老科学家学术成长资料的建议，受到国务院领导同志的高度重视和充分肯定，并明确责成中国科协牵头，联合相关部门共同组织实施。根据国务院批复的《老科学家学术成长资料采集工程实施方案》，中国科协联合中组部、教育部、科技部、工业和信息化部、财政部、文化部、国资委、解放军总政治部、中国科学院、中国工程院、国家自然科学基金委员会等11部委共同组成领导小组，从2010年开始组织实施老科学家学术成长资料采集工程。

　　老科学家学术成长资料采集是一项系统工程，通过文献与口述资料的搜集和整理、录音录像、实物采集等形式，把反映老科学家求学历程、师承关系、科研活动、学术成就等学术成长中关键节点和重要事件的口述资料、实物资料和音像资料完整系统地保存下来，对于充实新中国科技发展的历史文献，理清我国科技界学术传承脉络，探索我国科技发展规律和科技人才成长规律，弘扬我国科技工作者求真务实、无私奉献的精神，在全社会营造爱科学、学科学、用科学的良好氛围，是一件很有意义的事情。采集工程把重点放在年龄在 80 岁以上、学术成长经历丰富的两院院士，以及虽然不是两院院士、但在我国科技事业发展中作出突出贡献的老科技工作者，充分体现了党和国家对老科学家的关心和爱护。

自 2010 年启动实施以来，采集工程以对历史负责、对国家负责、对科技事业负责的精神，开展了一系列工作，获得大量反映老科学家学术成长历程的文字资料、实物资料和音视频资料，其中有一些资料具有很高的史料价值和学术价值，弥足珍贵。

以传记丛书的形式把采集工程的成果展现给社会公众，是采集工程的目标之一，也是社会各界的共同期待。在我看来，这些传记丛书大都是在充分挖掘档案和书信等各种文献资料、与口述访谈相互印证校核、严密考证的基础之上形成的，内中还有许多很有价值的照片、手稿影印件等珍贵图片，基本做到了图文并茂，语言生动，既体现了历史的鲜活，又立体化地刻画了人物，较好地实现了真实性、专业性、可读性的有机统一。通过这套传记丛书，学者能够获得更加丰富扎实的文献依据，公众能够更加系统深入地了解老一辈科学家的成就、贡献、经历和品格，青少年可以更真实地了解科学家、了解科技活动，进而充分激发对科学家职业的浓厚兴趣。

借此机会，向所有接受采集的老科学家及其亲属朋友，向参与采集工程的工作人员和单位，表示衷心感谢。真诚希望这套丛书能够得到学术界的认可和读者的喜爱，希望采集工程能够得到更广泛的关注和支持。我期待并相信，随着时间的流逝，采集工程的成果将以更加丰富多样的形式呈现给社会公众，采集工程的意义也将越来越彰显于天下。

是为序。

总序二

中国科学院院长　白春礼

　　由国家科教领导小组直接启动，中国科学技术协会和中国科学院等 12 个部门和单位共同组织实施的老科学家学术成长资料采集工程，是国务院交办的一项重要任务，也是中国科技界的一件大事。值此采集工程传记丛书出版之际，我向采集工程的顺利实施表示热烈祝贺，向参与采集工程的老科学家和工作人员表示衷心感谢！

　　按照国务院批准实施的《老科学家学术成长资料采集工程实施方案》，开展这一工作的主要目的就是要通过录音录像、实物采集等多种方式，把反映老科学家学术成长历史的重要资料保存下来，丰富新中国科技发展的历史资料，推动形成新中国的学术传统，激发科技工作者的创新热情和创造活力，在全社会营造爱科学、学科学、用科学的良好氛围。通过实施采集工程，系统搜集、整理反映这些老科学家学术成长历程的关键事件、重要节点、学术传承关系等的各类文献、实物和音视频资料，并结合不同时期的社会发展和国际相关学科领域的发展背景加以梳理和研究，不仅有利于深入了解新中国科学发展的进程特别是老科学家所在学科的发展脉络，而且有利于发现老科学家成长成才中的关键人物、关键事件、关键因素，探索和把握高层次人才培养规律和创新人才成长规律，更有利于理清我国科技界学术传承脉络，深入了解我国科学传统的形成过程，在全社会范围内宣传弘扬老科学家的科学思想、卓越贡献和高尚品质，推动社会主义科学文化和创新文化建设。从这个意义上说，采集工程不仅是一项文化工程，更是一项严肃认真的学术建设工作。

中国科学院是科技事业的国家队，也是凝聚和团结广大院士的大家庭。早在1955年，中国科学院选举产生了第一批学部委员，1993年国务院决定中国科学院学部委员改称中国科学院院士。半个多世纪以来，从学部委员到院士，经历了一个艰难的制度化进程，在我国科学事业发展史上书写了浓墨重彩的一笔。在目前已接受采集的老科学家中，有很大一部分即是上个世纪80、90年代当选的中国科学院学部委员、院士，其中既有学科领域的奠基人和开拓者，也有作出过重大科学成就的著名科学家，更有毕生在专门学科领域默默耕耘的一流学者。作为声誉卓著的学术带头人，他们以发展科技、服务国家、造福人民为己任，求真务实、开拓创新，为我国经济建设、社会发展、科技进步和国家安全作出了重要贡献；作为杰出的科学教育家，他们着力培养、大力提携青年人才，在弘扬科学精神、倡树科学理念方面书写了可歌可泣的光辉篇章。他们的学术成就和成长经历既是新中国科技发展的一个缩影，也是国家和社会的宝贵财富。通过采集工程为老科学家树碑立传，不仅对老科学家们的成就和贡献是一份肯定和安慰，也使我们多年的夙愿得偿！

鲁迅说过，"跨过那站着的前人"。过去的辉煌历史是老一辈科学家铸就的，新的历史篇章需要我们来谱写。衷心希望广大科技工作者能够通过"采集工程"的这套老科学家传记丛书和院士丛书等类似著作，深入具体地了解和学习老一辈科学家学术成长历程中的感人事迹和优秀品质；继承和弘扬老一辈科学家求真务实、勇于创新的科学精神，不畏艰险、勇攀高峰的探索精神，团结协作、淡泊名利的团队精神，报效祖国、服务社会的奉献精神，在推动科技发展和创新型国家建设的广阔道路上取得更辉煌的成绩。

总序三

中国工程院院长　周　济

由中国科协联合相关部门共同组织实施的老科学家学术成长资料采集工程，是一项经国务院批准开展的弘扬老一辈科技专家崇高精神、加强科学道德建设的重要工作，也是我国科技界的共同责任。中国工程院作为采集工程领导小组的成员单位，能够直接参与此项工作，深感责任重大、意义非凡。

在新的历史时期，科学技术作为第一生产力，已经日益成为经济社会发展的主要驱动力。科技工作者作为先进生产力的开拓者和先进文化的传播者，在推动科学技术进步和科技事业发展方面发挥着关键的决定的作用。

新中国成立以来，特别是改革开放 30 多年来，我们国家的工程科技取得了伟大的历史性成就，为祖国的现代化事业作出了巨大的历史性贡献。两弹一星、三峡工程、高速铁路、载人航天、杂交水稻、载人深潜、超级计算机……一项项重大工程为社会主义事业的蓬勃发展和祖国富强书写了浓墨重彩的篇章。

这些伟大的重大工程成就，凝聚和倾注了以钱学森、朱光亚、周光召、侯祥麟、袁隆平等为代表的一代又一代科技专家们的心血和智慧。他们克服重重困难，攻克无数技术难关，潜心开展科技研究，致力推动创新发展，为实现我国工程科技水平大幅提升和国家综合实力显著增强作出了杰出贡献。他们热爱祖国，忠于人民，自觉把个人事业融入到国家建设大局之中，为实现国家富强而不断奋斗；他们求真务实，勇于创新，用科技为中华民族的伟大复兴铸就了辉煌；他们治学严谨，鞠躬尽瘁，具有崇高的科学精神和科学道德，是我们后代学习的楷模。科学家们的一生是一本珍贵的教科书，他们坚定的理想信念和淡泊名利的崇高品格是中华民族自强不息精神的宝贵财富，永远值得后人铭记和敬仰。

通过实施采集工程，把反映老科学家学术成长经历的重要文字资料、实物资料和音像资料保存下来，把他们卓越的技术成就和可贵的精神品质记录下来，并编辑出版他们的学术传记，对于进一步宣传他们为我国科技发展和民族进步作出的不朽功勋，引导青年科技工作者学习继承他们的可贵精神和优秀品质，不断攀登世界科技高峰，推动在全社会弘扬科学精神，营造爱科学、讲科学、学科学、用科学的良好氛围，无疑有着十分重要的意义。

中国工程院是我国工程科技界的最高荣誉性、咨询性学术机构，集中了一大批成就卓著、德高望重的老科技专家。以各种形式把他们的学术成长经历留存下来，为后人提供启迪，为社会提供借鉴，为共和国的科技发展留下一份珍贵资料。这是我们的愿望和责任，也是科技界和全社会的共同期待。

黄旭华

黄旭华与传记作者、采集负责人讨论问题

黄旭华与影像采集及访谈人员合影
（二排左起：刘军青、汤润雪、王艳明、杨艺、张凯）

黄旭华与资料整理人员合影
（二排左起：李觅、林青、杨艺、王艳明、王庆悦、汤润雪）

目 录

图片目录

导　言

在核潜艇领域，我国已形成一套完整的研究、设计、试验、制造、测试的核潜艇产业体系，而且装备了一支具有极高战略威慑力的、成梯次配备的、已近实现战备巡逻的核潜艇部队。回顾我国核潜艇的发展历程，人们自然会想起以黄旭华为代表的五位两院院士及无数第一代核潜艇研制人员的皓首穷经、筚路蓝缕、无私奉献，正是他们所铸就的国之重器使我国彻底摆脱了超级大国的核讹诈，更使我们在民族复兴的道路上迈出了坚实的一步。

而今，由黄旭华院士等人所开创的核潜艇工程以令世人震撼的力量，继续承载着捍卫"中国梦"的伟大重任。

黄旭华是我国著名船舶专家、核潜艇研究设计专家、中国工程院首批院士、中国第一代核动力潜艇研制创始人之一。1924 年 2 月 24 日，黄旭华出生于广东省汕尾市海丰县田墘镇，原籍广东省揭阳县。1949 年，他毕业于国立交通大学造船系船舶制造专业，先后从事过民用船舶和军用舰艇的研究设计工作。1958 年，黄旭华开始参与并领导我国第一代核潜艇的研究设计工作，先后出任第一代核潜艇副总设计师、第二任总设计师，历任中国船舶工业总公司及中船重工集团公司第七一九所副总工程师、副所长、所长、党委书记。黄旭华先后于 1978 年获全国科学大会奖、1982 年获国防科工委二等奖，1986 年被授予船舶工业总公司劳动模范，1989 年被授予全国先进工作者，他参与完成的我国第一代核潜艇研制获 1985 年国家科学技术进步奖特等奖、导弹核潜艇研制获 1996 年国家科学技术进步奖特等奖。

黄旭华出生于以医为主、兼理农商之家，正直、勇敢、仁厚、坚毅的父母自小给予了他良好的道德与文化的熏陶。在历经了树基小学、作矶小学、聿怀中学、广益中学、桂林中学、教育部特设大学先修班的坎坷求学历程之后，他以优异的成绩进入了当时著名的国立交通大学，系统学习造船专业理论与技术，以期实现"科学强国"的报国理想。同期在地下党的培养下，历经风雨的洗礼成长为一名坚强的共产党员。

新中国成立后，经过党校系统培训学习，黄旭华在政治思想上逐步成熟。经过苏联军事舰船的转让仿制的锤炼，黄旭华在专业技术上也崭露头角。1958 年，黄旭华因为政治素质过硬、专业技术精湛，成为开启"09"工程的最初 29 位专业技术人员之一，从此将自己的一生献给了祖国的核潜艇事业。在核潜艇的研制过程中，黄旭华秉持"自力更生、艰苦奋斗、大力协同、无私奉献"的核潜艇精神，倡导以常规技术系统集成的科学理念，克服重重困难，取得了一系列的技术突破与创新，先后设计完成了我国第一代攻击型核潜艇和弹道导弹核潜艇，实现了毛泽东主席的"核潜艇，一万年也要搞出来"的宏伟誓言。与美苏第一代核潜艇相比，我国一代两型核潜艇的大部分技、战术性能都实现了超越，这不仅使我国拥有了一支新型的战略核力量，而且为我国后续核潜艇的技术突破与性能提升打下了坚实的基础。

在中国科协、湖北省科协的指导下，在中船重工有关部门的配合下，2013 年，黄旭华学术成长资料采集工作启动。采集工作由湖北大学历史文化学院档案与信息管理专业王艳明教授负责组织与实施，采集小组依据传主的专业背景、学术成长道路、资料采集特点和技术要求，由档案管理、史料研究、新闻媒体、造船技术等多专业人员组成。依据工作任务的特点与性质，采集小组进行合理分工，分为口述访谈组、实物采集组、资料整编组、传记撰写组和工作协调组。按照采集工程的要求与部署，采集小组制定了详细的采集工作计划、人物访谈方案、实物采集计划、数字化处理规则、传记撰写方案，各小组成员本着对传主负责、对国家负责的态度，齐心协力、密切配合，严格按照采集工作规定的时间节点和工作要求，认真实施着各阶段的采集计划与任务。

黄旭华院士学术成长资料的采集工作采取"以时间为经、以事件为纬"的逻辑架构进行。在时间轴上，努力做到系统地还原黄旭华的人生轨迹；在事件轴上，力图达成完整地再现黄旭华的学术事迹。按照采集工程的要求，采集小组对黄旭华学术成长资料的采集主要围绕两个方面重点实施，一是采取面对面的方式对有关当事人进行直接访谈，包括对黄旭华院士本人及其同事、亲属进行访谈，获取关于院士一生各方面的直接回忆资料；二是对各种历史资料广泛收集，包括院士一生积累下来的各种实物、手稿、照片、论文、相关技术资料、学术报告等，包括来自其他各方的书籍、照片、档案、报纸、音视频资料等。

一年多来，访谈小组严格遵守国防工办、719 所规定的保密要求，签署并执行保密协议，克服黄旭华工作繁忙的困难，见缝插针，先后对黄旭华院士进行了 8 次总时长为 1020 分钟的直接访谈，每次访谈均在 2 个小时以上。此外，依据黄旭华的人生轨迹和工作经历，报请 719 所审批后，访谈小组在 719 所保密人员的监督下，对张金麟院士、宋学斌总师、李世英女士、张卫老师夫妇等 8 位黄旭华的亲属、同事进行了 7 次总计 648 分钟的间接访谈。其中黄旭华的弟弟黄绍赞书面回答了采集小组提出的问题。

除访谈工作外，采集小组遵照保密协议，通过各种途径和方法收集到了大量的关于黄旭华院士的档案、照片、手稿、部分学术成果、书籍、报纸、音视频、实物等十三类资料，基本覆盖了黄旭华院士一生的主要经历及学术成长过程，其主要的学术成就得以完整呈现。当然，还有许多极其珍贵的、反映黄旭华院士最核心学术贡献的设计图纸、计算材料、试验记录、工作手册、工作笔记、技术照片、部分非公开出版的内部资料由于高度涉密，甚至许多图纸和资料名称都不得有半点泄露，采集小组无法采集。在允许采集的资料当中，有一部分进行了脱密处理。

按照采集工程的要求，采集小组对所有资料进行了系统的订正、分类、整理、著录、标引、组卷，对大部分资料进行了数字化处理，形成了

"黄旭华学术资料总清单"、"黄旭华学术资料实物清单"、"黄旭华学术资料原件清单"，以满足保管及利用的需要。在此基础上，采集小组对全部资料进行了系统的组织与研究，编制了《黄旭华年表》，并以年表为脉络，编辑了《黄旭华学术资料长编》，从而使采集而来的黄旭华学术资料井然有序，以利于将来的科学研究与深度开发。

采集小组所做的最后一项工作就是按照老科学家学术成长资料采集工程的规定，撰写黄旭华院士的传记。依据传记的写作特点，考虑采集工程的主旨意义，分析黄旭华成长的时代背景与成长轨迹，采集小组明确了传记的如下写作思路。第一，完整而有序地反映传主从童年到当前的人生历程；第二，重点还原传主曲折求学、地下党生涯和核潜艇研制等核心事件及其历史进程；第三，力图理清传主人生转折、学术成长、科学成就的思想背景、因果关联与历史经纬；第四，尽可能准确铺陈传主的科学成就，客观评价其科学地位与历史贡献。

黄旭华传记分为九章，章节按时间延展、以事件布局，章节间按照大小主题渐次叙述。整篇传记勉力做到事实准确、客观公允、描述流畅清晰。对有争议的问题则秉持孤证不立、客观陈述、不做结论性评价的原则。

首章展示的是黄旭华的家庭背景与童年生活。本章重点介绍黄旭华父母亲的道德修养、文化背景、职业操守及性格禀赋，以此追索黄旭华精神品德之源。此外，对于媒体广泛传播的生日进行了求证，从而还原其人生的真实起点。

次章主要叙述黄旭华曲折的求学过程及人生目标的转变。黄旭华的求学生涯戏剧而曲折，期间充满艰辛。本章不单是重走其求学之路，更重要的是在描述与展示黄旭华知识的收获、优秀教师对他的影响、动荡时局对其心灵的洗礼，最终揭示其人生目标转变的根本原因。

国立交通大学的学习生活及革命斗争是黄旭华人生的第一个高潮。在这里，黄旭华夯实了学术成长的起点，又实现从一名普通的学生到一个坚强的革命者的华丽蜕变。在第三章中，笔者力图首先铺叙黄旭华的专业学习情况，介绍交通大学以辛一心为代表的船舶制造先驱们对黄旭华专业思想的培育，定位其学术成长的原点。同时，以时间为序，渐次展开黄旭华参加"山茶社"等进步学生社团及所开展的学生运动的画卷,还原其波谲云诡、惊心动魄的革命斗争过程,并尝试追溯其参加地下党的思想变化,发掘其献身核潜艇事业的精神基础。

第四章主要介绍黄旭华交通大学毕业后直至参加"09"工程十年间的工作经历。该章看似为一个过渡性章节,实则描述了黄旭华的思想观念成熟、专业技能提升的磨炼过程,暗示了黄旭华之所以取得重大科学成就的思想及专业技术渊源。从学术成长的规律与轨迹看,这十年不是过渡,而是思想成熟与专业技能蓄积的必要环节,笔者也因此将其命名为"十年磨一剑"。

加入"09"工程不仅是黄旭华人生的重要转折点,也是时代给予他的重大机遇。第五章首先介绍了我国核潜艇研制的时代背景及缘起,尔后描述了黄旭华加入"09"工程的过程,介绍他为核潜艇研制所做的主要的开拓性工作,最后叙述了核潜艇工程下马的经过,并分析下马的原因。

第六、七两章则以我国一代两型核潜艇的研制历史为坐标,逐一介绍核潜艇研制的重要历史节点及黄旭华在其中所承担的任务。这段时间也是黄旭华学术成长的成熟期和收获期,其一生的主要学术思想及其专业成就都是在这一阶段完成的。这两章逐一回顾黄旭华在核潜艇研制中亲历的重大事件,再现了其学术成熟的脉络,分析他的创新思想、技术突破及其科学精神。

第八章是对黄旭华的科学贡献及其人生追求的总结,同时展示其退居二线后对核潜艇发展的忠贞情怀,其中重点对以黄旭华为代表的第一代核潜艇人所铸造的核潜艇精神的形成及其本质特征进行了剖析。

第九章是关于黄旭华和谐的家庭与幸福的生活的,反映了其家人对其事业坚定的支持与理解。本章对他的夫人李世英进行了重点介绍,突出反映她的品德、品质与品位。李世英塑造了一个近乎完美的黄旭华,同时也丰富了自己的人生,提升了自己的人生价值,诠释了其作为知识女性的另外一种成功。

本书按以历史发展的逻辑,以朴素的笔触,勉力勾勒黄旭华学术成长的过程,努力刻画与展示一个为了祖国的安全与强大、孜孜以求、无私奉献、锐意创新的科学家形象。

第一章
族乡童趣

新 寮 古 村

　　黄旭华祖籍广东省揭阳县。黄氏一族客居揭阳县玉湖镇新寮村。

　　明万历六年（1578），新龙围黄氏族系二世祖心镜公背负始祖鸣鹿公骨殖，自广东饶平西徙，经潮州而至揭阳。一日，出揭阳西门，沿北溪而上四十余里，见一境曰"新寮"之所，群山环抱、

图 1-1　新寮村举人故居前的旗杆夹（2014 年 3 月 21 日。
资料来源：林宝凤摄）

两溪相汇，山清水秀、聚气藏风，遂决心在此建厅筑堂，开山造田，繁衍生

息，新寮村自此而兴①。

新寮村新中国成立前属广东省揭阳县玉湖镇，现为揭阳市揭东县玉湖镇。新寮村主要建筑呈现为"三厅一井"、"三街六巷"、"下山虎"的客家围龙屋风格，是揭阳客家建筑的典型代表。新寮村古貌至今保存尚好，村道皆为石路，凝淀着新寮村历史人文典故的"分柑（大桔）桥"、古井、旗杆夹、举人练武石、番仔楼、崇德堂等建筑历400余年的岁月打磨依然坚挺，也让新寮村始终氤氲着古朴之风，并借此于2012年获评为"广东省古村落"②。

图1-2 祖屋"崇德堂"（2014年12月14日。资料来源：林碧鸿摄）

新寮村山水隽美、人杰地灵。古时官员们至此竟不约"文官落轿、武官下马"，清末时期"一门三中举"的黄国祥兄弟就让新寮村声名鹊起，而今天有"中国核潜艇之父"之誉、2013年"感动中国"十大人物之首的黄旭华院士为新寮村戴上了更为闪亮的光环，成为全国诸多媒体的焦点③。

黄旭华祖父黄华昌在新寮村是第九代，祖屋名"崇德堂"，至今仍大体完好。至黄旭华父亲黄树穀一代，因为其职业生计缘故，迁往广东海丰县田墘镇。黄旭华对祖屋的印象并不深，他仅在聿怀中学读书的一个暑假期间于新寮村小住。直至2009年，黄旭华院士携夫人李世英女士回新寮村寻宗祭祖，重温祖籍的山水人文。

---

① 广东省揭东县玉湖镇新寮乡：《新寮乡黄氏家族族谱》。2008年修订。资料存于采集工程数据库。
② 林宝凤："希望大家到村里来！"——揭东区玉湖镇新寮村打造乡村游景点侧记。《揭阳日报》，2014年4月22日。
③ 黄晓旋："中国核潜艇之父"黄旭华故乡：揭东新寮村。《揭阳日报》，2013年1月31日。

杏 林 之 家

黄旭华祖父黄华昌，是一名武秀才，而且粗通医术。黄华昌育有三子，黄旭华父亲是黄华昌二儿子，名树毅，号育黎，清光绪十九年（1892）农历十月初一生于揭阳县新寮村。

黄树毅年轻时就读于揭西五经富道济中学，黄旭华的母亲曾慎其也在当地的五育女校读书。黄旭华的外祖父是当地有名望的医生，黄树毅遵岳父之命中学毕业后即与曾慎其完婚，随即夫妻一起进入汕头教会所办福音医院跟随英国医生研习医术。黄树毅专修内科，曾慎其主习妇产科。1919 年，夫妻二人毕业后正式移居汕尾，一起在汕尾福音医院

图 1-3　祖父黄华昌（资料来源：黄旭华提供）

从事医疗服务①。1920 年，夫妻俩在海丰县捷胜镇开办"黄育黎医务所"，在那里他们生下了黄旭华的大哥黄绍忠。1921 年，黄树毅夫妇又将医务所迁至田墘镇，并增开了"育黎药房"。在田墘，黄树毅夫妇陆续生下黄旭华院士等六子二女，并在此终老一生②。

黄树毅先生与夫人新中国成立前主要从事医务，开办医务所，经营"育黎药房"。夫妻二人悬壶济世、仁慈博爱，在当地渐渐具有了较高声望。新中国成立后他们的诊所和药房加入了联合诊所和当地的卫生院。黄旭华在 1945 年投考和就读上海交通大学时，学生登记表中填写的通讯地址即是

---

① 汕尾市红海湾抗日英烈陵园文史馆编：黄树毅先生传略。见：汕尾市红海湾抗日英烈陵园文史馆编，《长忆合作军》。2009 年，第 46 页，内部资料。

② 黄绍赞：记忆中的一些事。2014 年 10 月，未刊稿。资料存于采集工程数据库。

"广东海丰田墘育黎药房"。

据黄旭华回忆，当时他们家还有块薄地，一般用来种植花生和番薯，番薯当时是他们家人的主要粮食，黄院士笑称他是吃番薯长大的。收获的花生则在自己家的作坊中榨成花生油，然后偷偷用帆船走私到香港去卖，这样能够获得尽可能丰厚一点

图1-4　父亲黄树毅与母亲曾慎其（资料来源：黄旭华提供）

的收入①。据史料记载，由于海丰临海，距离香港不远，新中国成立前走私农产品去香港售卖是当地人的重要生活来源。

行医、种植而外，黄树毅先生还利用行医卖药积累的一点家资兼营商贸。首先是在香港开办米铺。1927年，黄树毅到香港油麻地先独资、后合资分别开办了"广和兴"、"广裕兴"两间米铺，常年请人打理，专门售卖暹罗（今泰国）大米。其次是往来香港与海丰之间走私贩运粮油及一些日用品。第三是经营盐田。行医经商赚了一些钱之后，黄树毅于1938年盖起了一幢二层半的楼房，这样不仅能够满足一大家子人居住，医务所和药房也不再租用别人的房子。但是，经商也给黄树毅先生带来一个终身遗憾。在一次米店跺大米堆时，黄树毅自高高的米墩上不小心摔下来，治疗不善落下了终身的不时的剧烈疼痛，为了缓解和麻醉痛楚，黄先生甚至偶尔吸食鸦片。

黄树毅先生及夫人行医、种植、经商，也算薄有资产。但黄树毅夫妻二人行善济世、乐善好施、兴资办学、热衷公益，因此一家人生活简朴，生活水准和当地一般人家基本一致。然而，即便如此，黄树毅先生在新中国成立后仍然被划定为工商业兼地主的成分，其妻子也因此而饱受磨难。②

自祖父黄华昌起，经过黄采岩、黄树毅两兄弟的努力，黄家行医在当地就博得了较高的地位，黄家也俨然成为海丰田墘一带有名望的杏林之

---

① 黄旭华访谈——家族、家乡，2013年11月21日，武汉。资料存于采集工程数据库。

② 黄绍赞：记忆中的一些事。2014年10月，未刊稿。存地同①。

家，黄家的长辈也就希望子女继承传统。据黄旭华回忆，黄树毅夫妇自小就希望黄旭华学习医术，将来成为一名好医生。而黄旭华院士本人耳濡目染，打小也是希望自己将来成为一名像母亲曾慎其女士一样的好医生。

仁 义 双 亲

黄旭华院士父母亲不仅具有作为医生和商人所应有的基本职业道德，更重要的是在行医问药、经营处世中所体现的大仁大义。在汕尾市海丰田墘镇，至今仍传颂着黄树毅先生和曾慎其女士诸多仁义之举。

黄树毅先生具有朴实的爱国情感和刚毅勇敢的客家传统。日寇侵入海丰田墘后，基于他在当地的声望和影响，希望他能帮助日本人做事，出任维持会长一类的角色，黄树毅一口回绝。日寇小军官把黄树毅一脚踢翻在地，把刀架在他的脖子上，并以家人胁迫，可他还是

图1-5　父亲黄树毅（资料来源：黄旭华提供）

不答应，回答说就算被杀也决不做日本人的走狗。曾慎其见孩子们被吓得蜷缩在墙角，急中生智上楼拿了一叠钱币塞给领路的汉奸，汉奸见钱眼开，与小军官嘀咕一阵子后才恶狠狠的离开。

1941年9月21日凌晨，由于汉奸告密，驻扎"红楼"（当时白沙中学的教学楼，漆成红色，故名"红楼"）的抗日合作军官兵突遭日军包围袭击，几近全军覆灭，这就是抗日战争时期震惊海丰地区的"红楼事件"。事件发生后，黄树毅先生同蔡一阳、陈鑫祥等人不顾生命危险，秘密抢救、医治并转移20多名伤员，同时清理烈士遗体、收敛安葬。黄树毅先

生的英勇事迹赢得了人们的敬重，今天汕尾市红海湾抗日英烈陵园的一个墓碑上有黄树毅先生的照片，关于合作军及"红楼事件"的许多史料和追忆文章中，都记录有黄树毅先生的事迹①。

20世纪20年代后期，有一年海丰田墘一带流行霍乱，当地政府束手无策，黄树毅先生毅然从香港购进预防和治疗霍乱的药品，并免费给田墘当地人注射，阻止了一场瘟疫的蔓延，他也因此而获得了人们的尊敬。

最能体现黄树毅先生远见卓识、胸怀宽广、泽被乡里的事件是其兴资办学的义举。

1945年8月抗战胜利后，海丰田墘一带仅有一所初级树基小学，这所学校的主要经费来源就是黄树毅的捐助。但是仅有一所初级小学远远不够啊，孩子们的后续教育依然是一个难题。黄树毅先生发现这个问题后，邀约当地几位开明人士，集资在田墘镇创办了白沙中学，并亲自到香港聘请林悠如先生（新中国成立后任中山大学中文系教研室主任、江西大学中文系主任、南昌市政协委员）任校长。黄树毅因为出资份额较大及其声望被

图1-6　母亲曾慎其（资料来源：黄旭华提供）

推为学校的董事长，为当地教育做出了较大的贡献。新中国成立后，因为多种原因黄树毅先生只被认可为白沙中学的创始人之一，可他并不为意。因为他认为办学的初衷本就不在名利，只要当地子孙教育受益了，他的目的就达到了。

黄旭华院士的母亲曾慎其女士生于1893年重阳节，揭西五经富人。虽然家境贫寒，但是当地客家人较为重视孩子们的教育，曾慎其女士自小就在当地教会所兴办的女子学校读书，受到了良好的教育。其后又进入英国教会所办的福音医院学习医术，成为一名优秀助产士。嫁给黄树毅

---

① 郑冰利：烈士鲜血染红楼——见证者钟文琴老人谈田墘"红楼事件"。《汕尾日报》，2011年8月6日。

先生后，又跟随黄家人学习了其他医术，并能在育黎药房对常见疾病问诊开药，成为今天所说的全科医生。

曾慎其作为一名女子，既具有心地善良、勤奋吃苦、任劳任怨、乐善好施的本性，又具有胸怀宽广、豁达开朗、深明大义的男士风范。曾慎其女士一共生育了九个子女，全部抚养成才。黄旭华院士等子女们在谈及母亲时，无不潜然泪下、历数母亲动人往事，感慨母亲义、德、善、勤，坦陈母亲对其的巨大影响。

曾慎其女士作为一名助产士，亲手迎接了无数新生命的到来。她医德高尚、心地善良，任何时候、任何情况下，只要有人来请她去接生，她总是拔腿就走。无数个夜里，一阵敲门声后，很快就能看见她那弱小而刚毅的身影奔出家门，在一声脆亮的啼哭声中，她又一次护佑着一个健康生命降临到这个世界。她从不计较接生费，给多少拿多少，遇到困难的只是象征性取一点费用。对于拿不出接生费的穷苦人家，她就深情的安慰道：不要钱，等孩子长大了，叫我一声"义姆"（干娘的意思）就行。因此，她有无数的干儿子，在她逝世的葬礼上，有许多她压根就不认识的干儿子为她送行，就连送葬队伍中的公社书记也是她的干儿子[1]。

曾慎其行医接生厚德济世，帮助了无数的贫苦家庭，在方圆几十里留下了许许多多的故事，也因此广结善缘，以至于他们一家在后来的多次"走日本仔"（当地方言，即逃难的意思）时，得到一些产妇家庭的庇护和帮助。

曾慎其女士共生育了七子二女，全部在她的精心哺育下健康长大，且都受到了良好的教育，这在教育卫生及医疗保障水平低下的民国期间真是一个奇迹。这一方面受益于她具有良好的医疗卫生素养和文化基础，另一方面也源自她吃苦耐劳的勤奋精神及对子女的崇高责任感。

曾慎其女士不仅承受了养育九个子女的艰辛，还遭遇了特殊历史时期给她带来的精神上及身体上的磨难。1969 年 10 月，曾慎其女士因其福音医院的学徒背景、因莫须有的包庇罪名、因其宗教信仰、因其家庭成分、甚至也因其良好医术、医德及文化水平而与其二儿子黄绍振一起被戴上了

---

① 祖慰：赫赫而无名的人生。《文汇月刊》，1987 年第 6 期，第 3 页。

"地主分子"的帽子，不仅遭到了不公正的批斗，还被开除公职。最后，曾慎其和老二夫妻及三个孩子被遣送到偏僻的海边小村池都村监督劳动改造。曾慎其白天养猪，晚上也睡在猪圈里。南方多雨，每逢下雨天，外面小雨，里面反而下大雨。面对这种又脏、又苦、又累的劳作，对一位女子来说多少是一种人格上的羞辱，她那弱小的躯体表现出了无比的坚强和隐忍，她不屈、不哭、不闹、不申诉，认认真真养好猪。1975年，组织终于给她及二儿子一家平反，落实政策回到卫生院工作。也许真是吉人天相，就在她被解除养猪出来的第二天，她所居住的猪圈竟然因为下雨而倒塌，她就这样躲过了一劫。

最能体现曾慎其女士的伟大之处是她的拥有民族大义和豁达的胸怀。在抗战期间，她鼓励支持丈夫黄树榖勇救合作军战士，抗战胜利后和丈夫一起捐资办学。对于"文化大革命"期间遭受的折磨与不公，她说和国家主席刘少奇相比她算是很幸运的，一笑了之。三儿子黄旭华院士参与研制核潜艇，由于高度保密，将近三十年几乎和家人断绝了关系，连父亲黄树榖逝世也未能回家，兄弟姐妹不免有些怨言。但是曾慎其女士坚信黄旭华院士一定是干着对国家有用的大事，在读过祖慰的报道后，在弥留之际仍然对黄旭华弟妹们说："三哥的事，大家要理解"。

大概因为在福音医院学徒的缘故，黄树榖、曾慎其夫妇都是基督徒，曾慎其尤其虔诚，笃信基督教义，恪守良善与普世价值，长期坚持基督教的仪式。据黄氏兄弟回忆，母亲曾慎其打小就带领他们兄弟姐妹做礼拜，教孩子们唱圣歌。

在我们采集小组访谈黄旭华院士时，90岁高龄的他依然能清晰动情的吟唱圣歌《再相会》：

> 愿主同在，直到再相会，主为良师，常指导你，主为牧人，常养护你。愿主同在，直到再相会。再相会，再相会，愿主同在，直到再相会。再相会，再相会，愿主同在，直到再相会。①

---

① 黄旭华访谈——家族、家乡，2013年11月21日，武汉。资料存于采集工程数据库。

唱完《再相会》，黄旭华接着用英语吟唱了《圣诞夜之歌》。唱完后泪流满面，他说他吟唱时仿佛感觉母亲曾慎其女士就在身边，依然像过去一样用手抚摸着他的脑袋。

黄树毅、曾慎其夫妇的思想、品德和行为对子女的影响极大。黄旭华认为他既继承有父亲的勇敢，也因袭了母亲的坚韧，还有他们的善良和正直，这些品质为他研制核潜艇克服种种困难奠定了良好的基础。而黄旭华的弟弟妹妹们对父母亲也有着与哥哥相同的评价。

黄树毅先生逝世于 1961 年 12 月 3 日，享年 71 岁，这在那个年代也算是高寿了。曾慎其女士于 1995 年 3 月 21 日逝世，享年 102 岁，按照当地的风俗"天一岁、地一岁"她就是 104 岁。当地人及黄旭华院士兄弟们认为，曾慎其女士能活到期颐之年，全拜自己心胸豁达、勤劳善良。

据黄旭华弟弟黄绍赞提供的资料，黄旭华母亲曾慎其去世后，汕尾市德高望重的名医、曾任海丰县政协委员许慕石先生用黄旭华九个兄弟姐妹的名字组成了如下一首诗予以悼念。

> 行医济世老送娘，教子忠勤操富强。
> 五有余年堪赞美，百零四岁不寻常。
> 阳春白雪歌声振，淑女贤男节气扬。
> 最是三郎"核潜父"，荣归送母上天堂。[①]

诗中有下划线的字即为黄旭华九个兄弟姐妹的名字。

九 兄 弟 妹

黄旭华院士弟兄姐妹共九人，黄旭华院士排第三，目前除大哥二哥已

---

① 黄绍赞：记忆中的一些事。2014 年 10 月，未刊稿。资料存于采集工程数据库。

逝世外，其他均健在。

大哥黄绍忠 1919 年出生，工作后改名黄誉。黄绍忠早年考入西南联大，毕业于清华大学。黄绍忠少年时就受到进步思想影响，在聿怀中学读书时亲自组织了进步社团"狂呼社"，组织进步学生表演《放下你的鞭子》

图 1-7 与大哥黄绍忠（右）在上海（1946 年。资料来源：黄旭华提供）

《不堪回首望平津》，进行热爱中华、救亡图存等学生运动，学校受到当局的压力，劝其自动退学。其后在重庆和北平也积极参与了进步学生运动。黄绍忠 1948 年参加革命，1949 年清华大学毕业后，随"南下工作团"到广州市军管会文教处参加南方大学①的创办工作。此后，黄绍忠还去广东茂名参加过土改工作，土改结束，黄绍忠技术归队参加国家重点建设项目建设，先调入富拉尔重型机械厂（亦称为中国第一重型机械厂）工作。长春第一汽车制造厂成立后他又调入一汽，湖北十堰第二汽车制造厂成立后他又调入二汽工作，最后在二汽副总工程师任上退休，有子女 2 人，1994 年在湖北十堰逝世，享年 75 岁。

在黄旭华兄弟姐妹中，对黄旭华影响最大的就是大哥黄绍忠，从聿怀中学直到在重庆考入上海交通大学，黄旭华都是追随大哥的脚步。黄旭华院士革命思想的萌芽及理想志趣的形成有很大部分也源自大哥黄绍忠。除黄旭华外，其他弟妹也因为黄绍忠而纷纷参加革命工作。黄绍忠进入南方革命大学后，受其影响，大妹黄牧 1949 年底辞去汕尾市作嘉中学教师职务，进入南方大学一期。另外三个弟弟黄绍荣、黄绍赞、黄绍美也分别于

---

① 南方大学，也称为南方革命大学，新中国成立初由中共中央华南分局依据毛主席指示，于 1949 年底在广州创办的一所新型革命大学，也是一所多层次、多规格和多种形式的高等学校，叶剑英元帅任校长，为广东及南方各地培养了大批革命干部。在 1952 年高等学校院系调整中，南方大学关闭。

1951 年 3 月、1951 年 8 月进入南方大学三期和四期。后来成为黄绍忠夫人的佛山市华英中学教师谭道容也进入了南方大学二期。南方大学毕业后，黄绍忠四个弟妹先后参加了革命工作，最后都走上领导或者专业技术岗位[1]。排行老八的六弟黄绍赞

图 1-8　黄旭华（后排左三）九兄弟妹与父母的合影
（资料来源：黄旭华提供）

在《肇庆文史》第二十辑上用"文中仁"的笔名刊载过一篇文章，题目是《一家六口进南大，各自勤奋写春秋》，详细地介绍了一家兄嫂姐弟六口自南方大学开始的工作历程。

　　二哥黄绍振，生于 1921 年，有子女 5 人，1985 年逝世，享年 65 岁。黄旭华回忆说与二哥的感情最好，从小就一起玩耍，二哥上学后带他一起去上学读书。二哥上课不会背诵的课文他会背诵，这样反而招致二哥常常被母亲及老师责罚。弟弟黄绍赞回忆道，二哥绍振辍学最早、读书最少，是黄氏 9 个兄弟姐妹中经历最坎坷、最心酸的人。黄绍振辍学后一直协助父亲母亲打理自家的米铺、药店及商贸，默默地支持着弟弟妹妹们读书。20 世纪 50 年代末 60 年代初，当地偷渡成风，黄绍振对香港非常熟悉，既有许多朋友，又有一技之长，完全可以轻松偷渡并成就一番事业。但是，黄绍振考虑到父母都在当地，弟弟妹妹们都参加了革命工作，不能连累父母弟妹。最终，他宁可自己饱受磨难，也没有给弟弟妹妹们惹来政治上的麻烦。二哥绍振逝世时正值黄旭华领导第一代核潜艇技术攻关的关键时刻，因此未能回去看二哥最后一眼，这也成为黄旭华永久的痛苦和愧疚。

　　黄旭华排行老三，原名黄绍强，1924 年 2 月 24 日（农历正月二十）出生，离开聿怀中学后改名黄旭华。

---

[1]　文中仁：一家六口进南大，各自勤奋写春秋.《肇庆文史》第二十辑，2005 年，内部资料。

大妹黄秀春，后改名黄牧，排行老四。黄牧生于1926年，大专毕业，中共党员，1950年7月在广东云浮市卫生局工作，1986年2月调至肇庆市中医院工作，有子女3人。

大弟黄绍富，排行老五，生于1929年，中专毕业，1951年11月参加工作，有子女2人，1993年在海丰卫生防疫站站长任上退休。

二妹黄秀阳，后改名黄秀园，排行老六。黄秀园生于1931年，中专毕业，1951年参加工作，1983年在海丰彭湃纪念医院退休，有子女3人。

二弟黄绍荣，排行老七，后改名黄荣。黄荣生于1933年，中共党员，大专毕业。1951年参军，先在哈尔滨任空军轰炸机的导航员，后转至武汉，并在武汉复员转业至湖北省侨办任处长，1993年在侨办退休，现居住在武汉，有子女2人。

三弟黄绍赞，排行老八。黄绍赞生于1936年，大专毕业，中共党员，与老九绍美是孪生兄弟。黄绍赞1951年参加工作，最初被分配至广东云浮工作，后调往肇庆，官至林业局局长，有子女2人。

四弟黄绍美，排行老九。绍美生于1936年，中共党员，大专毕业，1951年参加工作，曾任外贸局办公室主任。1996年2月，在肇庆外经贸委副处级职务退休，有子女3人。

图1-9 黄旭华与六兄弟妹为父亲扫墓留影（左起依次为：黄绍赞、黄秀阳、黄绍富、黄旭华、黄秀春、黄绍荣、黄绍美）（2011年12月1日。资料来源：黄旭华提供）

据黄旭华回忆，父亲黄树毅和母亲曾慎其给他们取名字时，一方面赋予了对国家民族的祝福，同时也对他们寄予了厚望，他们七弟兄的字分别是忠、振、强、富、荣、赞、美，意即希望国家和孩子们忠诚、振兴、强盛、富足、荣耀，最终得到他人的赞美。两个女儿的名字则是希冀国家及孩子像春天一样秀丽、像太阳一样光明。

黄树毅先生和曾慎其女士对 9 个子女均寄予厚望，竭尽所能让他们接受良好的教育。据黄旭华回忆，父母亲虽然一生行医问药，但是依然对许多疾病束手无策，眼看着病人遭受痛苦而无法救治，因此他们常常责备自己医术不高，希望有孩子将来能够继承他们的事业，好好学医，做一个医术高超的医生。黄旭华从小很听父母的话，父母亲就一直希望黄旭华将来好好读书，考医科大学，悬壶济世，继承祖业。潜移默化之下，黄旭华的潜意识中也希望自己长大做个像父母一样的好医生。

生 日 之 谬

目前，所有媒体对黄旭华院士的报道中，关于黄旭华院士的生日都是 1926 年 3 月 12 日。可是在我们对黄旭华院士的深入访谈中，他却矢口否认了这个出生日期，说现在档案、媒体关于他生日的年、月、日全是不对的。为此，采集小组通过查阅档案资料及访谈知情人，同时结合考证来揭开这个生日之谜，纠正生日之谬。

由于时间久远，我们已无从查阅黄旭华院士在聿怀中学、桂林中学的档案材料，最早的材料来自于目前上海交通大学档案馆。黄旭华院士 1945 年在重庆所填写《国立交通大学三十四年度招生报名单》[①] 中的出生年月为民国十四年一月，即 1925 年 1 月。在另一张《国立交通大学学生学籍表》[②]

---

① DA-001-002，国立交通大学三十四年度招生报名单。上海交通大学档案馆，扫描件存于采集工程数据库。

② DA-001-012，国立交通大学学生学籍表。存地同①。

图1-10 国立交通大学三十四年度招生报名
单（资料来源：上海交通大学档案馆提供）

图1-11 国立交通大学学生学籍表（资料
来源：上海交通大学档案馆提供）

中填写入校年龄20岁，生日1月20日。黄旭华院士1945年10月8日入学，
据此可以推定生于1925年。因此，前两张表关于出生年月基本一致。可是
在黄旭华院士在交大读书期间填写的（填写时间不详）另外两张《国立交
通大学学生生活调查表》[①]《国立交通大学学生生活调查记录表（甲）》[②] 中
的生日却是"15年1月20日"，即1926年1月20日。可见早在上海交通
大学读书期间黄旭华院士的出生年月就有1925年和1926年两个版本，生
日为1月20日则是一致的。

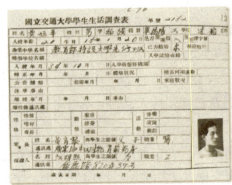

图1-12 国立交通大学学生生活调查表
（资料来源：上海交通大学档案馆提供）

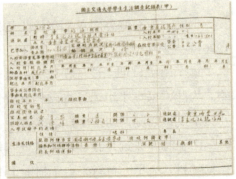

图1-13 国立交通大学学生生活调查记录表
（甲）（资料来源：上海交通大学档案馆提供）

---

① DA-001-009，国立交通大学学生生活调查表。上海交通大学档案馆，扫描件存于采集
工程数据库。

② DA-001-010，国立交通大学学生生活调查记录表（甲）。存地同①。

通过申请批准，并由中船重工719所有关人士查阅黄旭华院士人事档案发现，黄旭华院士在各类表格中填写的出生年月为1926年1月20日。

在与黄旭华院士的亲弟弟黄绍荣的电话交谈中，黄绍荣也否定了今天媒体所介绍的三哥（即黄旭华院士）生日，明确指出三哥的生日绝对不可能是1926年，因为其大姐黄秀春就出生在1926年，三哥是老三，大姐是老四，三哥至少要比大姐大一岁以上，实际的生日就是1924年农历正月二十。在黄旭华另一个亲弟弟黄绍赞提供给我们的《记忆中的一些事》的手稿中，也明确指出三哥是1924年出生的。此外，黄绍荣先生也说他们兄弟姐妹九人年龄间隔的确是2年、3年循环，从这个规律推论，黄旭华院士也应该是1924年出生。随后，采集小组通过电话询问黄旭华院士其他的弟妹，也证实了黄绍荣先生所说的正确性。

最后回头看看黄旭华本人对生日问题的解释与回顾。

在采集小组的多次访谈及质疑求证中，黄旭华肯定地说，他的生日是民国十三年正月二十，即公元1924年2月24日。黄旭华院士精神矍铄、思维敏捷，记忆力依旧强健，对自己的生日应该不会出差错。但是，这里就产生了两个问题，一是为何出现了1925年、1926年这两个出生年份呢？二是生日又怎么有3月12日之说。黄旭华对这两个问题均做出了清晰的回应与解释。

黄旭华回忆说，1938年年初，他随同大哥黄绍忠进入聿怀中学读书，大哥读高中，他读初中。随后不久，二哥绍振也来聿怀中学读书，但是读了一个多学期以后他退学不读了，回去协助父亲做生意。当时时局很动荡，聿怀中学也是进山沟里办学的，而且时断时续，学习很不稳定，黄旭华读完初二以后离开了聿怀中学，在离开聿怀中学时黄旭华要求二哥绍振继续来聿怀中学读书。由于绍振退学了不便再使用自己的姓名，黄旭华就要二哥用他的名字和出生年月继续接替他读初三。那时学校管理不是很严格，因局势动荡，学校学生流动又极频繁，他们又是亲兄弟，因此二哥用他（指黄旭华）的姓名和出生年月读书不会有问题。这种事按照现在的话说，就是黄旭华初二离开聿怀中学后，二哥绍振顶替他继续读初三。由于二哥要用他的学籍履历继续读书（事实上后来二哥绍振也没去聿怀中学读书），故此黄旭华一方面弃用黄绍强的名字，改名黄旭华，另一方面就把出生年月改小了，延后一年或者两年。在后来的广益中学、桂林中学、交通大学读书填写各种登记表时，1925 年 1 月 20 日、1926 年 1 月 20 日他都填过，在交通大学后期及新中国成立后，出生年月则一直填写 1926 年 1 月 20 日[1][2]。

至于生日为何一直使用 1 月 20 日，黄旭华院士回答说那时父母亲记孩子的生日都是农历，公元纪年那时并不流行使用，读书时也没办法查询农历正月二十对应公历是几月几日，故此也就一直使用 1 月 20 日作为出生的日期。到今天，黄旭华的家人、亲属给他庆祝生日也都是农历正月二十这一天[3]。

然而，3 月 12 日这个生日又是怎样出笼并广为流传呢？黄旭华说这完全是出于一个误会或者工作人员的漫不经心。1984 年，我国开始办理第一代居民身份证，黄旭华去派出所办理身份证时，提出自己过去所登记的 1 月 20 日是农历，要求查询一下换成公历的月日，不知户籍是因为查询错了还是估算，就说是 3 月 12 日，黄旭华当时就曾表示异议，户籍笑称好记、没事，黄院士也就莫可奈何。于是，在最具权威的身份证上，黄旭华的出生年月就变成了 1926 年 3 月 12 日，此后经过 30 余年的宣传报道，以讹传讹，1926 年 3 月 12 日就成了黄旭华"真实"的生日了。

黄旭华表示，他曾多次试图找机会更正自己的出生时间，可是涉及的东西太多、历史太过久远，根本没有办法做到。好几次媒体采访时他都表示过他的出生日期是错误的，但是媒体似乎对此都不感兴趣，他老人家也就不想再费口舌，默认了这个生日。此次采集工程一开始，黄旭华就要求在这次具有历史意义的资料采集工程中，还原真实的历史，让 1924 年 2 月 24 日这个真正的生日作为真实的历史记忆保存下去，以正生日之谬。

---

① 黄旭华访谈——家族、家乡，2013 年 11 月 21 日，武汉。资料存于采集工程数据库。

② 黄旭华访谈——辗转求学，2013 年 12 月 20 日，武汉。存地同①。

③ 黄燕妮、张卫访谈，2014 年 6 月 8 日，武汉。存地同①。

志 趣 童 年

客观而论，黄旭华打小算是一个听话、乖巧的孩子，但也是一个聪明、有抱负、有志趣的孩子。

四岁以前，黄旭华没有太深的记忆，也就是在海边溜溜，在番薯地里和大人一起耍耍，和小朋友们一起玩舞龙耍狮。他大多数时候是和二哥一起玩耍，他听话、不调皮、不惹事，是大人眼里的乖孩子。

黄旭华小时候就表现出聪明、动手能力强的天赋，令他记忆比较深刻的有两件事。

第一件事是他用纸板、木板及橡皮筋做成了一架玩具飞机，像模像样，还居然真能飞起来滑翔一段距离，这让他兴奋不已。

第二件事源自他的一个启发或者梦想。以前他在海边看到渔民打鱼或者小商小贩走私贩运用的都是小帆船，后来慢慢又有了又大又快的蒸汽动力船，因此他萌生了自己动手造一艘大轮船的念头。于是他找来各种木板材料，竟然真的搭建起了一艘船，并异想天开在船底开一个洞，设想在这洞里烧木炭，木炭一烧船就"嘟嘟嘟"地开动了，和蒸汽船一样冒烟航行。结果，做好后把烧着的木炭往洞里一丢，烟到是出来了，炭也熄了，船却未见挪动，让他好生懊恼。

这两件事很有历史背景和思想渊源。黄旭华这代科学家大都出生在民国中期前后，国家积贫积弱，饱受列强的飞机及坚船利炮的肆虐，他们心里也因此都有着一个强国的梦想，许多科学家正是在这一梦想的驱策下一步一步成为功勋卓著的科学大师的。

在儿时，还有一件小事让黄旭华记忆深刻而感动，这件小事让他见证和感受了母爱的伟大，同时也让他重视起对子女教育的每一个细小环节。

大约在他四岁时，二哥绍振的学校组织春游，平时他和二哥影形不离，上学也屁颠屁颠跟在后面，因此他也想跟着二哥一起去春游。但是母亲考虑他只有四岁，走远了肯定走不动，到时拖累二哥也玩不好，就坚决不让他去，为此他哭闹了一顿。二哥回来后，神采飞扬地对他讲述在田墘镇的一个小山坡上发现了一对狐狸，非常可爱，这更让他伤心不已。没承想，这件事及他伤心的样子却让慈祥的母亲一直记在心里。

图 1-14　黄旭华偕夫人庆贺母亲百岁（1996 年 10 月 23 日。资料来源：黄旭华提供）

1993 年农历九月初九，母亲曾慎其 100 岁，黄旭华抽空回老家祝贺母亲百岁大寿，其时母亲住在肇庆的弟妹家中。肇庆有个非常美丽的风景区叫七星岩，生日过后，百岁高龄的母亲陪着他上七星岩，路途中母亲给他讲起了这件事。母亲是觉得欠了他一次旅游，在百岁之余依然念念不忘儿子几十年前的一个小遗憾，母亲希望以此作为弥补。

当黄旭华讲到这里时，流泪的不只是黄老自己一人，也包括我们访谈现场的另外三个访谈者，我们和黄老一起经受了一次赤诚的心灵洗礼，共同感受了母爱无疆。

黄旭华院士自小就表现出了爱读书、善读书的潜能，二哥上学总带着他，他就随二哥一起读书，没有老师的要求，也没有父亲的敦促，可他默默地学会了二哥上课的绝大部分课程。二哥常常背不来的课文，他却能熟练的背诵下来。黄旭华小时候所养成的热爱学习、渴求知识的潜质，为他后来历经艰辛、辗转求学奠定了坚实的思想基础。

黄旭华出生于广东海陆丰地区，此处历史悠久、文化深厚、英才辈出。迁徙文化形成的兼容性与适应性，海洋文化酿成的开放性与创造性，红色文化炼成的革命性与纪律性，以及妈祖等地域民俗文化所培育的勇敢、智慧、善良、感恩等精神品质从小就浸润着黄旭华的心灵，黄旭华的性格特征、精神风貌也符合了海陆丰的思想文化特征。从思想传承与文化影响的角度看，黄旭华的成就与海陆丰的文化基础有着重要的渊源①。

海陆丰文化还孕育了另外一位科学巨匠，他就是我国核潜艇研制及核能开发的双重创始人之一的彭士禄院士。彭士禄院士的父亲彭湃是海陆丰红色文化的缔造者，他所发动的海陆丰农民运动是中国革命史上第一次以胜利结束的运动，被毛泽东誉为"农民运动大王"。不知道是历史的必然选择还是巧合，黄旭华和彭士禄这两位陆海丰地区的杰出人物竟然走到了一起，先后就任我国第一代核潜艇首任和第二任总设计师，均被媒体誉为我国的"核潜艇之父"，同时成为我国首批工程院院士。

除陆海丰文化深厚的营养力外，父亲黄树穀、母亲曾慎其对他的培养和影响也是黄旭华最终走向成功的关键因素。尤其是母亲曾慎其的言传身教使他树立了正确的人生观、价值观。良好的文化环境、健康的家庭氛围、朴素的传统思想是黄旭华成为杰出的革命科学家的动力之源。

① 《海陆丰历史文化丛书》编纂委员会：《海陆丰历史文化丛书（卷三）：科技与教育》。广州：广东人民出版社，2013 年 6 月，第 264-266 页。

第二章
辗转求学

　　同那个时代的大多数科学家一样，黄旭华的求知之路是艰辛、曲折而漫长的，有时甚至充满了危险。历数黄旭华的求学之路，先后经历了树基小学的惬意、作矶小学的丰获、聿怀中学的动荡、广益中学的窘困、桂林中学的陶冶、大学先修班的暂泊，最终进入了梦想中的国立交通大学。

树 基 启 蒙

　　黄旭华院士回忆，他可能 1931 年正式进入田墘镇树基小学读书。黄旭华大约在四岁时，随二哥绍振进入了树基小学读书。树基小学是一所由教会主办的初级小学，父亲黄树穀是这所学校的主要捐资人之一。

　　和每一个幸福的孩子一样，童年总是充满欢乐的。在树基小学读书的这段日子，算是黄旭华求学生涯中最惬意的一段日子。当时社会较为稳定，黄旭华每天悠然地随着二哥去上学，在二哥的呵护下，无人欺负，撒着欢儿地玩耍。白天弟兄二人一起上学，回家一起背诵课文，二哥背不上课文他帮着背，更多的时候是帮倒忙，反倒连累二哥受到训斥与责罚。即便如此，哥俩也是快乐幸福的，黄旭华也因此和二哥建立了一种特别的兄弟加同学的感情。黄旭华在访谈中多次强调，在九个兄弟妹妹中，他和二哥的感情最为深厚[1]。

图 2-1　黄旭华着田墘镇小学校服照
（1934 年。资料来源：黄旭华提供）

黄旭华是在 1934 年离开树基小学的，此时他已经十岁了，也就是说他实际上在树基小学待了六年。按照基本的教育规律，七岁前，也就是 1931 年前，他算是给二哥陪读，权且算是幼稚园阶段。七岁后，可能算是自己正式的初级小学阶段，只是因为自己一直就在树基小学蹲点，也就记不清自己到底是哪一年正式启蒙的。

黄旭华从小还表现出了一定的音乐天赋。父亲黄树縠有一架扬琴，在家不时弹奏。父亲弹奏时，黄旭华就在旁边用心地看着，默默地记在心里。父亲不在家时，他就慢慢模仿着弹弹，偶尔也向父亲请教一二，就这样，黄旭华居然慢慢学会了一些基本的弹奏技巧。在上聿怀中学时，他都把这架扬琴带到学校去了。在树基小学读书期间，他看见别人吹奏口琴，就自己买了一把，自己慢慢琢磨，竟然也逐渐会吹奏了。此后，吹口琴、弹奏扬琴等就成了他一生重要的业余爱好，在核潜艇研制的紧张时刻，他也不时通过吹奏或者弹奏几支曲子来舒缓

图 2-2　田墘镇小学旧址（现为广东省汕尾市红楼。资料来源：黄旭华提供）

---

[1]　黄旭华访谈——家族、家乡，2013 年 11 月 21 日，武汉。资料存于采集工程数据库。

压力，寻求灵感。在我们及其他媒体的采访时，尽管已 90 高龄，黄旭华依然多次应邀即兴表演口琴演奏，尽显实力 ①。

快乐的时光总是显得特别的迅疾，1934 年夏天，黄旭华结束了在树基小学的学业，秋天转入田墘镇小学继续读初小。1935 年夏天，黄旭华自田墘镇小学毕业了，由于当地没有高级小学，这就意味着他必须离开家乡去外地求学了。

作矶开智

1935 年秋天，黄旭华随二哥绍振去汕尾的作矶小学读书。作矶小学也是由教会所办，属于比较正规的高级小学，由于离家比较远，黄旭华只能在学校住读。

作矶小学是一座两层楼的小房子，底层是教室，二层是学生和教师的宿舍，隔壁还有一座教堂。学校只有两个班、三位教员，二十几个孩子。三个教员中，黄旭华对一位叫苏剑鸣的老师印象最好、感情也最深。黄旭华认为苏剑鸣老师对他一生的影响较大 ②。

苏剑鸣是汕头人，和学生一起住在学校，他的宿舍是在二层的学生宿舍中隔出的一个小间。他当时很年轻，黄旭华估计比他们大不了十岁。苏老师一个人教授国语、算学、自然、英语四门课，还兼管体育课，一天到晚和他们吃住在一起，慢慢地也建立了感情和友谊。

苏剑鸣老师对黄旭华影响最大的是他教授的国语，也就是普通话。当时国语课所使用的教材是著名语言学家、音乐家赵元任先生编写的，苏剑鸣老师当时有一张赵元任先生灌录的唱片，是用音乐的方法来教汉语拼音。苏剑鸣老师总是对黄旭华他们强调普通话的重要性，激励他们认真学好普通话。黄旭华回顾这件事时，对苏剑鸣老师心存感激，他教授的普通话让

---

① 黄旭华访谈——交大岁月，2013 年 12 月 25 日，武汉。资料存于采集工程数据库。

② 黄旭华访谈——家族、家乡，2013 年 11 月 21 日，武汉。存地同①。

他在各地求学以及研制核潜艇的过
程中，得以与来自全国各地的人顺
利地相互交流和学习。他又自嘲地
说，尽管他后来走遍大江南北、全
国各地，但普通话也还是作矶小学
的那个水平，没有任何长进。

除了国语课程，苏剑鸣老师的
算学、自然课、英语课也讲得很精
彩，学生们也喜欢听、喜欢学。黄
旭华的成绩很好，成为苏剑鸣老师
印象中的高才生。这些课程也给黄
旭华打下了良好的文化与科学基础。

每逢周末，苏剑鸣老师就先带
他们去教堂做礼拜，然后带他们去
郊游，课余活动总是被安排得既有
序又有趣。苏老师的责任心也很强，

图 2-3　于汕头拜访小学老师苏剑鸣先生
（左）（1993 年 11 月。资料来源：黄旭华
提供）

黄旭华和同学们一起打球时，他总是站在旁边照应着，提醒着他们别受伤。

苏剑鸣老师有着惊人的记忆力，2009 年黄旭华回老家时特地去看望过
他。见面时，黄旭华问苏老师是否还记得他，苏老师回答说："高才生，我
怎么不认识啊，哈哈哈！"黄旭华在与他谈到考试前他们点着煤油灯，躲在

被子里加夜班看书时，佯
嗔苏老师不管他们。苏老
师笑着回答："我管你们干
什么，只要你们别把蚊帐
点着了就行。"

作矶小学的学习非常
丰富，音乐课也是有声有
色，除了学习识谱等音乐
常识，也练习唱歌，以唱

图 2-4　重回母校作矶小学（1994 年 10 月 5 日。资料
来源：黄旭华提供）

圣歌为主。此外，也排练一些小型歌剧。黄旭华记得他们排练表演过一个小歌剧，名字叫《小小画家》。在剧中，二哥扮演画家，他扮演小猫，表演过很多场，很受欢迎。这一时期的歌剧表演增强了他的信心，让他后来在上海交大的艺术社团中大放光彩。

风 雨 聿 怀

1937 年夏，黄旭华自作矶小学毕业。然而此时七七事变爆发，全面抗战拉开了序幕。由于时局动荡，与作矶小学对口升学的汕头聿怀中学正处于搬迁之中，海丰一带也没有别的中学可上。因此，作矶小学毕业之后，黄旭华就辍学在家，直到 1938 年春节。

在辍学的这半年之中，黄旭华并没有闲着，席卷全国的抗日浪潮也传递到海陆丰一带，年幼的黄旭华也加入到了滚滚的抗日宣传之中。

当时，黄旭华和大哥绍忠一起参加了抗日宣传队，在田墘一带以文艺演出的形式宣传抗日。在谈起这段往事时，黄旭华院士非常兴奋，激动地说：

> 我们上台演出话剧，叫《不堪回首望平津》，说的是老百姓逃难的事。我男扮女装，主演流亡的小姑娘。我们演得特别认真，台下看的人很多，也很动情。演着演着台上台下就越来越激动，抓到汉奸了，台下无数的观众含着泪水一起高喊：'杀！杀！'那时我就想，长大了，我一定得为国家做一点事情[1]。

1938 年春节刚过，年初四，黄旭华在大哥黄绍忠的带领下，踏上了去

---

[1] 黄旭华："我没有辜负对组织的誓言！"。人民网，2014-07-14。黄旭华访谈——辗转求学，2013 年 12 月 20 日，武汉。资料存于采集工程数据库。祖慰：赫赫而无名的人生。《文汇月刊》，1987 年第 6 期，第 4 页。

图 2-5 现今的聿怀中学校门

著名的聿怀中学求学的路程。

聿怀中学，坐落在广东省汕头市，是汕头乃至整个广东历史上最为悠久的学校之一，它创办于 1877 年，最初是英国基督教长老会创办的宗教学校。

聿怀，语出《诗·大雅·大明》，"维此文王，小心翼翼，昭事上帝，聿怀多福"。后人常以"聿怀"为语典，意为"笃念"，也引申有"使人归回"、"胸怀广阔"之意。之所以以"聿怀"为校名，盖因基督教会希望借着这所学校，让更多的汕头人"回到天家上帝的怀抱中"。

聿怀中学自创办以来，一直秉持"海纳百川，有容乃大"的办学理念。学校的发展虽历经波折，但始终教学规范、纪律严明。加之华侨士绅积极捐资维系，因而资金不竭、师资雄厚，经历任校董、校长苦心经营，校誉日隆，在民国时期就成为汕头一带最有名望的中学。

有 130 余年历史的聿怀中学，为国家、社会培养了大批人才，校友享誉海内外。著名校友包括中国科学院院士郑度（著名山地与高原地理专家）、郭予元（著名病虫害防治专家），中国工程院院士黄旭华（中国第一代核潜艇总设计师）、饶芳权（著名电机专家）、周福霖（著名隔震减震控制专家），杰出银行家、泰国"金融巨擘"陈有汉，"儒商"袁经伦，著名经济学家肖灼基，军旅作家徐国腾，熊猫专家潘文石，建筑专家林志群，外交家张伟烈，著名学者曾牧野，新闻家方汉奇、杨木，教育家邹剑秋、李鸿昌、卢启智，实业家陈锡恩、唐学元、张华达、刘奇喆、陈厚宝、许伟等。聿怀中学享有的"一校五院士"美誉，本身就是对学校办学理念和

图 2-6　四院士校友齐聚一堂庆贺聿怀中学建校 135 周年（左二起依次为：饶芳权、黄旭华、郑度、周福霖）（2012 年 9 月 29 日。资料来源：黄旭华提供）

教育方法的验证与认同。

　　1937 年秋，抗战爆发，时任校长陈泽霖带领师生由汕头内迁。1938 年春，至揭西山区五经富，借用一所停办的学校，在日寇飞机的轰鸣声中重新开学。黄旭华兄弟俩就是在得知聿怀中学在山区恢复办学后，于正月初四出发，长途跋涉，穿越海丰、陆丰、揭阳，整整步行四天才到达五经富，开始了在聿怀中学艰苦的读书生活。大哥黄绍忠在此读高中，黄旭华读初中。在黄旭华与大哥绍忠抵达学校不久，老二黄绍振也辗转而来，兄弟三人同在聿怀求学。

　　聿怀中学当时条件异常简陋。黄旭华说他到达聿怀中学，简直不相信这是一所学校。山坡下，一栋二层小楼加几间草棚子。二层小楼乃是聿怀中学的高中部，就是那所停办了的当地村学，房子的匾额上写有"克己新村"。几间草棚子则是新搭建的，属于初中部。草棚子四面透风，黄旭华及同学们吃、住、上课都在里面，好在广东的冬季不是太冷，还能忍受得住。

　　然而，即便是在简陋的草棚子里，也无法专心上课，那时日寇的飞机常来侦察轰炸。日本人的飞机一来，老师马上提起小黑板，带领学生们钻进甘蔗地，然后继续在甘蔗地的园子里上课。为安全起见，有的时候则转移到山洞里或者别的较为安全的地方上课。总之，那时读书上课就像是打游击一样，精神也很紧张[①]。

学习环境简陋，生活条件就更艰苦了。聿怀中学的师生每餐只能吃稀饭，还无法吃饱。菜，大多数时候只有一个，就是将油条剪成一片片的蘸酱油。

尽管如此，学校的学习依然井井有条，白天坚持上课，晚上还要上晚自习，并且有老师监督及辅导。照明基本上是用碟子或者墨水瓶装一点豆油、菜油，弄一根棉纱做灯捻子点亮，煤油灯在那时是奢侈品，很少有人用。教师和学生虽处穷乡僻壤，生活窘迫，并饱受飞机、蚊蝇袭扰之累，但教育、学习之志始终不渝，勤勤恳恳，夙夜匪懈。

1938年聿怀中学的学习尚算稳定，虽然屡受敌机骚扰，但是教学基本能够正常维持，依然放寒暑假。由于当时聿怀中学迁至揭西县，离黄旭华祖籍揭阳县新寨村较近，暑假时黄旭华就去新寨村祖屋崇善堂小住了一个多月，这也是黄旭华一生中唯一的一次在祖籍居住的经历。1938年寒假，也就是1939年春节，黄旭华回到海丰田墘镇，正常地度过了假期。1939年春节后，黄旭华和大哥重返聿怀，二哥绍振则不愿继续读书，执意留在田墘老家协助父亲打理家中的生意。

1939年，风云突变，风雨如磐。聿怀中学在深山中难得的宁静被打破。第一个学期进行到一半时，聿怀中学被迫立刻解散，黄旭华因为离家太远，又不安全，只好去陆丰的同学家暂住。一个月后，形势稍微有些缓和，学校又复课了。在之后的暑假中，黄旭华又回到了田墘镇父母身边。暑假过后，聿怀中学又搬进了揭西山区另外一个叫古沟的地方，合并到迁入此地的韩山师范学校中，聿怀的学生分开上课，但由韩山师范学校管理。1940年春，聿怀中学得以恢复，再次迁入原来的克己新村。据黄旭华回忆，自并入韩山师范学校到恢复旧址这一年的时间里，学校的教学受到了比较大的冲击，师资不稳，上课也时断时续，很难正常学习。

---

① 曾漫路、赖淑英：希望汕头把握机会腾飞崛起.《汕头特区晚报》，2012年9月30日。

聿怀中学开设的课程很全面，语文、数学、物理、化学、英语、动物学、植物学。大哥黄绍忠的成绩很冒尖，总是班上第一、二名，黄旭华的成绩也总在前几名。聿怀中学文化娱乐和体育锻炼也很丰富。据黄旭华院士回忆，当时学校有球类比赛、歌咏比赛、话剧表演，他是这些活动的积极分子，他曾经保存过一枚在学校篮球比赛中获得的奖章，后来捐给了聿怀中学。

1940 年初，大哥黄绍忠在校方的要求下被迫离开聿怀中学，随即远赴广西，意欲去桂林中学求学。事情的原委是这样的，黄绍忠思想进步，在聿怀中学就读时非常活跃，他在学校成立了一个进步学生社团"狂呼社"，并出任社长。"狂呼社"和当时学校另外一个社团"叱咤社"一起组织了许多抗日宣传活动，多次演出《放下你的鞭子》等抗日话剧，反对当局消极抗日。但是他们的活动引起了地方政府的不满，政府对学校施压，要求学校开除黄绍忠。聿怀中学的校长亲自找黄绍忠谈话，为了保护他，要求他自动离校。黄绍忠在这种情况下只得离开聿怀，尔后经梅县入广西，赴大后方，考入了著名的桂林中学。黄绍忠在离开聿怀中学时，告诉弟弟黄旭华聿怀中学已经很难坚持正常的学习，建议他也争取去桂林中学读高中。

大哥走后，黄旭华继续在聿怀坚持学习。但是，到 1940 年的夏天，受战事影响，聿怀中学已经很难保障正常的学习。于是，一个冲动在黄旭华的脑海里出现了，他想追随大哥的脚步，寻找一个能安心读书的学校。夏季过后，黄旭华将自己的原名黄绍强留给二哥绍振使用，以利其在聿怀中学读书，同时给自己起名为"旭华"，寓意中华民族如旭日东升般崛起。黄旭华随即辞别滋育他两年半的聿怀中学，揣着桂林中学这个新的目标开始了艰苦跋涉。只是，旅途却是那样的多舛不顺。

漂　泊　广　益

离开聿怀后，黄旭华以为大哥在梅县，当时梅县还比较安全，就奔梅县去了。到了梅县后，才知道大哥已经离开梅县去桂林了。此时，如果再赶往桂林肯定是赶不上桂林中学的招生考试了，因此他决定暂时先投考梅县当地的中学，在此读完一年后下一年度再去桂林中学。梅县的梅州中学是一所有名的学校，黄旭华于是就去报考梅州中学，结果考期已过，转而再去投考另一所著名中学东山中学，再次失望而归。此时梅县一带仅有基督教会所办的广益中学尚在招考，黄旭华别无选择，投考了广益中学高中部，并顺利地被广益中学录取。

1940 年秋，黄旭华入读广益中学，广益中学的教学虽然比较稳定，但是黄旭华却遭遇着巨大的经济困境。此时，家乡已经被日本人占领，到处兵荒马乱，和家人的联系中断，他既担心家人，又得不到家里的汇款。事实上，家里人一时也不知黄旭华到了那里，想给他汇款也不知往哪里汇。广益中学又不提供住宿，得自己租房，租房自然也要钱，黄旭华因此是居无定所、食无保障，三天两头挨饿，大部分时候是靠同学及好心人接济度日。

面对困境，黄旭华基本没办法正常学习，他思念大哥，向往桂林中学。黄旭华很坦率的回忆说，当时他是身在曹营心在汉，广益中学他是混过来的，学习收获很小，也没有留下什么印象，记忆最深刻的就是生活困难。

1941 年 6 月初，黄旭华又身无分文，他既不想找别人借钱，又不可能去乞讨，饥肠辘辘地躺在出租屋内。实在饿不过就喝点白开水，整整饿了三天，直饿得身上流冷汗。总算天无绝人之路，此时家里的汇款竟然奇迹般来到了。他兴奋不已，估算着桂林中学的招生考试也将临近了，此时再不赶去桂林又得在此地逗留了。家里的汇款如同及时雨，既救了他的命，又重新滋润着他的梦想，他揣着汇款，匆匆辞别广益中学，向桂林进发。

图 2-7　1941 年春于梅县广益中学读书时留影（资料来源：黄旭华提供）

笃 学 桂 林

　　1941 年 6 月，黄旭华偕同其他几位有相同理想的同学启程了。他们先坐汽车从梅县到兴宁，抵达兴宁城时，正赶上日本飞机的狂轰滥炸，他们当时计划居住的旅馆都被炸塌了。黄旭华等见此情景，不敢逗留，经多方打听找到了一位盐商，这位盐商有一辆计划运黄鱼到韶关的车，他们费尽周折坐上了，被盐商当作黄鱼运到了韶关。

　　到韶关后，黄旭华意外得到了大哥的消息。原来，大哥绍忠考进桂林中学后，读了一年的高三，于 1941 年夏季考取当时的中山大学。中山大学此时已经迁址广东北部乐昌市坪石镇，大哥已经到坪石的中山大学报到了。得到大哥消息的黄旭华不顾舟车劳顿，迅速从韶关赶到坪石，在那里他们兄弟重逢了。由于大哥心中的目标并不是中山大学，在中山大学呆了一阵子后还是想去重庆投考交通大学。几天后，大哥放弃了中山大学的学业，带着黄旭华离开坪石赶赴桂林，兄弟俩于 8 月初抵达了桂林。到桂林后，大哥绍忠将黄旭华安顿停当，即启程去重庆，继续追寻自己理想去了①。

　　黄旭华到桂林后，幸运的赶上了桂林中学的入学考试，并且顺利的考过了。1941 年 9 月，黄旭华在桂林中学注册入学了，在这里，他开始编织着自己的人生梦想。

　　桂林中学有着 120 年的历史。1905 年，清政府废科举办新学，在全国推行新学堂。桂林中学于 1905 年 9 月 23 日（光绪三十一年）由广西巡抚张鸣歧倡议建立，定名为"桂林府中学堂"，校址定为历史悠久的"府学"旧址。此地最初为三国时期始安郡故址，唐进士赵观文之故宅，南宋乾道三年（1167 年）知府张维在此兴建府学，此后历元、明、清三朝，此地或名"路学"或名"府学"，均为官办学校之地，与府学相邻的还有一座颇具规模的文庙。桂林中学的校名虽然几经变迁，但校址一直没有变化，现

---

　　①　黄旭华访谈——辗转求学，2013 年 12 月 20 日，武汉。资料存于采集工程数据库。

位于桂林市中心地段解放西路[①]。

黄旭华入学时，桂林中学的对面是当时较为进步的三联书店，这也是黄旭华及同学常去的地方。桂林中学的旁边是八路军驻桂林办事处，他看见过着八路军制服的人在此出入。平常，拜谒比邻文庙的名人络绎不绝，黄旭华就曾看见过广西籍国民党元老、后出任中华人民共和国副主席的李济深来此祭奠。

抗战时期，桂林作为大后方，文化名流云集，文化氛围浓厚，给桂林中学创造了良好的办学条件，输送了大量优秀的师资力量，田汉、欧阳予倩、夏衍、丰子恺、竺可桢甚至李宗仁都曾莅临桂林中学讲演。当时国民政府和桂系军阀李宗仁、白崇禧等人较为重视大后方的教育，因此桂林中学办学条件在当时算是比较优越的，教学稳定、管理严格，是一个求学求知的好地方。

黄旭华进校后被编入高35班。那时的桂林中学班级编排和现在不同，现在是高几（几）班的方式，比如高一（3）班、高三（10）班等，那时桂林中学的班级编排采用按进校顺序流水编号。黄旭华这一届有两个班，分别是高35班、高36班，前者是理科，后者是文科，再往下一届就从高37班编起。桂林中学是一所规模较大的完全中学，高中的学制为三年。

桂林中学当时是实行半军事化管理。学生全部住校，男生一律剃光头、女生留短发，统一着蓝色军服，打绑腿、系腰带，佩戴胸章和领章。胸章上

图 2-8　着桂林中学校服照（领章上共两颗星表明为高中生）（1944 年于桂林中学。资料来源：黄旭华提供）

有每个人的名字，领章上星星的个数代表不同的学生类型。一颗星是初中

---

① 林忠：庆祝桂林中学建校 108 周年——桂林中学校史概况。桂林中学官网，2013-09-22。

生，两颗星是高中生，三颗星则是大学生。平时不准外出，礼拜天可以外出，但要请假。外出也必须"全副武装"，并在规定的时间内回校。学校还设有禁闭室，触犯纪律、违反校规、私自外出都要关禁闭。当年黄旭华班上有一位同学因要外出会女友，模仿校长的签名走出校门，结果被关禁闭两天①。

学生宿舍是大统舱，里面都有枪架，每人一把木制的长枪。黄旭华他们每天早上要背着枪"全副武装"上操，被子要叠成豆腐块并摆成一条线。礼拜天也不能随意，点名前每个学生必须做好内务。9点整，学生立正站在床铺前，等待校长或者教官来检查，检查完毕才可以请假外出，或在学校自由活动。

国民党政府及桂系军阀当时对桂林中学控制很严，学生中禁止一切反对当局的行为，禁止传播进步思想，如果违反可能直接遭到逮捕。黄旭华亲眼见过同年级高 36 班有同学因为政治原因被逮捕了。除了募捐，学校甚至不允许学生参加任何抗日宣传活动。所有学生进校全部被宣布为三青团团员，是强制性的，不接受就会被清退出校。

学校为了加强管理，要求每个学生每天必须写日记。日记本来是私密的，想写什么也是自己的自由，但是当时桂林中学学生写日记是有严格的规定的。日记里必须把你每天干什么、想什么都写出来，班主任要把日记本收起来检查。黄旭华回忆说，他们最反感写日记，当时他们都是青年人了，谁愿意把自己干什么、想什么告诉别人呢！因此，在桂林中学的所有作业中，唯有日记几乎被每位同学敷衍，随便写几句大话套话应付了事。

当时，桂林中学的师资力量非常雄厚，很多教师在当时很有名望。黄旭华当时的英语教师是柳亚子的女儿、宋庆龄的秘书、我国著名翻译家、后出任过外交部政策委员会秘书长等政府要职的姑苏才女柳无垢。据黄旭华回忆，柳无垢在桂林中学任教时时常出入美国驻桂林领事馆，在课堂上总能给他们带来许多时政要闻及二战进程的消息。柳无垢光明磊落、极富正义感，常常在课堂上抨击时政、揭露国民党的腐败，但不知是对共

---

① 中国"核潜艇之父"——记桂中学生、中国工程院院士黄旭华先生。桂林中学官网，2008-04-30。

产党不了解还是出于自我的保护，也未在课堂上宣传共产党的主张。柳无垢见闻广博、欧美阅历深厚，教学理念与方法先进，课堂信息量大、内容丰富，黄旭华他们总是学得津津有味，下课了依然意犹未尽。柳无垢热忱善良、和蔼可亲，课余总是和学生们亲密交往，和学生们关系非常融洽，成为学生们最喜爱的老师[①]。

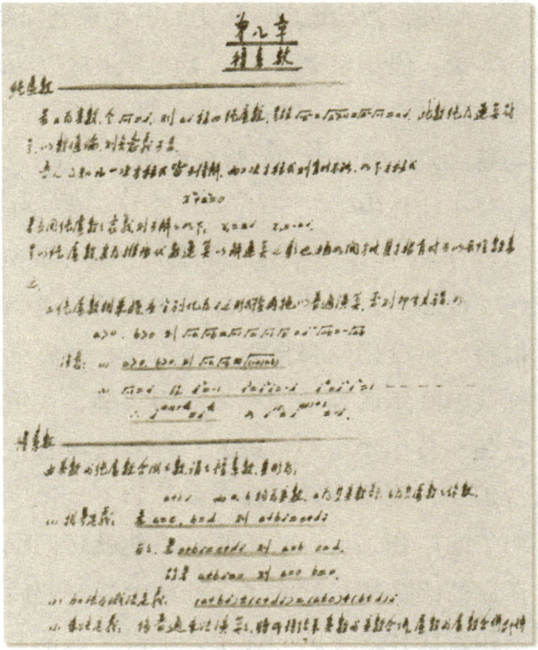

柳无垢之外，另一位给黄旭华留下深刻印象并让他终身受益的是数学老师许绍

图2-9 《大代数讲义》手稿（资料来源：黄旭华提供）

衡。许绍衡在桂林中学很有名望，他原本就是大学数学教授，此前在广州著名的广雅中学做过数学教师，之后还出任过桂林中学校长。黄旭华非常喜欢许绍衡教的代数课，许邵衡讲的深入浅出，引人入胜，让黄旭华深深地爱上了这门课程，及至以后在重庆教育部特设的先修班学习期间整理出了一本《大代数讲义》。由于许绍衡的引领，黄旭华的数学成绩和物理成绩都很出色，这为他报考交通大学奠定了良好的理科知识基础。

黄旭华高一时的班主任是唐棣老师，唐老师后来也教过他们的外语。高二、高三的班主任是朱光福老师。在当时的桂林中学，班主任是负责学生的思想教育，暗地里也监控学生，通常情况下学生对班主任是尽量敬而远之，甚至有憎恨班主任的。但是这两位班主任还是很爱护和理解学生的，通常情况下是睁只眼闭只眼，明知学生的日记都是敷衍之作，也装马虎不挑毛病，因此他们班的学生私底下还是比较喜欢他们的。

---

① 汤雄：忧国伤时的姑苏才女——忆宋庆龄秘书、柳亚子之女柳无垢。黎花砚舍网站，2014-04-21。

此外，教授地理、历史的巴小泉老师给黄旭华及其同学们也留有较好的印象。巴小泉老师不仅课讲得非常生动活泼，思想也进步，敢于直言。他像柳无垢一样，常在课堂上批评政府的无能与腐败，发表对时局的分析与看法，很受学生的爱戴与欢迎。

在桂林中学三年的学习当中，有一些同学与黄旭华建立了深厚的友谊，有些同学则在黄旭华的脑海中留下深刻的印记。

黄旭华在桂林中学最要好的朋友是强自强。强自强有三兄弟，名字很特别，分别叫强自强、强忠强、强克强，他们的父亲是国民政府国防部或者陆军后勤部的一个高级将领，在重庆一个军事机构任负责人。强自强和黄旭华是一个班的，一点没有官宦子弟的架子，随和友善，脑子特别活，成绩也好。强自强开始不会说广州话，就跟黄旭华学，可是黄旭华的广州话也讲的不咋样，他就转而跟别的同学学，最后，他的广州话讲的比黄旭华好多了。桂林中学毕业后，强自强在与黄旭华几位同学一起自桂林去重庆的途中，于遵义一地考取了浙江大学航空系，因此比黄旭华早一年上大学，也早一年毕业。强自强参加过著名的两航起义，新中国成立后分配至上海飞机制造厂，任副总工程师，1958 年研制成功我国第一架"飞龙一号"水上飞机。由于父亲是国民党高官，强自强在"文化大革命"中受尽折磨。2010 年 3 月 27 日，强自强先生不幸因病于上海逝世，享年 84 岁①。

汪胡熙是黄旭华的第二位好友，他的祖父姓汪，祖母姓胡，他的父亲就以汪胡为姓，单名一个桢字。汪胡桢在民国时期是国民政府水利部的水利专家，新中国成立后历任过华东军政委员会水利部副部长、水利部北京勘测设计院总工程师、黄河三门峡工程局总工程师等职务，1955 年当选为中国科学院院士（学部委员）。汪胡熙是汪胡桢先生唯一的儿子，他读的是浙江大学土木系，1950 年 8 月毕业后，即加入中国人民志愿军铁道兵团赴朝参战。回国后，又继续转战新疆、四川等地，历任铁道兵团铁路新建工程总工程师、计划主任、科研所研究室主任等职，退休后回到北京，于

---

① 陈钜品：两航起义人员参与并见证了 60 年来上海飞机制造厂的发展.《联谊通讯》，2009 年 11 月，第 83 期。

图 2-10　广西省立桂林中学高中第三十五班毕业留念（第四排左七为黄旭华）（1944 年 5 月。资料来源：黄旭华提供）

2013 年底逝世 [①]。

　　黄旭华的好友中还有一位少数民族的同学，叫以体谋，回族人，也是仅有的尚有联系的两位桂中同学之一。1946 年，以体谋自唐山交通大学因病休学，回到家乡广西临桂六塘，受贺县中学校长邀请出任班主任兼数理化三科教师，深受学生欢迎。1948 年以体谋考上广西师范大学教育系，毕业后重执教鞭，先后在桂林师范、兴安师范、桂林地区高中（现桂林市十八中）任教，后晋升特级教师。今天，90 高龄的以体谋，"统率"着一个教师之家。以老一家祖孙四代有 11 人从事教育教学工作，"四世家传，一门师表"传为美谈 [②]。

　　另一位和黄旭华院士还有联系的同学是吴道生，此人的父亲是国民党的一位军长（不知是上将还是中将），是一个同情共产党的进步军人，蒋介石派他去江西剿匪（即江西工农红军），他抗拒不去，退伍不干了。但

[①]　于能：正好江南四月天，万里归来谊更浓——汪胡桢文物史料捐赠侧记。嘉兴在线新闻网，2006-05-01。

[②]　陈娟：一家祖孙四代 11 人从事教育事业令人敬佩。《桂林日报》，2011 年 09 月 11 日。

"文化大革命"依然未能逃过一劫，被折磨致死，改革开放后才予以平反。吴道生读的是中央大学，学的是建筑，受父亲际遇的影响，不愿从政，在汕头一家建筑公司工作，直至退休。

桂林中学的同班同学中，有一位和黄旭华同在武汉工作，是一位女同学，叫徐湘绣，在现在的华中农业大学工作，已于2011年逝世。

以当时的情况而论，桂林中学的条件是很优越的，不收学费和住宿费，只收一点生活费。由于战乱，黄旭华家里只能够间或电汇一点钱来，每次钱一到，他就赶紧交给学校，一次能管好几个月。虽然总体条件依然艰苦，一天只能吃两个正餐，但至少不像在广益中学和聿怀中学那样饿肚子，也不用担惊受怕。黄旭华记得，强自强因为家庭条件较好，有时回家给他们带一些罐头装的猪油，吃饭时舀一勺拌在饭里，香死了！

桂林中学课程设置齐全，教学管理严格，每门课每学期要考试四、五次，让许多同学都能以较好的成绩继续享受高等教育。桂林中学走出的四位两院院士，都是那段时间在桂林中学上学，这是对桂林中学教学质量最充分的肯定。黄旭华自认为学习成绩中上，虽然比不上强自强、汪胡熙和以体谋等尖子生，但为后来以优异的成绩考上交通大学打下了良好的知识基础。

1944年6月间，黄旭华的高35班临近毕业，但由于长沙战事失利，桂林的形势突然急转直下，桂林中学也无法给高三毕业班安排会考，仓促照完毕业照、发放临时毕业证后即宣布他们毕业。突如其来的变故，让黄旭华及其同学们无法在桂林报考任何大学，只能尽快离开桂林，向重庆进发。于是，又一场凤凰涅槃般的跋涉开始了。

逐 梦 重 庆

1944年7月，黄旭华和强自强、吴道生、汪胡熙、以体谋等多位同学一道，离开桂林坐火车到达柳州。甫抵柳州，即传来桂林紧急疏散的消息，柳州也随之紧张起来，他们必须继续赶往贵阳。当时柳州火车站人山人海，他们根本没有办法拿大件的行李，没有买票，也压根不知道怎么买票，就随手拿点东西往车厢里挤。黄旭华说他们能挤上火车真是个神话，他当时没挤进去，就站在车厢门口，抓着车厢的扶手。可是时间长了手发麻抓不住，摔下去可就没命了，再说晚上总要睡会儿觉啊，怎么办呢？黄旭华很聪明，就把长裤脱了，一端系在自己的腰上，另一端系在门把手上，这样手就可以解放了，还时不时能打个盹。

那火车很难正常行驶，走走停停、停停走走，沿途要让军用列车先通过。黄旭华亲眼见到一些官太太带着猫狗等宠物坐在军车里通过。就这样过了好几天，火车总算开到了贵州的独山，但不能继续往前走了。此地离贵阳尚有 300 余公里，他们只得在独山找旅社住下，伺机寻找其他的交通工具去贵阳。

独山到贵阳只能坐汽车，当时长途汽车紧俏繁忙，很难买到票。他们住了将近两个礼拜总算买到票了，坐着汽车一路颠簸来到了贵阳。

抵达贵阳时，正值唐山交通大学招生考试，唐山交通大学（准确的称谓应该是交通大学唐山工程学院，今西南交通大学的前身）当时迁至贵阳附近的平越办学。反正没事练练手，黄旭华等几位同学就去参加了唐山交通大学的招生考试，以体谋后来就是就读唐山交大的。然而，黄旭华一行大部分人的目标是国立交通大学、西南联大、中央大学、浙江大学等名校，所以他们希望继续赶往重庆，参加这些知名高校的招生考试。然而，当时交通压力实在太大了，一时根本没有办法去重庆，只得在贵阳暂住下来，等待机会。可是这一住就是一个多月，带的钱也所剩无几，他们很着急，四处奔波，各显神通想办法。

总算是天无绝人之路。前文提过，吴道生的父亲是国民党的高级将领，当他父亲得知孩子们的情况后，设法和在贵阳的军方部下取得了联系，然后通过军车检查站扣住了一辆军车，要这辆军车捎带他们几个去重庆。可是，这辆车是运送炸药去重庆的，而且他们只能坐在炸药箱上面，时刻都充满着危险。怎么办？没有选择、也不能再等，又冲着可以不花钱，他们就上了这辆军车。就这样，这辆军车载着大量的炸药和黄旭华、强自强、汪胡熙、吴道生四人，经过很多天的艰苦跋涉，谢天谢地，他们终于有惊无险抵达战时陪都重庆。

　　从 7 月初离开桂林，沿途漫长的旅程，加上在独山和贵阳长时间的逗留，黄旭华他们到达重庆时已经八月底了。按说，历经千辛到达梦里都期待的重庆，理该高兴才是，然而，命运多舛，此时各大学招考已过的消息把他们到达重庆的喜悦驱赶得一干二净。这时，黄旭华倒是收到了唐山交通大学的录取通知书了，可是他已经无法再回到贵州平越。他无尽的伤感，心里一片茫然，该往何处去？其他三位同学父亲都在国府国军出任要职，自然都有办法，而黄旭华此时除了去寻找大哥，似乎没有别的选择。

　　好在，他总算是找到大哥了。大哥黄绍忠 1941 年秋把黄旭华送到桂林后就赶到重庆，并如愿通过考试进入南迁至重庆的交通大学。但是，他在交通大学读了一段时间以后，觉得交通大学的理工科太难、太累，管理也太严，又萌生了去西南联大读政治学或者经济学的意愿。当他得知弟弟黄旭华在自桂林赶往重庆的途中后，就留在重庆等候弟弟，打算把黄旭华安顿好后再去昆明。

　　大哥黄绍忠在交通大学读书时，业余时间在交大附近的一家炼油厂打工，这家炼油厂潮州人很多，对他也很好。哥俩重逢后，大哥就托人把黄旭华安排在这家工厂打工，嘱咐下一步的读书事宜后就告别弟弟，赶赴云南昆明，投奔西南联大去了。

　　黄旭华在谈及自己的求学经历时，风趣地说，他的求学生涯就是追在大哥屁股后面跑。大哥到梅县，他往梅县跑；他赶到梅县，大哥却去了桂林；他追到桂林，大哥去了重庆；等他再赶到重庆时，大哥又丢下他去了昆明。他总在追，可是总也没追上。

　　当时，像黄旭华这样流亡到重庆的学生很多，重庆国民政府比较重视这个问题，成立了流亡学生收容办。国民政府教育部也在重庆附近的江津县白沙镇成立了一个特设大学先修班，专门招收已高中毕业却错过大学招考的学生，为他们来年报考各高校提供一个学习之地。这个先修班一个最大的好处是不收一分钱，不仅没有学杂费，连吃住都全免[①]。这对于黄旭华

---

　　① 中共江津区党史研究室：《中国共产党江津地方历史（第 1 卷 1926-1949）》。北京：中共党史出版社，2009 年，第 147-150 页。

来说不啻是一个极大的福音，他很顺利地进入了这个先修班学习。客观地说，这个特设大学先修班是国民政府办的一件大好事，为黄旭华等大批沦陷区的有志青年提供了一个极佳的学习庇护场所，后来从这个先修班中走出了许多新中国高级研究和建设人才。

这个先修班不仅学习条件很好，教师也不错。由于都是流亡学生，吃过许多苦，也都是揣着梦想来到重庆的，因此大家很珍惜这样的机会，学习很刻苦，风气很正。

一年的时间，转瞬即逝。1945 年 7 月，各大学的招生考试又纷纷开始了，大家投考了各自心中的大学后，这个先修班就解散了。黄旭华由于成绩优秀、表现良好，获得了先修班的保送资格，但是这个保送是保密的，被保送人并不知道，保送生也需要得到接收高校的审核确认后才能获得正式的录取通知书。黄旭华不知道被保送的事，因此他报考了国立交通大学造船系。先修班结束后，黄旭华又回到了先前大哥打工的那家炼油厂，在那里边打工边等大学的录取通知。

黄旭华得到的第一个录取通知是中央大学航空系。原来特设大学先修班将黄旭华保送至中央大学，中央大学审核认可后发放了正式的录取通知书。到了八月份，交通大学的录取结果也公布了。交通大学不是发放录取通知书，而是在中央日报登报公布，在录取公告上，黄旭华排造船系录取名单的第

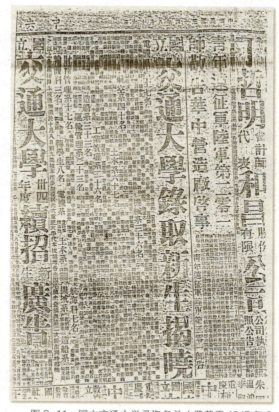

图 2-11　国立交通大学录取名单（登载于 1945 年 8 月 15 日的《中央日报》上。资料来源：黄旭华提供）

一位①。

黄旭华院士保存了当年中央日报录取公告的复印件,复印件不是很清晰,日期也看不清,但依然能看清黄旭华院士是造船系第一名。这份复印件是90年代他当选工程院院士后,他在南京的一个同学送给他的,这位同学也是上海交通大学毕业的,当年他的录取名单也在这份公告上。

笔者曾就这个第一名询问过黄旭华院士,在报纸上他排在录取名单的第一位,是否意味着在报考交通大学造船系的考生中,他的成绩是第一名呢?黄旭华回答说不好这样确定,当时不可能查询考试成绩,校方也未对排名作出说明。采集小组成员分析这个排名也不明就里,这个排名看不出规律,既不是按照姓氏笔画排列,也不是遵循汉语拼音规律组序,按成绩排名只能说有这种可能性。

至于为什么报考造船系,黄旭华院士详细地介绍了这个志愿的心路历程。在聿怀中学、桂林中学读书期间,在辗转各地求学的旅途中,黄旭华院士无数次亲身经历了日寇飞机的狂轰滥炸,亲眼看到了许许多多的同胞倒在血泊中,在经历了无数的愤恨与痛苦之后,他慢慢悟出了一个直接的道理,没有强大的国防就没有国家的安全、生命的保障、学习的安定。因此,在他们报考大学的专业时,不约而同地选择是航空、造船等直接提升国家技术及国防实力的专业。

中央大学航空系、交通大学造船系,不仅都是当时的名牌大学,也皆是自己理想中的专业,怎么选择?黄旭华并没有太多的犹豫,国立交通大学的工科在国内无出其右者,素有东方的MIT(麻省理工学院)之誉。因此,黄旭华毅然选择了交通大学,开启了他在交通大学的又一段精彩的人生。

从聿怀中学到桂林中学的求学经历及学习过程,不仅在黄旭华的脑海里留下了极其深刻的记忆,也对他的一生产生了巨大的影响。

首先,是文化的熏陶。聿怀中学和桂林中学这两所历史悠久、文化底

---

① 国立交通大学录取新生揭晓。《中央日报》,1945年8月15日。BD-003-001。复印件,存于采集工程数据库。

蕴深厚的学校让黄旭华置身于一种良好的文化氛围中，文化的影响力可以让人形成一种学习知识的内源力或曰原动力，进而形成自己的文化品位、事业追求及精神形象。

其次，是知识的积淀。无论聿怀中学还是桂林中学，都是辛亥革命后按照近代西方的教育理念和知识体系建立的新式学堂，黄旭华系统享受了先进的中学教育，系统地学习了近代西方科学知识。知识的积淀是黄旭华走向成功的基础，也是他实现科学创新的保障。

再次，是人格魅力的感染。连黄旭华自己都认为他是幸运的，在聿怀中学和桂林中学遇到许多像柳无垢一样优秀的教师。这些教师学富五车，给他打开了知识之门，更让他感受到他们的人格魅力、经受了精神上的洗礼。

最后，是坚强意志的炼成。黄旭华院士的求学过程无疑是艰辛的，聿怀、广益、桂林中学的生活无疑是困苦的，但是，这些经历成为了财富，它磨炼了黄旭华的身心与意志，赋予了他不惧困难、百折不挠、勇往直前的精神。坚强的意志，成为黄旭华院士后来在研制核潜艇过程中攻坚克难的最有力武器。

辗转求学，是黄旭华院士一生中的重要起点，不仅磨砺出了坚强的意志，而且经受了先进文化的熏陶、得到现代科学知识的营养，同时完成了人生理想的转型。

第三章
交大岁月

　　1945 年 8 月 15 日，日本宣布无条件投降，抗日战争胜利。黄旭华兴高采烈、精神振奋，对自己的前途、对国家的前途充满希望。

　　1945 年 9 月，黄旭华去交通大学报到入学了，带着梦想与期待，开始了他的大学生活。

生 活 学 习

　　交通大学的变迁及其在我国教育和科技发展中的成就和地位笔者无需在此赘述，资料俯拾皆是。1942 年 8 月国立交通大学西迁重庆后，定址九龙坡，被称为"渝校"（亦称为重庆总部），黄旭华当时就是在国立交通大学"渝校"报到入读的。1943 年，教育部令交大接管重庆商船专科学校，建成造船系，黄旭华院士报考并就读的这个造船系当时是交通大学最年轻的系科，现在已经发展成上海交通大学最具实力的专业之一。

　　交通大学当时在九龙坡的规模较大，学生人数接近 2000 人，教学及生活条件比较差，在黄旭华的记忆中大部分校舍都是竹棚子。黄旭华入校后不久，大约是 1945 年 10 月，交通大学开始分批复员上海，行政管理部门及高年级先行。由于搬迁工作纷繁复杂，涉及面广，加上抗战刚结束不久，整个学校实际上人心思动，新生的教学还是受到了较大的影响①。

1946 年 3 月初，黄旭华这批大一学生开始搬迁了，此时整个学校的搬迁也近尾声。黄旭华他们先从重庆坐汽车到陕西宝鸡，在宝鸡换乘火车去上海，中途在西安停留了几天。不知道是有意安排还是巧合，黄旭华他们最后一拨师生抵达上海时，是 1946 年 4 月 8 日。这日子很特殊，它恰好是国立交通大学具有历史意义的校庆日，从此，这个校庆日又因为最后一批学生自渝校复员而赋予了一层新的意义，它又成为国立交通大学整体复员日。

黄旭华到达上海徐汇校区后，他们大一的学生和大二的学生共住在一幢叫"新中院"的两层宿舍楼里，他曾住过的两间宿舍的编号分别是 106 和 204，是个八人间。这幢房子在当时是新建的，像四合院，呈四边形。命名为"新中院"是为了区别原有的"中院"。到了大三，也就是 1948 年 9 月，黄旭华的宿舍就搬到了"上院"，房号是 319，是四人间。到了大四，黄旭华又搬进了"西斋"。"西斋"是 1930 年建成的宿舍楼，都是两人间，黄

图 3-1 大一、大二时居住的"新中院"宿舍
（2011 年 4 月 10 日。资料来源：黄旭华提供）

图 3-2 大四时居住的"西斋"宿舍（2011 年 4 月 10 日。资料来源：黄旭华提供）

---

① 黄旭华访谈——辗转求学，2013 年 12 月 20 日，武汉。资料存于采集工程数据库。

旭华和厉良辅住一楼的 130 房间，穆汉祥住隔壁 128 房间。"新中院"和"西斋"至今都保护完好，它们与其他老建筑一起，见证了交通大学的发展历史。黄旭华就读的造船系属于工学院，他们上课和实习的楼房就叫工程院。

复员到交通大学后，黄旭华他们开始接触专业课。刚一上课，黄旭华院士笑称自己的头都大了。这里的教学和渝校的差别很大：课本，英文原版；授课，老师全用英语教学；作业和考试题目，同样是英文，就连笔记都要求用英语。黄旭华过去对自己的英语水平还比较自信，在桂林中学时柳无垢老师给他们打下了良好的英语基础，对英语也有着浓厚的兴趣，可现在真按照全英语模式教学时，才发现过去的英语能力多么不足。他没有退路，只能努力学习，通过一段时间补习与适应，才逐步跟上了学习节奏。

黄旭华所在的造船系虽然是接收重庆商船专科学校而创办的，但是师资及教学模式完全不一样。由交大接管后，原有的教师绝大部分逐步解聘了，引进的教师大部分是从欧美留学回来具有博士学位等高学历的人才，故而造船系的教学在那时就基本与国际接轨，采用类似欧美的先进教学模式，目标是培养具有国际水准的专业人才。

黄旭华回顾了一个有趣的小事情。他在上海国立交通大学所学习的《造船原理》课程，使用的教材是英文版的《造船原理》上、下两册。新

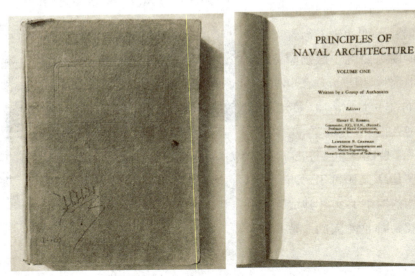

图 3-3 英文教材《造船原理》(资料来源：黄旭华提供)

中国成立后他们在转让仿制苏联的常规潜艇时，引进了一批俄文技术资料，其中有一套俄文版的《造船原理》，也是上、下两册，黄旭华翻看后发现，居然就是他使用的英文教材《造船原理》的俄语翻译版，可见他们当时使用教材在技术上的先进性及权威性。黄旭华说，那套《造船原理》教材中所介绍的造船原理及技术在今天依然适用，变动不多。

造船系的教师当中，黄旭华印象较深的有以下几位。

第一位教师是造船系的系主任叶在馥①，他实际的职位是民生公司的总经理兼总工程师，按现在的话说他是交通大学的兼职教师。在黄旭华的记忆中，叶在馥每次上完课就匆匆离开了，说是要赶回去上班。叶在馥具体教授船舶建造方面的课程，上课时他将民生公司建造的各种类型船舶的设计图、建造图都拿到课堂上，生动具体地传授船舶设计建造方面的知识。他这一点让学生一直很感动，也让学生受益良多②。

第二位教师是辛一心③，是叶在馥之后的造船系主任。辛一心和叶在馥类似，其时任招商局轮船公司正工程师兼工程科长、船务处副处长兼机器厂厂长、船务处处长，同时在交通大学任兼职教授，后期辞去其他职务，任交通大学专职教授并兼理系务。辛一心先后给黄旭华他们讲授过造船原理、船舶结构、流体力学、弹性力学，足见其知识面之广博。辛一心很注重逻辑

---

① 叶在馥（1888–1957），广东番禺人。清光绪三十二年（1906年）毕业于广东水师学堂航海科，1909赴英国留学，1912年考入格拉斯哥大学造船系，专攻造船工程，1915年考入美国麻省理工学院学军舰设计与制造，1917年毕业，获海军工程科学硕士学位。回国后分别在上海江南制造厂、重庆民生造船厂和民生公司、上海交通大学任职，曾任上海交通大学、同济大学造船系主任。新中国成立后历任大连造船厂建厂委员会总工程师、上海交通大学教授。曾主持设计"平海"、"隆茂"等军舰和民船数十艘，在重庆工作时主持设计适合我国川江特点的"民元"、"民本"、"民俗"等多艘船型，对我国造船业的发展起过积极的作用。主持编译有《中英船舶工程名词》一书，1956年当选为上海市人民代表。1957年10月6日病逝。

② 朱隆泉、孙光二：造船巨擘叶在馥。《上海造船》，2007年第4期。

③ 辛一心（1912–1957），造船学家和教育家。1934年毕业于国立交通大学电机工程学院电讯系，1936年第四届中英庚款公费留学英国纽卡斯尔杜伦大学皇家学院，攻读造船工程，获硕士学位，后转入英国格林威治皇家海军学院攻读造舰工程。辛一心是中国造船工程学会的创建者之一，当代中国船舶设计和科学研究机构的创始人，创建了中国第一座船模试验池，交通大学造船系的创始人之一，为中国造船和航运界培养了大批专业人才。辛一心一生著述甚丰，出版有《船之阻力》《船体强度》《船舶构造力学》《船舶流体力学》《船舶振动学》等专著，他对船舶流体力学和结构力学均有很深造诣，为开创当代中国的船舶设计、科学研究和教育事业做出了卓越的贡献。

性，讲课时非常投入、眉飞色舞、铿锵有力，学生都很爱听他的课[①②]。

辛一心国文基础雄厚，文理兼备、学贯中西，教学认真负责，对学生倾囊相授，深得学生敬重与爱戴。辛一心有一件事让学生肃然起敬，与辛一心一起留英回来的同学说，他学习非常认真刻苦，惜时如金，留学英国5年时间愣是没去过一次电影院。令人扼腕痛惜的是，1957年12月16日辛一心英年早逝，时年仅45岁。谈起辛一心老师的言行往事，黄旭华院士动容叹息地说："我们造船系的人谁都不会忘记他。"[③]

王公衡老师的课堂反响也不错，他讲授船舶动力及推进方面课程，他当时是国民政府交通部的技正[④]，平时在南京上班，每周坐火车来交通大学上两天课。

对于王公衡老师，黄旭华有一段清晰的记忆。一天，正好"山茶社"有一个演出活动，黄旭华希望全班都去参加，而当天正好是王公衡老师的课程，黄旭华便去找他请假，说今天有个重要的活动，今天的课是否可以不上。王公衡"啪"的一声把讲义摔在桌子上，对黄旭华嗔怒道："（同学们）都给你带坏了！"然后拿着教案就走了。黄旭华心里明白，王公衡老师心里是支持他们的。刚解放不久，有一天黄旭华正好遇到了王公衡老师，王老师笑着对他说："算你幸运，不然我不让你毕业的！"。

黄旭华在交通大学造船系读书时唯一健在的老师，是现在的中国科学院资深院士杨槱[⑤]。杨槱老师从英国留学归来后在重庆商船专科学校任教，

---

① 辛亨复：《辛一心传：一个中国造船科学家的奋斗》。上海：上海交通大学出版社，2012年，第5-16页。

② 黄旭华访谈——交大岁月，2013年12月25日，武汉。资料存于采集工程数据库。

③ 辛亨复：《辛一心传：一个中国造船科学家的奋斗》。上海：上海交通大学出版社，2012年，第3-6页。

④ 官名。旧时，中国技术人员的官职。国民党政府的交通、铁道、实业、内政多部（会）及省（市）政府的相应厅（局）大多置此官，以办理技术事务。此官在部（会）中，职位次于"技监"在厅（局）中为最高官职。其下届有"技士"、"技佐"等。见：赵德义，《中国历代官称辞典》，团结出版社，1999年。

⑤ 杨槱，船舶与海洋结构物设计制造专家、教育家和社会活动家。1917年10月生于北京，1940年获英国格拉斯哥大学一等荣誉学士学位，2002年授予荣誉工学博士学位，1980年当选为中国科学院院士（学部委员）。他是电子计算机辅助设计、船舶技术经济论证及船舶运输系统分析等船舶设计新学科的开拓者和中国船史研究学科的奠基者，为中国现代船舶工业的发展和人才培养做出了重要贡献。

是造船系仅有的原商船专科学校留任的教师。杨榙老师在费城美国海军造船厂监造过"普林斯顿"号航母，回国后在海军江南造船所、海军青岛造船所做过技术负责人，有着丰富的实践经验。在交通大学任教时很年轻，估计也就 30 岁左右，他也是讲授船舶建造方面的课程。2013 年暑假，黄旭华院士回到上海交通大学时，还去看望了他，98岁高龄，依然健康。

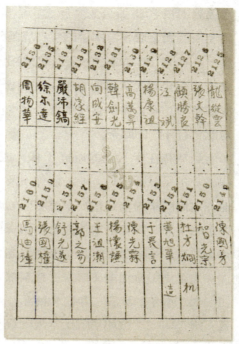

图 3-4　国立交通大学造船系学生注册簿
（资料来源：上海交通大学档案馆提供）

在交通大学造船系的同学中，现在能让黄旭华院士准确地说出姓名的仅有姜次平、颜家骥（原船研所总工程师）、杨家盛（原 702 所总工程师）、黄荫梁、吴伟璞等同学。姜次平是班里成绩最好的同学，也是学习最用功的同学，在一次考试中他晕倒了，可醒过来竟然继续坚持考试。姜次平毕业后留校任教，成为上海交通大学船舶专业的杰出教授。其他几位同学也是因为都在中船系统，毕业后因为专业及工作方面的原因偶尔见过面或者有一定的联系才留在记忆中。30 年的隐姓埋名及保密的需要，黄旭华对同学的记忆慢慢被岁月稀释了。

黄旭华这届造船系的学生大约有 20 人左右，黄旭华在交通大学的学号是 2152。他在录取时是造船系的第一位，造船系的学号也是从他开始编制的。第三位是陈先霖[1]，学号是 2154，他在造船系读了一年后转入机械系，新中国成立后一直在北京钢铁学院（现北京科技大学）任教，在冶金机械领域造诣颇深，1995 年当选中国工程院院士，和黄旭华院士同在机械

---

① 　陈先霖（1928-2009），男，汉族，四川遂宁人。中国工程院院士，我国冶金机械研究领域的先驱，著名机械学家和工程教育家，为我国钢铁工业的发展做出了杰出贡献。

与运载工程学部^①。

在谈到交通大学四年的学习成绩时，黄旭华毫不讳言，说过去在聿怀中学、桂林中学及教育部特设大学先修班读书时，他的成绩都是名列前茅，但在交通大学四年的成绩则很是一般。究其原因，他坦陈在学习上没花足够的时间，甚至有较多课程都没有上。那么，时间去哪儿了呢？后文对此将有详细的回答。

虽然花在学习上的时间不多，成绩一般，但黄旭华院士坚持两条底线。一是尽量不挂科，就是俗称不及格重修。虽然有时没去上课，但课后他一定借同学的笔记誊抄，有时间的时候再认真复习，凭借自己的聪明及课余的学习，四年下来他没有一门课挂科。二是绝不作弊。他说，如果挂科，那至多是态度问题，而作弊，是品德问题，这不是他的选项。

采集小组从上海交通大学档案馆查阅到黄旭华院士的成绩档案，从黄旭华大二一年、大三一年、大四第一学期共两年半的学习成绩记录看，所言不虚，印证了黄旭华院士本人的说法。成绩的确一般，很多课程的成绩在 70 分左右^②。

然而，尽管黄旭华在校读书学习成绩一般，但因为在校期间综合表现比较突出，因而先后获得过交通大学奖学金、上海市统一奖学金以及上海市轮船业同业公会奖学金，这些获奖纪录在今天上海交通大学档案馆中都能够检索查阅得到。以此看来，黄旭华在交通大学的整体表现还是很优秀的。

交通大学当时对学生提供的生活条件还是比较好的。黄旭华在重庆进入交大时是全公费的，迁至上海后，学校对每个学生的家庭条件进行甄别，认为黄旭华的家庭条件在学生中不算是差的，就改为半公费，须得缴纳一部分学费。黄旭华家里毕竟弟妹多，都要上学读书，并不能给他太多的资助，黄旭华也从不主动找父母要钱。在这种情况下，自 1947 年下半

---

① 解红叶、板形之先：满井之霖——记冶金机械专家、中国工程院院士陈先霖.《金属世界》，2012 年第 5 期。

② DA-001-003 至 DA-001-007，国立交通大学选课成绩单（存根）（黄旭华）。上海交通大学档案馆，扫描件存于采集工程数据库。

年开始，黄旭华院士就选择去做家教，他教两个孩子，有一段时间教了三个。其中教的最长的是一位李姓医生的儿子，叫李大来，一直教到高中毕业，后来这个孩子考取了在天津的天津大学或者南开大学。有一位学生是同学的弟弟，只是短期教过。当时交通大学的学生做家教很受欢迎，报酬也不错，这下黄旭华的经济条件得到了根本的转变，除了支付学习生活费用之外还略有结余，成了比较富裕的学生。黄旭华还用做家教打工的钱买了一块低端瑞士手表，是防水的，很是让同学们羡慕了一把。

图 3-5　国立交通大学 1947 年度学生公费、半公费名册（资料来源：上海交通大学档案馆提供）

在交通大学读书的四年间，黄旭华与家里基本保持通讯联系。家里的来信基本上是母亲曾慎其写的居多，父亲黄树穀很少写信。母亲曾慎其写给黄旭华的信都是用拉丁文写的，很工整、流畅。由于"文化大革命"及其多次搬迁的原因，今天黄旭华没能保存下母亲任何笔墨，常常感到痛心和遗憾。其实，母亲一辈子都牵挂在外面打拼的孩子们，坚持给在外的儿子们写信，包括大哥绍忠、老三黄旭华及五弟绍富。母亲晚年直到 102 岁时，也给黄旭华写信，虽然笔迹开始歪歪斜斜了，但关切之情溢于字里行间。

1948 年一放暑假，黄旭华就偕同几位广东籍同学，急切的赶赴老家。他心情很激动，这是自他 1939 年离开聿怀中学以后，时隔九年第一次回家乡。他们先从上海坐船，在海上航行三天后到达汕头，再在汕头换乘小船去汕尾。抵达汕尾后他随即赶到了已复原籍的聿怀中学，在母亲给

图3-6 1948年黄旭华阔别海丰田墘九年后回到家乡留影（资料来源：黄旭华提供）

他的信中知道五弟绍富其时在聿怀中学读高中。

到了聿怀中学，黄旭华打听到了弟弟黄绍富的宿舍，当时正值午睡，黄旭华推了推酣睡中的老五："绍富，醒一醒，你看看我是谁？"他睡眼惺忪地看了半天也不认识。时隔九年，黄旭华离开家时绍富还很小，当然不认识三哥了。黄旭华只好告诉他："我是三哥啊！"绍富高兴的大叫："啊！你是三哥啊！"于是，哥俩一起高高兴兴地回到田墘镇。黄旭华见到了阔别9年的父母亲，一家人欢欢喜喜地团聚了，黄旭华也总算在家好好消受了一个假期。

"山茶社"的积极分子

参与和组织各种学生运动、加入地下党、智斗敌特是黄旭华在交通大学最精彩的乐章，而这曲乐章是从他加入"山茶社"开始奏响的。

最早动员黄旭华加入"山茶社"、参加各类学生运动并最终走上革命道路的是于锡堃。

于锡堃是黄旭华在重庆时认识的。黄旭华在教育部创办的大学先修班读书时，于锡堃在现代教育先行者陶行知先生所创办的育才中学读书，两人同时从不同的学校考取了交通大学，一个是造船系，一个是航海系，二人又是同一时期从重庆迁到上海的。在自重庆到上海漫长的旅途中，于锡堃就给他讲了一些进步的思想，并且说他去上海后想在交通大学成立一个学生社团。

果然，来到上海没多久，于锡堃联合一些志同道合者发起成立了"山茶社"，于锡堃被推举为社长、许健为副社长。"山茶社"正式成立后不久，于锡堃动员黄旭华也参与进来，黄旭华对文艺活动有着与生俱来的兴趣，不仅自己毫不犹豫地加入了"山茶社"，还动员了土木系的厉良辅同学一起加入进来。

　　然而，这里有一个问题必须要做一个交代，在采集小组所收集到的资料中，对"山茶社"历史的回顾与黄旭华院士所述有些相左。黄旭华院士认为"山茶社"是于锡堃来到上海后发起成立的。但有其他资料指出，"山茶社"早在重庆时就有了。

　　据《民主堡垒——战斗在交通大学的中共地下党（1925—1949）》记载，1946年元旦前后，交通大学的学生陶城、于锡堃、许健、陈明煌、钱存学等人，从陶城的父亲陶行知先生所办的育才学校，请来该校的实验剧团来校园演出川剧"哪个办"和秧歌剧"王大娘补缸"等节目，随后他们成立了以学习民间歌舞为主要内容的"山茶社"，推选于锡堃为社长。取名"山茶社"是因为山茶花傲霜斗雪，不畏严寒的品质，比喻革命青年不愿做温室里的花朵，而要做扎根于人民之中的火红吐艳的山茶花[①]。

　　"山茶社"成立后的工作状况，《民主堡垒——战斗在交通大学的中共地下党（1925—1949）》中有这样一段描述：

　　　　"山茶社"成立后，社员即到育才学校学习秧歌舞，回来后开展大家唱大家跳活动。大家唱的歌曲不下三四十首。其内容有通过怀念显示意志和力量的，有通过揭露丑恶现实、向往美好未来的，有抗战歌曲、苏联歌曲等。"大家跳"主要是教跳秧歌舞和集体舞。"山茶社"的活动主要是通过歌舞、短剧、影子戏等形式在学生运动中进行宣传，并组织辅导学校文艺活动，团结学生。[②]

---

　　① 上海交通大学党史校史研究室编著：黎明前的战斗。见：上海交通大学党史校史研究室编，《民主堡垒——战斗在交通大学的中共地下党（1925-1949）》。上海：上海交通大学出版社，2007年，第235页。

　　② 同①，第270页。

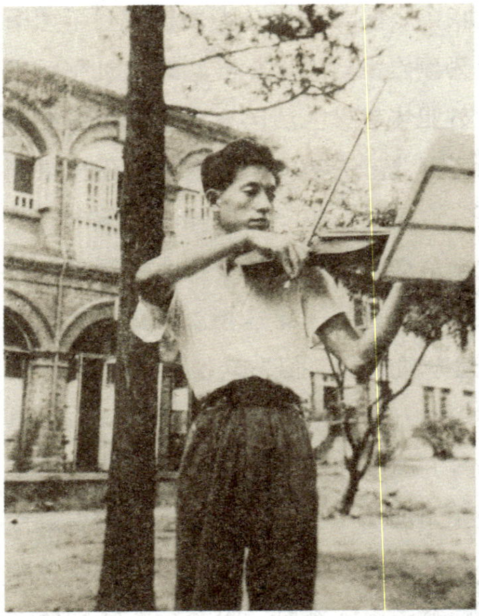

《民主堡垒——战斗在交通大学的中共地下党（1925—1949）》一书，是上海交通大学校史研究室经过长期资料考证而编写的，其记述应该是令人信服的。因此，"山茶社"应该是交通大学"渝校"复员上海后，由于锡堃等人重新恢复的。于锡堃在重庆已经受到地下党有目的的影响教育，他没有告诉黄旭华"山茶社"在重庆的活动，可能是出于谨慎的考虑，也进一步说明"山茶社"在重庆时已经是受到共产党影响的组织。

"山茶社"在上海恢复后，在党的指导下发展迅速，很快由最初的十余人发展到五十余人。在"山茶社"的发展过程中，许多党员和积极分子参加了其中的活动，在其中起重要作用的先后有于锡堃、许健、陈明煌、陆兆珊、蒋励君、黄旭华、魏瑚等。"山茶社"不仅学习歌舞、演出进步话剧，还积极组织和参加著名的护校运动、五四营火晚会及上海解放运动等。

由于具有较好的音乐基础及在作矶小学、聿怀中学、桂林中学多次参加抗日宣传演出所积累的丰富表演经验，黄旭华加入"山茶社"后，其文艺才华及组织领导能

图 3-7　在新中院宿舍前练习小提琴（1947年。资料来源：黄旭华提供）

图 3-8　山茶社社友在交大校园操场上（摆成"山茶"字样的造型，"茶"字部分居右的女生正后方卧者为黄旭华。1949 年 6 月。资料来源：黄旭华提供）

力迅速表现出来。黄旭华积极参加山茶社的各类活动，对文艺演出尤其倾注最大的热情。他多才多艺，可以引吭高歌，可以演奏口琴、扬琴、小提琴，同时还是合唱团及乐队指挥。

在小学及聿怀中学时黄旭华已经学会了口琴和扬琴，在业余队伍里算是高手了，具有一定的演奏水平。在桂林中学，他又初步学习了小提琴，到交通大学加入"山茶社"后，他又虚心向别人请教，学习小提琴的演奏技巧，由于他具有一定的音乐基础，对此又有与生俱来的爱好，一段时间以后，也能够有模有样的拉拉小提琴了，使得他的音乐爱好又增加了一技之长。

黄旭华等"山茶社"社员不仅在交通大学校内组织各种学生活动，还积极走出校门，在校外组织具有进步意义的演出，还辅导和指导一些中学生的文艺活动，产生了良好的社会影响。

时为交通大学物理系学生、与黄旭华同为"山茶社"社员、后为《人民日报》《中国老年报》著名记者、笔名为金凤的蒋励君，她在回忆"山茶社"往事时，说黄旭华是"热情活泼、积极参加进步学生活动、并于上海解放前夕加入地下党的小伙子"[1]。

在上海交通大学百年校庆时，当年的同学见到他异常兴奋，争着爆料："老黄当年那可是一副好嗓子，唱歌拿手！又是我们合唱团的总指挥！"[2]

经过了近两年的历练，到了1948年，黄旭华已经从一名"山茶社"的普通社员成长为举足轻重

图3-9　上海解放后，山茶社同学于交大校园内兴奋合影（前排卧者为黄旭华）（1949年6月。资料来源：黄旭华提供）

①　金凤：中国核潜艇工程总设计师黄旭华。《中国老年报》，2001年07月03日。
②　上海交通大学船建学院：黄旭华院士："潜水"三十年的核潜艇之父。上海交通大学新闻网，2014-04-13。

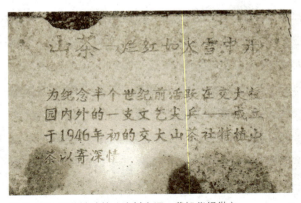

图 3-10　山茶社碑铭（资料来源：黄旭华提供）

的积极分子，并最终成为后来的"大江歌咏团"及"晨社"的主要领导人。

从 1946 年至 1947 年两年间，"山茶社"对于活跃交通大学的气氛及丰富学生的文化生活起到了很好推动作用，得到了学校管理层一定的认同和支持，"山茶社"也因此有了一间办公室兼活动室。此外，"山茶社"为了扩大影响，宣传进步思想，还不定期印刷社刊《山茶情》在学生中散发。通过这些活动，"山茶社"的影响与日俱增，在成为交通大学学生运动的核心组织的同时，也引起了国民党当局的注意。

1947 年末，"山茶社"的社长于锡堃被国民党特务逮捕了。其实，此时的于锡堃并不是党员，由于他是社长，抛头露面的事比较多，容易被国民党特务盯上，地下党出于保护他的需要，当时并没有让他加入党组织。在他被捕以后，党才正式吸收他加入党组织的。

于锡堃被捕以后，副社长许健接替了社长的职位，继续带领黄旭华等"山茶社"的同学们开展各项活动。

新中国成立以后，"山茶社"的同学们在战斗中结下的深厚友谊也在不断地延续。据黄旭华院士回忆，在北京工作时期，他、金凤、魏瑚等"山茶社"社员经常相聚于后来任七届全国人大副秘书长李钟英家中，一起回顾在交通大学的青春岁月和"山茶社"的战斗历程。

"山茶社"是交通大学学运史上的一座丰碑，也是交通大学中国共产党地下党组织领导学生反对国民党统治、追求真理和正义的战斗堡垒，它如同火红的山茶花一样始终映照和激励着莘莘学子为建设强大的国家而筚路蓝缕、自强不息。在今天的上海交通大学，原"山茶社"的旧址处种有一颗山茶树、立了一个"山茶社"的纪念碑，以怀念、纪念"山茶社"如火如荼的光荣岁月，同时见证交通大学地下党的革命历史。

亲历"护校运动"

"护校运动"是交通大学历史上的重大历史事件,许多 20 世纪 40 年代末的交通大学的校友大都亲身参与和见证了这一历史,黄旭华院士也是这一活动的亲历者。

黄旭华等"山茶社"社员积极投身了这场决定交通大学生存与未来的学生运动。在访谈中,黄旭华院士对护校运动的过程及其自己所做的工作进行了很认真地回顾。

1947 年 5 月 13 日清晨 5 时左右,黄旭华和 3000 多名交通大学学生一起,乘交大校友上海总务局局长调来的汽车向上海火车站出发,到达上海火车站后,虽然市政当局已经把火车皮都隐藏起来,但是学生在进步工人的帮助下,经过多方努力找到了火车头及火车厢,机械系的学生开动火车,载着交通大学的学生和前来声援的复旦大学、同济大学等高校的学生,声势浩大、轰轰烈烈地向国民政府所在的南京市进发①。

然而,国民党当局为了阻止学生,竟然拆除了铁路的铁轨。可这难不倒交通大学的学生,土木系的学生把后面的铁轨拆下来装到前面的路基上,就这样拆一段装一段地向前开进,其间还冲破了国民党军队的阻拦。终于,国民党当局急红了眼,在铁路拐弯处将道岔都拆除了,这样一来,学生的确没办法继续前进了。然而,同学们也不退缩,不能前进我们就停在这里,也让你的交通瘫痪。

最终,国民党当局迫于各种压力,由教育部长朱家骅出面,代表国民政府同学生谈判。谈判现场隔着一个山坡,国民党政府谈判小组抬着扩音器准备与学生对话谈判。然而,学生纠察队此时发现谈判现场附近埋伏了许多军队,学生代表不干,提出要谈判必须先撤走军队,朱家骅被迫让

---

① 上海交通大学党史校史研究室编著:黎明前的战斗。见:上海交通大学党史校史研究室编,《民主堡垒——战斗在交通大学的中共地下党(1925-1949)》。上海:上海交通大学出版社,2007 年 6 月第 1 版,第 271 页。

步，同意学生的要求，护校运动取得了胜利。

在护校运动中，黄旭华一方面和同学们一道不畏危险，积极参与同当局的斗争，另一方面充分发挥了自己的文艺特长，带领大家一起高唱《团结，就是力量》等鼓舞同学的歌曲。在这场运动中，黄旭华虽然不是领导者，但他却是一名鼓动者。他在回忆此事时自豪地说："我有这套本事，这个群众大会上我一站起来，两手一挥，底下就跟着我一起唱。"

通过"护校运动"的胜利，黄旭华深刻认识到，要取得斗争的胜利，一是要勇敢、不能软弱；二是不能孤孤单单的搞，要齐心协力、要发动群众、要团结、要争取支援。这些在实践中取得的认识和心得，也是他新中国成立后参与核潜艇研制中克服困难、取得成功的思想源泉。

参加"五四营火晚会"

但凡 1948 年 5 月尚在上海各高校读书的大学生，鲜有不知道 5 月 3 日和 4 日两天在交通大学举办的"五四营火晚会"的。黄旭华和其他"山茶社"社员一道，成为这场著名的学生运动集会的参与者和亲历者。

1948 年 5 月 3 日，上海高校学生联合在交通大学体育馆举行纪念"五四"文艺晚会，演出了《觉醒》《农作舞》和讽刺蒋介石效法袁世凯当大总统的新编历史剧《典型犹存》等节目，以反帝反封建为主要内容，矛头直接指向美帝国主义和蒋介石的国民党政府。《觉醒》《农作舞》是"山茶社"演出的重点剧目，黄旭华等"山茶社"成员表演了该剧目。演出效果非常好，极大的推高了晚会的气氛[1][2]。

为纪念五四运动，掀起红五月运动的高潮。5 月 4 日，上海各大中学

---

① 黄旭华访谈——交大岁月，2013 年 12 月 25 日，武汉。资料存于采集工程数据库。

② 上海交通大学党史校史研究室编著：黎明前的战斗。见：上海交通大学党史校史研究室编，《民主堡垒——战斗在交通大学的中共地下党（1925-1949）》。上海：上海交通大学出版社，2007 年 6 月第 1 版，第 271 页。

校继续在交通大学举行营火晚会，主题是反对美国扶植日本军国主义势力。当日，校园布置一新，从校门口到民主广场（即大操场），用大量学生运动历史资料的大型图片，布置了一条"从五四（1919）到五四（1948）的中国青年的道路"。这条路上用彩灯做成的大路标，依次标着"五四"、"五卅"、"九一八"、"一二·九"、"七七"、"一二·一"、"抗暴"、"五二〇"、"1948年五四"等字样，最后一个箭头是"走向黎明"，指向营火会大门。最引人注目的是大草坪中央

图 3-11　纪念五四运动晚会会场上搭建的"民主堡垒"（资料来源：《民主堡垒——战斗在交通大学的中共地下党》）

高高矗立的"民主堡垒"。堡垒是交大学生用竹篱笆轧制、外面用彩纸蒙贴而成，呈炮楼式样，正面悬挂着"民主堡垒"四个大字，顶部飘扬着一面鲜艳的红旗。此外，民主广场的主跑道旁布置了一张50平方米左右的巨幅图画，表现的是旧中国在灭亡、新中国在前进的主题，画上题字"为独立自由、民主富强的新中国奋斗"。在广场北侧的中院，还布置了一个反对美国扶植日本侵略势力复活为主题的展览会[①]。

　　黄旭华院士回忆说，当晚涌入交通大学的学生很多，前后估计有一两万人，气氛很是热烈，学生们可谓是群情激奋。然而作为营火晚会的组织者校学生会、学生纠察队，包括他们"山茶社"的社员还是很紧张的。因为当时上海高校中诸如复旦大学、同济大学的学生组织都遭遇了国民党的大逮捕，学生运动已经无法开展，大批学生只好涌入交通大学。交通大学由于入学考试严格，学生中国民党特务比较少，因此相对比较稳定。为了保证营火晚会

---

　　① 上海交通大学党史校史研究室编著：黎明前的战斗。见：上海交通大学党史校史研究室编，《民主堡垒——战斗在交通大学的中共地下党（1925-1949）》。上海：上海交通大学出版社，2007年6月第1版，第273页。

能顺利举行，学生纠察队在学校围墙、大门分批不断巡逻，严防国民党特务混进来搞破坏。黄旭华等同学一方面参加演出，同时也参与一些组织保卫工作，为"五四营火晚会"的成功举办做出了巨大的努力和贡献。

交通大学的"五四营火晚会"在当时取得了巨大的影响，也是上海解放前夕最成功的一次学生运动，在我国学运史上具有一定的地位与意义。然而，"五四营火晚会"也引起了国民党当局的高度重视，此后针对交通大学学生运动积极分子的秘密监视就逐渐增多，许多学生中的共产党员和学生积极分子遭到逮捕。

领导"大江歌咏团"与"晨社"

1948 年初，由于"山茶社"的影响越来越大，并且进步思想愈来愈明显，在于锡堃被捕后，国民党特务对于"山茶社"的监视日益明显，在这种情况下，"山茶社"的活动开始受到限制。为了继续坚持进步斗争，同时也为了保护自己，在地下党的影响下，1948 年 4 月，以"山茶社"社员为主体的另一个学生社团"大江歌咏团"成立了。

"大江歌咏团"当时是以"山茶社"的合唱团为班底成立的，或者说是将"山茶社"里的合唱团分出来成立的一个新的学生社团。由于当时"山茶社"的主要成员大都是合唱团的成员，因此"大江歌咏团"和"山茶社"相当于是一套人马两块牌子，像许健、黄旭华、魏瑚等"山茶社"的重要积极分子依然活跃在"大江歌咏团"中。

图 3-12　黄旭华填写的大江歌咏团社团申请登记表
（资料来源：上海交通大学档案馆提供）

到了 1948 年，交通

大学及国民党当局对高校的学生团体的管理趋于严格，一方面成立"大江歌咏团"须得到学校的批准，另一方面学生加入时必须填写《国立交通大学学生团体申请登记表》。因此，相比较而言，"山茶社"的组织相对比较松散，除几位核心人物之外，其他普通成员并没有准确的登记。而"大江歌咏团"的成员则有准确的登记记录。在今天的上海交通大学档案馆，我们在黄旭华院士的档案里发现了四件关于"大江歌咏团"的档案资料。其中有两份分别于1948年4月和1948年7月6日两次填写的《国立交通大学学生团体申请登记表》[①]，据分析，前一份可能是"大江歌咏团"初创时填写的，登记了大部分发起人的名单，办公地点为"游艺馆十六室"。后一份可能是"大江歌咏团"成立稳定后经确认登记的，填写了"大江歌咏团"的总人数为85人，办公地点为"山茶社社址内"，这也客观上证明了"大江歌咏团"与"山茶社"之间的渊源关系。另外两份档案资料分别是《"大江歌咏团"纸质卡片》[②]和《大江歌咏团团员名单》[③]。前者相当于"大江歌

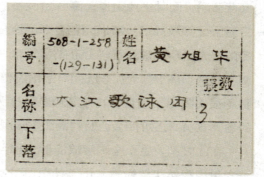

图 3-13　大江歌咏团纸质卡片（资料来源：上海交通大学档案馆提供）

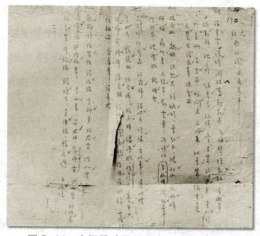

图 3-14　大江歌咏团团员名单（资料来源：上海交通大学档案馆提供）

---

①　DA-001-014、DA-001-015，《国立交通大学学生团体申请登记表》（两份）。上海交通大学档案馆，数字件存于采集工程数据库。

②　DA-001-017，"大江歌咏团"登记卡。存地同①。

③　DA-001-018，大江歌咏团团员名单。存地同①。

咏团"的证件，有团员姓名和卡片编号，黄旭华的编号为"508-1-258-（129-131）"。后者所列名单中，许健、黄旭华、魏瑚等人赫然在列。

由于黄旭华既是"山茶社"合唱团的指挥与领唱，又是"山茶社"的积极分子，同时还是党组织的重点考察对象，因此"大江歌咏团"成立后，黄旭华就成为"大江歌咏团"的主要负责人，带领大家继续组织各种文艺活动，同时坚持进步宣传。

"大江歌咏团"本质上是经"山茶社"金蝉脱壳而成立的，国民党特务的目光当时紧紧盯着"山茶社"，因此在1948年的下半年，"山茶社"客观上起到了掩护"大江歌咏团"活动的作用。然而到了1948年底，国民党特务很快嗅出了端倪，再以"山茶社"为掩护可能不仅会暴露"山茶社"的地下党员，还可能会危及"大江歌咏团"的存在。

在此时刻，鉴于全国解放的形式和当时交通大学地下斗争的需要，地下党组织毅然决定撤销"山茶社"，同时成立一个新的学生组织"晨社"，寓意上海和交通大学即将迎来解放。"晨社"的社员也基本上是"山茶社"和"大江歌咏团"的成员，黄旭华此时已经秘密加入了地下党组织，因此也被委以重任，出任"晨社"的社长。

1949年初，黄旭华带领"晨社"的同学们坚持与国民党特务进行斗争，同时保护交通大学、筹备迎接上海解放的部分工作。

加入地下党

从作矾小学到聿怀中学，黄旭华就积极参加过一些抗日救亡活动，搞过义演和募捐，从小就具有参与政治活动的热情。辗转求学，既亲身感受了日寇侵略所造成的痛苦，也目睹了国民政府的腐败，这些就曾让他思考过国家的出路。大哥黄绍忠的进步言行，桂林中学开明教师的慷慨陈词，已经让黄旭华隐约感觉到当时在中国有一股新的思想、新的力量在谋求着国家的富强与独立。

在交通大学，经于锡堃的引导，黄旭华加入了"山茶社"。在于锡堃那里，黄旭华知道了毛泽东思想，看见过他收藏的毛泽东的著作及其画像。在"山茶社"，黄旭华的主要收获并不在于丰富多彩文艺活动，最主要的是他渐渐从排练及演出的许多进步剧目中悟出了的革命道理，实现了革命思想的启蒙，并且隐约知道中国还有那么一个令他期待的"山那边"。

据黄旭华院士回忆，当时从解放区传来一首很好听的歌，叫《山那边哟好地方》，这首歌曲虽然朴素，但是给大家带来一种耳目一新的感觉。黄院士说到激动处，仿佛回到了当年，深情地给我们唱起来：

"山那边哟好地方，一片稻田黄又黄，大家唱歌来耕地哟，万担谷子堆满仓。大鲤鱼呀满池塘，织青布呀做衣裳，年年不会闹饥荒。山那边哟好地方，穷人富人都一样，你要吃饭得做工哟，没人给你做牛羊。老百姓呀管村庄，讲民主呀爱地方，大家快活喜洋洋。"

黄旭华院士能识谱，自己学会了之后就教给大家唱，由此一传十、十传百，交大校园里唱响了《山那边哟好地方》，革命种子和希望就这样在交大校园里萌发了。

黄旭华院士对自己思想进步与转变的过程进行过梳理。他说，历经求学过程的艰辛并进入交通大学以后，他对国家的前途形成了一些朦胧的认识，国民党太腐败了，不可能给国家带来希望。他认为"一个国家，如果没有一个为人民、为国家办事情的一个廉洁的政府，是不行的。"

黄旭华一直就在寻找这种力量，在"山茶社"，他看到了这种希望，并渴望尽快融入这股力量中。

虽然黄旭华知道"山茶社"里有"山那边"的人，但他没法确定谁是，就连动员他参加"山茶社"的社长于锡堃他也没把握，他也知道这种事肯定是不能随便打听的，他有些苦闷与彷徨，不得其门而入，他能做的只能是全力投入"山茶社"、"大江歌咏团"等工作中，在工作中等待。

由于环境的严酷，地下党组织纪律是很严格的，为了保护自己及掩护同志，平时他们都很低调。但是，黄旭华的思想转变及其在"山茶社"、

"护校运动"、"大江歌咏团"、"五四营火晚会"等运动中的工作早就引起了地下党的注意和重视，他们在长时间关注和考察之后，终于向黄旭华伸出了橄榄枝。

一天，"山茶社"社员、交通大学铁道运输系的陈汝庆找到黄旭华，在谈完"山茶社"的工作之后，把话题引入到关于时政、关于国家前途的问题上来，进而谈到中国共产党的政治主张、"山那边"的样子，说的黄旭华热血澎湃、羡慕不已。陈汝庆审时度势，顺势问黄旭华是否愿意加入中国共产党，黄旭华急切的说，怎么加入不知道啊。陈汝庆告诉他，写个入党申请书，把自己对国民党的认识、对共产党的认识等思想状况做个汇报，然后说明自己是否愿意加入中国共产党。

和陈汝庆谈完话后，黄旭华经过认真的思考后，即着手书写入党申请书。1948年冬天，黄旭华正式递交了入党申请书，陈汝庆告诉他，后面还要经过党组织的考察，经批准后才能正式加入党组织。接下来的日子，黄旭华一面学习与工作，一面接受党组织的领导与考察。

于锡堃被捕，许健继任社长以后，经常组织"山茶社"里的入党积极分子进行理论学习与思想教育。黄旭华记得当时他们学习了许多毛泽东的文章，其中《论联合政府》的观点他比较认同，所以印象较深。他们学习时也要求"为共产主义奋斗一生"，但黄旭华院士坦陈对这个观念不是太理解。

1949年春的一天，同为"山茶社"社员及"大江歌咏团"团员的魏瑚通知黄旭华，说党组织批准了他的申请报告，他已经正式成为中国共产党预备党员。虽然黄旭华早就熟知魏瑚，但直到此时才知道她也是地下党员。1950年4月20日，黄旭华在办理转正手续时，对组织说明陈汝庆和魏瑚为入党介绍人，党组织在调查过程中，二人均认可了此事。

黄旭华院士现在的档案中登记的入党时间为1949年4月20日，可他事实上在1949年春天就正式加入了党组织，这又是怎么回事呢？原来，刚解放时上海形势发展太快，地下党组织变化也很大，因此黄旭华递交的入党申请报告、批准黄旭华入党的文件均无法找到，陈汝庆等当事人也无法准确确认具体的时间，故此入党时间一时无从认定。无奈之下，党组织只好采用倒推法。由于黄旭华转正的时间是 1950 年 4 月 20 日，通常转正的时间为一年，因此确定黄旭华加入党组织的时间为 1949 年 4 月 20 日。陈汝庆后来在交通部任职，魏瑚官至上海市科委副主任，二人既是黄旭华的入党介绍人，也是黄旭华在交通大学参加各种学生运动的见证者。

黄旭华加入地下党后，依然主持"大江歌咏团"和"晨社"的工作。刚开始，党组织是通过魏瑚与他单线联系的，后来连续换了两个。在转换党的联系人的过程中，一些人和事让他很是吃惊。

一天，魏瑚告诉黄旭华，由于工作变动，将有新的联系人来接替她的工作。魏瑚让他在某个时候拿着某种报纸去体育馆，发现一个手里也拿着某种报纸的人就使用某种问答的暗号，如果对上了这人就是他的新联系人。由于年代太过久远，黄旭华院士已经无法记清当时具体的接头时间，也忘记双方是拿的什么报纸，接头暗号同样也忘记了，但基本上和影视剧中地下党接头的桥段差不多。

一切就像导演好的一样，黄旭华按照约定的时间，手里拿着指定的报纸去体育馆了，见着拿着指定报纸的人，接头暗语准确无误，新联系人就接上头了。可这让黄旭华大吃一惊，因为这人他认识、还比较熟。

黄旭华大四时住在西斋，当时是两个人住一间宿舍。开始黄旭华是和厉良辅住一起，厉良辅因躲避国民党特务逮捕离开后，一个叫许锡振的住了进来。许锡振是航空系的，比黄旭华低一届，平时二人交谈不多，各忙各的。可就是这个许锡振竟然就是黄旭华的新联系人，也就是他的领导。二人联系上后，均感慨良多，也好，住一起方便工作。

可是没多久，许锡振又离开了，黄旭华又更换了联系人。这个联系人是当时地下党的总支书记，叫庄绪良。庄绪良也是交通大学的学生，此人很能干，隐藏的也很好，他的父亲也是共产党员，当时打入了国民党警察局做卧底。庄绪良平时没事就去警察局转悠，因此国民党特务或者警察有什么特殊行动，共产党这边很快就能知道，避免了许多不必要的牺牲。然而，不幸的是，这段卧底经历在"文化大革命"中给庄绪良带来了无穷的祸患，由于无人替他作证，这段经历就一直无法说清楚，叛徒、伪警察的罪名就洗脱不掉，最后生生的被逼疯了。

庄绪良作为黄旭华的领导兼联系人后，上海的形式已经逐步逆转，地下党组织几乎可以半公开活动了。庄绪良、黄旭华等党员计划做一些工作，以迎接上海的解放，然而还没有等工作展开，上海就迅速解放了，他们的工作性质和任务也就随之变化了。在这个时刻，黄旭华才发现同班的黄荫梁同学竟然也是地下党员。

智 斗 敌 特

到 1948 年底，全国及上海的形式已经比较明朗了，解放只是一个时间问题，但国民党依然困兽犹斗。在上海及交通大学，国民党特务对地下党及进步学生的抓捕也疯狂地展开了，黄旭华等地下党员及其他进步同学面临着一场腥风血雨。

在这场斗争中，有两件事黄旭华至今记忆犹新。一是帮助他的好友加室友、"山茶社"社员、时任交通大学学生会主席的厉良辅成功逃脱国民党特务的抓捕，二是自己机智而侥幸地躲过了国民党的大逮捕。

1948 年底的一天，深夜 12 点左右，厉良辅已经进入梦乡，黄旭华还没有睡觉，突然响起几声敲门声，黄旭华问："谁，啥事情？"敲门人回答说让厉良辅去学生会开会。厉良辅起来穿好衣服，傻乎乎准备出去。

黄旭华立刻拦住了他，对他说："厉良辅啊，你是学生会的主席，怎么（学生会）开会你都不知道？然后他却来通知你。"他说："哎，是啊，是没有这回事啊。"

黄旭华和厉良辅的宿舍当时在一楼，一楼窗外有一个烧开水卖钱的老虎灶。黄旭华起来朝窗外一看，发现老虎灶的树底下蹲着几个人。黄旭华和厉良辅寻思，这大半夜的，是谁蹲在那里？学生会这么晚开会？学生会开会主席竟然不知道？他们明白了，最近国民党特务经常混进学校抓人，厉良辅是学生会主席，又是"山茶社"社员，带领同学们开展许多进步学生运动，虽然还不是地下党，但早就进入了国民党特务的黑名单，因此，他俩估计今晚是来抓厉良辅的。黄旭华明确对厉良辅说"不能去！"

就在他俩低声合计时，敲门声又响起了。黄旭华大声说："厉良辅已经去了，开会去了。"

国民党特务就在门外，自然不会相信。接着他们就用配好的钥匙开门，想直接冲进来抓人，黄旭华和厉良辅赶紧把房门死死顶住。

此刻，情况万分危急，他们明白，门是顶不住的，必须想其他的办法。黄旭华急中生智，大声呼叫："同学们，特务来抓人了！"整幢宿舍顷刻间轰动了，同学们纷纷朝着他们宿舍涌过来。国民党特务此时还不敢在交通大学明火执仗抓人，他们见势不妙，也只好仓皇而逃。

厉良辅虽然在黄旭华及同学们的帮助下逃过了一劫，但是绝对无法再待下去了。随即，地下党就安排他离开了交通大学，把他送到皖西解放区去了。后来他正式加入党组织，并被派遣去苏联学习深造，获得副博士学位。回国后成为我国著名水利工程专家，第七届全国人大代表，曾担任郑

图 3-15　山茶社老社友聚于上海交通大学（第三排左三：黄旭华，第四排左二：厉良辅，
　　　　　第一排左三：魏瑚）（1996 年 4 月 10 日。资料来源：黄旭华提供）

州工学院（即现郑州大学工学院）院长达十年。

上海解放前夕，黄旭华也经历过两次国民党特务的抓捕，前一次有惊无险，后一次则惊心动魄的，但凭借自己的机智和同学的帮助，最终化险为夷。

在 1949 年 4 月 20 日前后的一天，交通大学有同学得到准确的消息，说国民党特务这两天要来学校进行大逮捕，黄旭华作为"大江歌咏团"及"晨社"的负责人也上了黑名单。党组织派魏瑚通知黄旭华赶紧撤退，魏瑚还给了他一个银圆作为撤退的路费。

黄旭华等地下党员撤退后，在校外找到一个安全的地方住了两天，发现没有任何动静，一打听才知道那两天国民党特务并没有去交通大学抓人，他们就回到了学校。事后得知，国民党特务计划抓人的消息是准确的，可是这些特务在出发前罢工了，要求当局给钱再去抓人。估计是因为时局紧张，这些特务没拿到工资补贴之类，以此要挟当局。由于这个变故，这场策划的大逮捕就流产了。

1949 年 4 月 25 日前后的某一天，上海解放在即，黄旭华与过去的一些"山茶社"社员在做一些迎接解放的准备工作，一直进行到凌晨。大约在凌晨一两点左右，黄旭华回到宿舍休息，刚上床，突然传来一阵机关枪"哒、哒、哒"的扫射声，由远及近往学校而来。黄旭华等同学们异常兴奋，以为是解放军入城了，赶紧起来穿衣服准备迎接解放军。

黄旭华穿好衣服，刚迈出宿舍门，就发现一群国民党宪兵冲进来，大声叫道："不准动！不许动！"黄旭华顿时明白是国民党进来抓人。怎么办？黄旭华心里明白不能再回房间了，他的宿舍一边是穆汉祥的宿舍，另一边是洗脸间兼厕所，他闪身折进了洗脸间。洗脸间有一个很长的洗脸用的水槽，他就躺在这个水槽的底下躲起来。在洗脸间里，他听见宪兵在一间一间宿舍里清点抓人。

没多久，有个学生来洗脸间洗脸，发现了躲在水槽底下的黄旭华。他们彼此认识，但黄旭华现在想不起这个学生的姓名。这个同学知道宪兵正在抓他，告诉黄旭华老躲在水槽底下不是办法，迟早还是会被发现的，这会儿二楼和三楼之间的宪兵正在换岗，中间有一个时间差，而且三楼已经查过了，已然无人把守，建议黄旭华赶紧躲到三楼去。

听完这个同学的话，黄旭华迅速冲上了三楼，也来不及多想，随便推开一间宿舍就躲进去了，里面也没人，估计也是跑掉了。西斋这幢宿舍主体是两层，三层是阁楼，黄旭华当时也来不及看清是哪一间宿舍，更不知道是谁住的。刚进去就听见楼下国民党宪兵大叫："他妈的，三个房间里的都给跑掉了！"这三个房间里的人分别是黄旭华、穆汉祥和另一位地下党员。

在"文化大革命"中，造反派清查黄旭华这件事，追问他是哪间宿舍，是谁住在里面，黄旭华根本不知道。幸运的是，此时有人站出来为他作证了。

黄旭华当时躲进的这间宿舍，是后来出任七届全国人大副秘书长的李钟英在交通大学读书时所住的宿舍，李钟英也是交通大学的学生，亦为共产党员和"山茶社"成员，比黄旭华低两届，但在党内的资格比黄旭华老。李钟英知道这件事，证明黄旭华当晚就是躲进他的宿舍才逃过一劫，并且黄旭华当晚还把一只鞋子掉在他们宿舍了，人证物证俱有，造反派也就哑口无言了。

然而，黄旭华隔壁的地下党员穆汉祥却在这次大逮捕中惨遭厄运。穆汉祥在头一天晚上本来和黄旭华一样逃脱了抓捕，可由于手头还有重要工作尚未交代，第二天他又回到交通大学，结果被国民党特务抓获了，与他一同被捕的还有交通大学化学系学生、学生自治会执委干事、真假和谈辩论会的主席史霄雯。二人被捕后被国民党秘密关进警察总局死牢，遭受了各种酷刑和逼供。地下党组织想尽各种办法营救无果，时任交通大学校长王之卓亲自打电话给市警察局长、特务头子毛森，但他矢口否认有这两个人。二人始终宁死不屈，最后于 1949 年 5 月 20 日被押到闸北宋公园（今闸北公园）秘密杀害。临难前二人高呼"中国共产党万岁！""中国人民解放军万岁！"①

---

① 上海交通大学党史校史研究室编著：黎明前的战斗。见：上海交通大学党史校史研究室编，《民主堡垒——战斗在交通大学的中共地下党（1925-1949）》。上海：上海交通大学出版社，2007 年 6 月第 1 版，第 274 页。

初 恋 之 殇

青春总是和爱情相伴。大学，既是学子们求取知识的象牙塔，也是青年人收获爱情的伊甸园。黄旭华英俊潇洒、多才多艺，自然成为女同学心目中的白马王子。

在交通大学，黄旭华收获了他的初恋，但最终因家庭出身及人生理想的差异擦肩而过，一场美好的爱情化为一辈子永恒的回忆。

为尊者讳、为生者讳，黄旭华院士的初恋不能在此使用真实的姓名，姑且称她为元媛女士。

元媛在重庆时即与黄旭华相识，此时正值她豆蔻年华，黄旭华形容她天真、活泼、真诚、善良。两人一起考入交通大学，元媛当时考取的是电信专业，1946 年，两人又一起由渝校迁至沪校。

到上海后，元媛也逐渐为黄旭华的真诚、聪明、帅气、才情所吸引，两人可谓是郎才女貌，感情急剧升温，没多久就发展成为恋人。

元媛出生于仕宦之家，父亲是国民党政府参议员，家境殷实。黄旭华刚到上海时很穷困，元媛不仅没有嫌他穷，反而对他屡屡接济，日常对黄旭华的学习和生活悉心照顾，由此二人感情愈加笃深，及至私订终身。至今谈及此事，黄旭华院士感慨、感激之情不觉亦溢于言表。

1946 年夏季，黄旭华的大哥黄绍忠途经上海时，元媛就以女朋友的身份陪同黄旭华一起去看望了大哥，足见二人当时的感情发展已然到了较深的程度。

但是，元媛在交通大学的学习并不愉快，她喜欢的是文学，文学的修养较深，可是交通大学没有文科，因此萌发了重新投考中央大学的愿望，黄旭华对元媛的这个想法也是鼓励的。最终，在黄旭华的支持下，元媛经过努力于 1947 年考取了当时的南京中央大学英语系，尔后在黄旭华的送别下离开上海去南京读书了。自此，一对恋人两地相思。

元媛离开交通大学去南京后，黄旭华将更多的精力投入到了"山茶社"等学生运动中，虽然两人的感情并没有受到太大的影响，但是在黄旭华懂得了更多革命道理并加入地下党后，思想上逐步出现了一些波动，开始对他们这份感情的前途有了新的思考。

由于元媛父亲的特殊身份及复杂的社会关系，也由于那个特殊年代国共两党势若水火的残酷斗争及中共党员在婚姻问题上的特殊要求和组织纪律等原因，让黄旭华对他们这份感情感到了渺茫。黄旭华很痛苦，甚至已经给组织写好了报告，请求组织对他们的关系进行审查。可是黄旭华明白，这种审查是很残酷的，很可能不仅无法终成眷属，反而给两人造成新的伤痛。最终，为了不给元媛造成一辈子的痛苦和新的戕害，他违心做出了残酷的抉择。

1949 年，黄旭华给元媛写了一份很长的信，信中谈到他读了保尔·柯察金的《钢铁是怎样炼成的》这本小说后，结合自己在"山茶社"的经历和感受，他坚定了自己的共产主义信念，一辈子要走像保尔·柯察金一样的革命道路。黄旭华告诉元媛，他的志向和选择与她的出身相冲突，他害怕将来给元媛造成很大的痛苦。黄旭华虽然没有明确提出分手，但暗示了他们这份感情前途多舛。

元媛何等冰雪聪颖，自然也明白在那个出身决定一切的年代里她的家庭出身意味着什么。此后，二人的感情在双方理性的克制之下散淡下来。元媛没有责怪黄旭华，反而给予了黄旭华更多的理解。他们的感情与理性经历了凤凰涅槃般的冲撞与洗礼后，实现了由情侣到朋友的蜕变。

仓 促 毕 业

1949 年 4 月底国民党军警在交通大学大逮捕后，国民党军队随即进驻了交通大学，将在校学生全部赶出了校园，整个学校变成了一座军营，他们的实验室竟然变成了马厩。在这种情况下，黄旭华他们这届学生基本无法完成毕业前的正常学业，大家都在外面寻找地方住下来，等待学校宣布

毕业。

1949 年 5 月 28 日，上海全城解放，黄旭华等交通大学的学生都回到了校园，他们组织起来整理被国民党军队破坏的校舍。由于政权已经更迭，交通大学校方亦不知向何处去，于是在 6 月初草草宣布黄旭华

图 3-16　上海交大 1949 级毕业生留影（后排左三为黄旭华）（1949 年 6 月 21 日。资料来源：黄旭华提供）

这届学生毕业。

由于按照国民政府的规定，高校颁发的学历必须经过教育部验印，南京先于上海解放，国民政府教育部也在逃亡的过程中，故此交通大学校方没有办法给黄旭华他们颁发正式的毕业证书，为了替学生负责，学校给他们颁发了由学校和校长王之卓署印的《国立交通大学毕业证明书》。黄旭华这届学生最终正式的毕业证书则是由新中国成立后的交通大学于 1951 年 9 月补发的。

1949 年 7 月，黄旭华等同学打理行李，走向天南海北，去追逐人生的理想。

交通大学四年的学习与生活，对于黄旭华院士来说是丰富、充实和精彩的，奠定了他人生道路坚实的基石。

首先，交通大学的专业学习是他学术成长的起点，并夯实了他的专业技术基础。

交通大学是黄旭华理想中的大学，造船专业也是黄旭华实现科学强国梦想的职业追求。在交通大学的专业学习中，他既接受了西方先进的教学理念与知识体系的熏陶，又得到了国内诸如叶在馥、辛一心、杨槱等顶尖专业教师的耳提面命，虽然他的专业成绩不是优秀的，但是这种深得精髓的专业培育为他日后从事核潜艇的研制奠定了深厚的专业基石。

其次，交通大学的学生运动锻炼了他的能力、磨砺了他的意志、培育了他正确的价值观。

在交通大学的学生运动中，黄旭华可谓是才华尽绽、叱咤风云。"山茶社"、"大江歌咏团"、"晨社"的工作，极大的锻炼了他的组织和领导能力；加入地下党，完成了革命思想的启蒙，培育了他为革命无私奉献的价值观；在白色恐怖中坚持对敌斗争磨砺了他坚强的意志。我国核潜艇的研制面临着各种艰难险阻，这些能力和品质就是他带领技术团队攻坚克难的最有力的精神保障。

最后，交通大学的学习与经历，培养了他健康的人生观和爱情观。

人生观是对人生目的、意义和道路的根本看法和态度，它有助于树立恰当的人生目标、左右人生的每一次选择，对人生道路和生活方式起着决定性的指导作用，甚至进一步影响着爱情观。人生的道路是否顺畅，除了不可逆料的环境要素外，很大程度上取决于自己的人生观和爱情观。黄旭华院士经常谦逊的说自己这辈子是幸运的，总能逢凶化吉、总有贵人相助。其实这种幸运绝非是偶然的，而是其正确人生观的内在使然。

第四章
十年磨一剑

交通大学毕业后，黄旭华在党组织的安排下，先进入党校学习，进一步武装革命思想，尔后被分配至招商局工作。在我国引进苏联的潜艇制造技术后，黄旭华重新回归自己的专业，从事常规潜艇的转让仿制工作，在这个过程中，他充分发挥自己的专业特长，积累了潜艇设计与制造的知识与经验，锻炼了自己的专业技能，为日后核潜艇的研制工作实现了专业技术上的积淀。

在实现专业技术积累的过程中，黄旭华也步入了婚姻的殿堂，在工作中他与李世英女士由相识而相知，由相知而相爱，最终结为伉俪。执子之手，相伴白头，成就了人世间又一份美满的姻缘与爱情佳话。

党 校 学 习

1949 年 6 月，黄旭华与同学们一道从交通大学毕业了。此时，每一个同学都依据自己的理想和状况思考着未来的路。黄旭华的态度则比较明确，当时南方还有很多地方没有解放，自己的老家广东依然在国民党统治之下，他想参军亲自去解放自己的家乡，因此，他决定报名参军南下 ①。

当时报名参军的同学极多，排成了很长的队伍，每一位报名的人都要严格地填写各种表格，故此进程比较慢，黄旭华随着队伍慢慢往前挪动。

突然，有人拍了一下他的肩膀，并对他说："黄旭华，你不要报名了！"他回头一看，是地下党与他联络的最后一位领导、其时已是交通大学的总支书记庄绪良。

黄旭华问："为什么啊，不是大家自愿报名去南下？"庄绪良告诉他不要报名了，组织上决定让他进上海市委第一期党校学习。

听说进党校学习，黄旭华虽说很高兴，但是心里也还是有点矛盾，毕竟他还是很渴望能够参军去亲自解放自己的家乡。然而，自从加入共产党后，虽然也参加过一些学习，可是黄旭华自认为许多革命道理还没弄明白，党的理论更是很欠缺，心底里希望能够有机会系统学习共产党的革命理论、历史和章程。因此，黄旭华也没有犹豫，坦然接受组织的安排，打起行装就去党校报到了。

黄旭华在党校的学习收获颇丰，至今记忆深刻。在这里，他不仅系统的学习了党的历史、共产主义理论、党的章程与纪律，使自己的革命信念更加坚定，而且见到了陈毅、饶漱石、谭震林等多位党的高级领导人，并聆听了他们的讲话。陈毅时任上海市市长，他的报告从来没有讲稿，总是即兴发挥，每次都激情四射、精彩迭出、充满哲理，黄旭华至今回忆起来依然回味无穷。谭震林的报告内容也很丰富，总能深刻阐释革命道理。

党校的学习大约持续了四个月，1949 年国庆节后，黄旭华结束了在党校的学习，等待组织的分配。黄旭华回忆说，那时的思想很单纯，自己既不向组织提要求，组织也不征求个人的意见，每个人真正把自己看成是革命的一块砖，哪里需要哪里搬，对待组织的分配是无条件服从。

对于黄旭华的工作分配，在今天看来组织上还是考虑了他的专业背景，1949 年国庆节后，他被留在了上海，分配至当时的华东军管会船舶建造处，正式从学校走向社会，开启了人生工作历程。

---

① 黄旭华访谈——十年磨一剑，2014 年 04 月 03 日，武汉。资料存于采集工程数据库。

三易工作单位

从 1949 年 10 月上海市委第一期党校毕业后，到 1953 年调入第一机械工业部船舶工业管理局，黄旭华连续变换了三个工作单位，承担了不同的工作。

党校毕业后，他首先被分配至华东军管会船舶建造处，该机构后改名为华东军政委员会船舶建造处，它是一个在特殊背景下成立的特殊机构。1949 年，全国大陆部分已经基本解放，国民党政府和军队逃到了台湾，中共中央和中央军委已经在筹备解放台湾的工作。解放台湾需要大量的船只，船舶建造处就是在这个特殊背景下成立的，其目的就是筹集和修造、改造用于解放台湾的各类船只。当时的建造处处长就是黄旭华在交通大学的业师辛一心。

由于黄旭华有专业基础，因此就去各船厂做技术指导。当时主要对征集来的客轮和货轮进行改装，以方便加装武器等军事装备。改装的船厂既有像江南造船厂这样的已经收归国有的大公司，也有很多小的民营船厂。黄旭华等人的工作一方面是做技术指导，另一方面也是监督船厂的业务，防止偷工减料、保证船舶改造的质量。

大约一年后，也就是 1950 年 9 月，一方面因为船舶改装工作已经大体完成，另一方面也由于抗美援朝爆发，船舶建造处的使命结束了，黄旭华就被调到了其时已完成国有化进程的招商轮船局工作。

其时的招商轮船局的局长是于眉。于眉是中国共产党早期的革命家、中共七大代表，原名于经海，蓬莱市安香于家村人。1950 年秋，于眉出任中央交通部航务总局副局长，并兼任海运总局副局长、局长、海河总局局长、招商轮船局局长、港务局局长，当时他的主要工作就是带领干部，依靠群众，自上而下系统地接管、改造招商局所属十多个企业，建立和恢复我国的江、河、海洋的水上运输业。后来，于眉还出任过交通部副部长及国家建委副主任。

黄旭华调到招商轮船局时有幸被于眉局长相中了，担任了局长秘书，这个时间大致是 1950 年 10 月。黄旭华做秘书期间，印象最深的是经常帮于眉局长整理各种资料。于眉对资料的要求很高，强调必须系统、准确、细致，他的记忆力很好，每次去北京交通部开会，总能在会上说出一大堆准确的数据，时任交通部部长的章伯钧总是惊讶于眉脑子里为何总能装下那么多的数字。

　　黄旭华对于眉局长赞誉有加，说他工作作风有两大特点。一是工作泼辣、办事干练，有坚强的决心。在工作中，只要他决心一下，立刻雷厉风行，许多人都为之敬畏。第二个特点是对工作中的各种数据非常重视，没有数据没有发言权，不能随意做出决定。而掌握了数据，就必须做出坚定的决策和决心。

　　黄旭华在回顾与于眉局长短暂工作这段经历时，谦虚地自我评价说，于眉局长泼辣的工作作风他没有学会，在后来的核潜艇研制工作中，在需要果敢、坚毅的时候他缺乏一些勇气。不过，于

图 4-1　1952 年于上海港务局工作期间留影（资料来源：黄旭华提供）

眉局长的第二个特点他还是很好地继承下来了。这使得他在领衔研制核潜艇的过程中，也特别在意各种数据，通过数据发现问题、通过数据寻找思路、通过数据指挥工作。

　　黄旭华从事秘书工作的时间不算长，大约也只有一年的时间。1951 年秋季，具体时间黄旭华已经记不清了，上海港务局为了加强共青团的工作，成立团委，需要一个能力较强、具有活力的年轻领导打开工作局面。港务局的领导经过多方考察，相中了具有地下党工作经历、热情活泼而多才多艺的黄旭华，于是经过一番努力，把他从于眉局长身边夺了过来。就这样，黄旭华又调到港务局出任团委书记。

　　由于在交通大学"山茶社"、"大江歌咏团"、"晨社"所积累的工作经验，

由于在党校学习所得到的理论上的修养及其任于眉秘书期间所得到锻炼，黄旭华的团委书记工作做得有声有色，使港务局共青团的工作很快就有了较大的起色，打开了青年工作的局面。然而，对这份工作黄旭华却并不称心，毕竟他是学专业技术的，从内心来讲，行政工作对他并没有足够的吸引力。

1953 年 1 月，原重工业部船舶工业局变更管理体制，划归第一机械工业部并更名为船舶工业管理局，地点仍然在上海。在新的船舶工业管理局组建的过程中，黄旭华在交通大学的很多同学及其他专业的校友都进入了这个单位，就连辛一心老师都在此出任设计处处长。黄旭华得知这个消息后动心了，他想进入这个单位干他喜欢的专业工作。

要调动工作，当然得一方同意接受、一方同意放人才行。船舶工业管理局这边工作好做，他们急需专业人才，黄旭华的同学、师长都在里面，接受应该没有任何障碍。可是，港务局这边卡壳了，黄旭华打了几次报告申请调动，要求归队继续从事专业技术工作，但是港务局不批。于是，黄旭华一方面坚持工作，另一方面努力想着其他的办法。

最终，黄旭华通过一个"阳谋"实现了他的目标。为何叫"阳谋"呢，因为这个工作的调动纯粹是一个误会，黄旭华至今回忆此事时，在面露愧色的同时也报以会心的一笑。

原来，在港务局团委工作期间，港务局下属企业张家浜造船厂的共青团工作存在一些问题，黄旭华很想亲自蹲点到这家造船厂去，一来回归自己的专业，二来顺便把团的工作抓起来。黄旭华为此向港务局干部人事处打过几次报告，但是一直没有得到批准。而当黄旭华又一次拿着调动到船舶工业管理局的申请报告，并一再恳求希望组织满足他归队到专业岗位时，干部人事处的领导误以为黄旭华是继续申请调动到下属张家浜造船厂，也许这次领导被感动了，拿起申请报告看都没看就签字盖章同意了，可没想到是误批了。

黄旭华也估计到领导可能是误批了，没想到竟然歪打正着。事不宜迟，他赶紧拿着领导的批复迅速办理了所有调动手续，接着就去船舶工业管理局报到了。约一个月后，这位领导想起了黄旭华，就问相关工作人员黄旭华在张家浜造船厂干得怎么样，回答说："什么干得怎么样，人家都调走了，还是你批准的呢！"此时该领导如梦方醒，明白被黄旭华暗度陈仓办理了调动手续。该领导气急之下，命令一位叫张烈的同志，"你到船舶工业局去给我（把黄旭华）要回来！"可木已成舟、为时已晚，黄旭华已经在船舶工业管理局工作一月有余了。

自 1949 年秋天到 1953 年春天，黄旭华走马灯似的三年换了三个工作单位，干过三项完全不一样的工作，且都把工作做的很出色。不过，三个单位还算关系密切，基本是围绕专业系统在打转，对自己工作能力的提高和视野的开阔起到了很好的作用。

其实，在这三年期间，黄旭华还一直兼职统战工作。在 1950 年任招商轮船局局长于眉秘书时，上海市委统战部为了帮助民主党的发展工作，从全市的中共党员中抽调一部分人加入民主党派，协助搞好民主党派及其统战工作。黄旭华及港务局的张烈被选中了，黄旭华加入民革，协助民革上海市委的工作。张烈加入了民盟，协助民盟上海市委的工作。黄旭华不仅参与民革的一些重要活动，还参加民革组织的定期学习。当时的学习活动很严肃、很规范，黄旭华所在的学习小组组长是当时中国著名的"北四行"（金城银行，盐业银行，中南银行，大陆银行）之首的金城银行董事长李维城。学习活动每周一次，每次都有讨论发言。大约由于黄旭华是以共产党员身份加入民革的，因此黄旭华的发言往往得到他们的尊重和关注，黄旭华和民革同志的关系处理得也很融洽。

黄旭华所兼职的民主党派统战工作到 1953 年 11 月他去民主德国后告一段落，1954 年回国后，由于参与高度机密的潜艇转让仿制工作，组织上不再让他参与民革的工作，也没有办理相关的退出手续，就这样不了了之。他的民革党员身份也无疾而终。

转让仿制学技术

1953 年春天，黄旭华调入第一机械工业部船舶工业管理局后，被安排在船舶试验筹备处（现中船重工 702 所前身）工作。由于这个筹备处当时处在筹备阶段，故此规模不大，仅有技术组和秘书组两个部门，大部分人都是从交通大学过来的校友，黄旭华的工作跨越两个组，既是技术组的技术员，又兼任秘书组组长。

秘书组的工作主要是负责试验筹备处的组建、完善工作，同时协调船舶试验的各种试验、测试项目的报批工作等。技术组就是承担诸如试验水池、风洞等船舶试验、测试项目的论证、研制、设计、施工等技术工作。由于黄旭华既有专业技术背景，又在此前的招商局、港务局积累的秘书及行政工作经验，因此，无论是技术组的船舶专业技术工作，还是秘书组的组织、协调工作，他都干的得心应手，专业技能得到进一步的提升，组织协调能力也得到加强。可谓工作顺利，心情愉快。

1951 年底至 1952 年初，"三反"、"五反"在上海市开展，并迅速形成高潮。船舶工业管理局应形势发展需要及上级安排也抽调人员参加这项运动，由于黄旭华思想健康、政治素质高、行政经验丰富，就被抽调到船舶工业管理局"三反"、"五反"运动办公室工作。

今天在回顾"三反"、"五反"运动时，黄旭华院士声音低沉，很内疚地反省在这次运动中他做过一些比较"左"的事，客观上伤害了一些同志和个体工商业者。在"三反"、"五反"运动中，黄旭华所在的工作组工作比较积极，大家的思想受运动的影响表现得有些"左倾"，结果把十几个同志错误地定性为要打的"老虎"，冤枉和逼迫他们无奈地造了一些假的证据，客观上给这些同志造成了一定的历史伤害。

1952 年 10 月，"三反"、"五反"结束后，黄旭华并没有回到船舶试验筹备处，而是重新被分配至设计处，并出任设计处总体组的副组长，专门从事船舶的总体技术设计工作。这时的设计处处长是他在交通大学学习的

图 4-2　在德国波茨坦会议遗址留影（1954 年。资料来源：黄旭华提供）

专业教师辛一心，黄旭华在专业工作中再次得到老师的指导和教育，收获很大。这段船舶总体设计工作对黄旭华后来从事核潜艇总体设计工作有直接的影响和帮助，奠定了较好的船舶总体设计技术素养。

1953 年 10 月，国家从政府各部门抽调一部分相关人员，组成一个赴当时的民主德国（亦称东德）考察的商务代表团。黄旭华由于工作表现突出有幸被选中了，10 月底即去北京报到，参加一些学习后于 11 月飞赴莫斯科，再自莫斯科乘火车抵达当时的东柏林。到达东柏林时已经是 1953 年底，正值东柏林严寒的冬季。

赴德考察前，除了考察团本身的商务安排外，船舶工业管理局也给黄旭华布置了一项特别的任务——如果有机会，就考察和了解一下东德的造船技术及其发展状况，有哪些我们可以借鉴和学习。黄旭华在考察过程中收集到了一些这方面的资料及情况，并特意去了解了他们船舶试验水池的建设状况，结果收获不大，因为他们过去的水池在二战中全部被损坏了，新的水池也处在建造之中。

黄旭华比较喜欢摄影，德国的照相机制造技术当时独步天下，黄旭华用全部的出国津补贴买了一部蔡司牌 135 照相机，这部相机是当时技术最先进的照相机，黄旭华至今仍然完好地保留着，还能够正常使用。

1954 年 4 月，黄旭华完成了考察任务回到了国内。这时，中国和苏联达成了一系列关于海军舰船转让仿制的协议，其中许多任务由一机部船舶工业管理局承担。黄旭华回到船舶工业管理局后，没有回到原来的负责民用和商用船舶研制的

图 4-3　于莫斯科大学前留影（1954 年 4 月。
资料来源：黄旭华提供）

设计处，而被重新分配到专门承担苏联军用舰船转让仿制的设计二处。

当时设计二处有四个专业科，第一科负责护卫舰，第二科负责快艇，第三科负责潜艇，第四科负责扫雷艇和猎潜艇。黄旭华被分配到第四科，同毕业于同济大学的白巨源一起负责该科的转让仿制工作。设计二处及其所承担的工作是军工项目，对外高度保密，从此时起，黄旭华开始涉足军事工程，依据保密纪律，从此不再对外谈起他工作上的事。

虽然，在设计二处干的是自己的专业，可这段时间黄旭华的心情却并不愉快，工作也干得很不顺心，其原因在于他与设计二处处长的关系出现了问题。

据黄旭华院士回忆，其实当时设计二处的处长是一个老干部，曾经做过某省的地委书记，可由于逛妓院嫖娼受到处分，行政级别降了，就安排在设计二处当处长。他不懂专业，受处分行政降级后心态也不正常，常在工作中没事找事挑别人的毛病。由于刚解放时上海地下党出现过一些问题，加上历史上对上海地下党曾经的错误政策，一些地下党员在新中国成立后受到了不公正的审查。黄旭华在交通大学的地下党总支书记庄绪良就因为遭受非人的折磨而心智迷失疯掉了。该处长知道黄旭华在交通大学的地下党历史后，也开始怀疑起黄旭华来，认为黄旭华肯定同样不纯洁。于是，这位处长一方面在工作中百般刁难黄旭华，另一方面对黄旭华进行监视。他甚至私底下找白巨源谈心，要白巨源平时关注黄旭华动向，看是否有不良的言行，企图整黄旭华的黑材料，进而把黄旭华办成反革命。

当然，该处长只能是枉费心机了。一方面黄旭华工作认真、专业能力又很强，工作成绩有目共睹，他抓不着把柄。另一方面黄旭华的人际关系也不错，船舶工业管理局的领导也信任黄旭华。第三，黄旭华在交通大学地下党的历史都有证人证言，他挑不出任何问题。最终，他除了嫉恨，对黄旭华也无可奈何。

当时设计二处的主要工作就是转让仿制。所谓转让仿制就是苏联出技术、给图纸、给资料、给设备、给材料、派专家，在中国仿制出与苏联一模一样的各型舰船来。当时我国的军工舰船技术几乎是空白的，黄旭华等中方的技术人员开始接触这些时觉得很新鲜，可是真正扎进去时，却感觉这些技术难度是很大的，并不容易掌握。黄旭华对这些没有接触过的技术很感兴趣，很珍惜学习新技术的机会，黄旭华开始刻苦用功，专心钻研，认真消化技术资料。在这段时间，黄旭华对于自己弄不懂的问题，虚心向苏联专家请教，尽可能把人家的技术弄清吃透。

黄旭华院士回忆说，当时苏联专家还是非常友好、尽职尽责，对中国的技术人员也不保守，只要中国技术人员关心的、问到的，他们总能尽力解答、倾囊相授。黄旭华在向他们学习的过程中，发现了在交通大学的专业学习还是很不够，理论基础不扎实，因此就把当时在交通大学上课的教材、笔记都悉数整理出来，每天晚上坚持系统学习，遇到不懂的问题第二天就去请教苏联专家。经过这样的认真和努力，黄旭华在业务上逐渐崭露头角，成为处里的业务骨干。

黄旭华在设计二处默默一干就是两年多，这两年多的专业锻炼让他一辈子受益无穷，通过转让制造及向苏联专家的学习，使他基本掌握舰船设计与制造的理论与技术，熟悉了军事舰船的设计制造、测试应用的流程，清楚了军事舰船的动力、武备等系统之间的关系，为他日后研制核潜艇奠定了扎实的专业基础。

50年代世界正处于冷战时期，我国的国防态势与国家安全形势也很严峻，当时的转让制造高度保密。因为严格的保密要求，黄旭华自此与家中的通讯联系越来越少，家中父母及弟兄姐妹都不知道他在干啥工作。1957年元旦，距1948年暑假回家10年之后，黄旭华利用去广东出差的机会，经请示回了一趟海丰县田墘镇老家，看望了父母，只字未透漏自己在干什么。家人问及的话，他要么小心沉默不答，要么顾左右而言他。

1957年初，船舶工业管理局在北京有一个管理设计处，该处刚刚组建，急需专业人才。该处杜春武处长一来欣赏黄旭华的专业才能、信任黄旭华的为人，二来知道黄旭华在上海的设计二处与处长关系不融洽，工作并不顺心，故此就动员黄旭华来北京的管理设计处。黄旭华郁闷了两年多，有这样的机会自然不会放过，于是应杜处长之邀调到了北京。

可是，到了1957年底，上海这边的设计二处又有人事变动。由于潜艇科的科长同样与那位处长的关系极为紧张，在1957年底坚持调动离开了设计二处，潜艇科科长空缺，当时潜艇科的转让仿制任务很重，不能没有领导。转让仿制既是军事任务也是政治任务，其重要程度非同小可，船舶工业管理局经过慎重考虑，认为黄旭华政治素质高、专业技术过硬，是理想合适的人选，因此就动员黄旭华回到上海设计二处任潜艇科科长。

虽然黄旭华真心不愿意与那位处长为伍，但是组织的信任、对国家安全的责任感让他同意了组织的决定，回到了上海。当然，黄旭华也坦言，当时回到上海也还是有一些个人及其家庭的因素。当时黄旭华已经与李世英结婚，夫妻两地分居毕竟不方便。更重要的是当时黄旭华的大女儿黄燕妮刚刚出生，母女俩也需要他照顾。因此，于公于私，黄旭华还是选择回到上海，参与到组织和学习常规潜艇的转让仿制工作中来，自此，他就开始与潜艇结缘了。

缘 定 李 世 英

黄旭华在交通大学学习期间有过一段恋情，因出身志向等原因抱憾而别。此后，黄旭华大学毕业进党校学习、入船舶建造处、转招商轮船局、调港务局，一直未再涉足感情，慢慢熬成大龄青年了。但是黄旭华在港务局任团委书记期间，认识了李世英，一辈子的姻缘终于再次开启。

1951年秋，上海市许多政府机关和企事业单位人手不足，上海市就从刚毕业的高中毕业生中抽调一批素质较高的青年人进入到这些机构。李世英刚刚高中毕业，被分配到

图4-4　黄旭华与李世英在家中举办婚礼时的合照（1956年4月29日。资料来源：黄旭华提供）

港务局。到港务局报到后，依据工作需要被安排在团委任青年干事，此时黄旭华是团委书记，二人就此相识了。

当然，此时二人还纯粹是工作上的关系。黄旭华被委以重任，组织上希望他把港务局的共青团及青年工作抓起来，因此一心扑在工作上，没有考虑个人问题。李世英才高中毕业，年龄不大，刚刚参加工作也想好好学习，故此，二人虽然朝夕相处，但没有想过感情方面的问题。当然，黄旭华名牌大学毕业，英俊潇洒、年轻有为，李世英年轻漂亮、活泼能干，更是大家闺秀，两人在心底里都留下了良好的印象。

黄旭华在港务局工作的时间很短暂，仅有一年左右的时间，1953年初就调入到船舶工业管理局，黄旭华和李世英也就分开了，但彼此留下的良好印象作为爱情的种子却被埋下了。

1954年4月，黄旭华结束赴东德商务代表团访问后回到船舶工业管理局，被重新分配至设计二处，设计二处是承担苏联舰船的转让仿制的。黄旭华到设计二处工作后，竟然意外地遇到了李世英，两人都非常惊喜。如此的巧遇，让两个年轻人的心里不禁漾起丝丝涟漪，过去在港务局一起工作时留下的美好印象成为了爱情的种子，在后来的工作中慢慢地萌发了。

1952年初，就在黄旭华离开港务局后不久，李世英也被组织上派到大连海运学院学习俄语。当时中苏友好，我国军民船舶制造大量引进苏联的技术，同时大批的苏联专家也来到中国帮助我国的转让制造，因而俄语翻译奇缺。有鉴于此，当时我国各行业都抽调大批的年轻人进入院校学习俄语。李世英就是在这种背景下被选送至大连海运学院学习俄语的。

李世英读书时品学兼优，高中毕业本来打算投考大学，结果作为优秀高中毕业生被上海市政府选中，直接送到港务局机关工作。可是，她心底里还是渴望去学习深造，由于在工作中的良好表现，她被组织挑中来到了大连海运学院学习，她的愿望变成了现实。

李世英很珍惜来之不易的学习机会，刻苦用功，成绩优异。一晃两年的时间过去了，1954年夏季，李世英的学习结束了，在北京等待一阵后重新回到上海，作为俄语翻译分配至船舶工业管理局设计二处。就这样，黄旭华和李世英再次邂逅了，这次重逢后，二人这辈子就再也没有分开。执子之手，相伴白头。

平时，李世英给苏联专家当翻译，黄旭华跟着苏联专家学习技术，李世英成了苏联专家与黄旭华等专业技术人员沟通的纽带和桥梁。因此，只要是上班，他们就基本在一起。相互的好感让他们的心渐渐走近，终于有一天，黄旭华向李世英表达了爱意，李世英早已芳心暗许，二人没多少周折就发展成为恋人关系。此后，一对爱侣工作比翼齐飞、闲暇互赛才艺，爱情之果臻于成熟。

转眼间 1956 年来到了，黄旭华已经三十出头了，必须谈婚论嫁了，于是二人向组织打报告请示结婚，组织很快批准他们结婚报告，还给他们分配了一间房子。4 月 29 日的下午，黄旭华和李世英去民政部门办理了结婚手续，领取了大红的结婚证。当天晚上，两人把各自的行李家伙什搬到了分给他们的那间房子里，买了一些喜糖、水果，再邀请设计二处的年轻人在房间开了个舞会。同事们一起载歌载舞，纷纷向两位新人致以祝福，两人就算正式成家了。第二天，两人像往常一样，高高兴兴上班去了，没有休一天婚假。

图 4-5 黄旭华夫妇结婚照（1956 年 4 月 29 日。资料来源：黄旭华提供）

由于黄旭华与设计二处处长的关系一直很紧张，李世英与黄旭华结婚后也受到牵连，与那位处长的关系也随之紧张起来，为了回避矛盾，李世英调到了局专家工作科，从技术翻译工作转换到专家服务工作。1957 年初，李世英已经有孕在身，而黄旭华此时已经调到北京管理设计处去了。1957 年 9 月 6 日，黄旭华的大女儿出生了，黄旭华从北京赶回上海后，给大女儿起名海燕，意即上海的燕子或者海上的燕子。黄旭华在家待了几天后又去北京上班了。

新婚才一年有余，孩子刚呱呱落地，夫妻就分居了。李世英一个人又当爹又当妈，白天要忙于工作，虽是俄语翻译，但是英文资料也要兼顾，同时又在夜校学习德语，后来还跟外国专家学习波兰文。李世英实在无法分身，就请了一个保姆。到年底，事情总算有了转机，黄旭华又调回上海任潜艇科科长，一家人总算团聚过起了正常的生活。

从1949年到1958年，黄旭华在政治思想上已经成熟，在专业上十年磨一剑，锤炼成为造船技术骨干，同时收获了理想的伴侣，婚姻和谐幸福，这一切似乎预示着他可以承受更加重要的任务。

黄旭华大学毕业后进入上海市第一期党校学习，虽然时间不长，但是对他人生的影响是巨大的。在这里，他不仅系统学习了共产党的理论与信仰，聆听了陈毅等革命家关于人生理想的报告，使他树立了正确的价值观和人生观，进而坚定了为国家、为民族、为党的事业无私奉献的人生理想。他之所以能隐姓埋名三十年、之所以能克服核潜艇研制的重重困难、之所以能承受各种无奈的折磨、之所以能抵制诱惑情系国防，盖因在此时所奠定的朴实而崇高的思想基础。

从党校毕业后，他走马灯似的换了若干个单位，总在专业边缘打转，这并不是他不安心工作，而恰恰是在寻找能实现自己人生理想的机遇。当船舶工业管理局成立时，他敏锐的意识到这才是他发挥自己才干的理想平台。在这里，他的思想终于安静了下来，虽然与直接领导的关系并不融洽，但并没有怨天尤人而自暴自弃，反而扎实认真的学习专业技术，使自己的专业才能得到了极大的提升，从而具备扛大梁、担重任的条件。

从学术成长的角度看，这十年是黄旭华专业技术的培育期和转型期。在仿制苏联军事舰船项目中，黄旭华四年专业所学不仅得到了实际的检验和提升，同时对军事舰船、尤其是潜艇技术开始有了系统的认识和深刻的实践，并从苏联专家那里学习到了较为扎实的关于舰船总体设计的技术能力。

好女人是一所学校，美满的婚姻更是一座幸福的反应堆。在船舶工业管理局这个岗位上，他收获的不仅仅是良好的专业技能及学术素养，也得到了自己理想的伴侣和幸福的婚姻，从而让他心无旁骛、专心致志于我国核潜艇事业。

黄旭华光明磊落、心胸宽阔，勇于自我批评。在"三反"、"五反"中，他所在的工作组错误的把几位同志定为"老虎"打，给这些同志造成过伤害。时间逝去如此之久，发生这种事是那个特殊历史时代所造成的，不是某一个或者几个人的错误，退一步说他也不是主要责任人。黄旭华可以不说、黄旭华可以不承担任何责任。然而，黄旭华却不这样想，在我们的访谈中他认真和诚恳地检讨了自己的错误，表达了自己几十年来深深的自责与歉意。对黄老的这种勇于担当的行为，采集小组在表示由衷的敬意的同时，也对他的行为表示认同。一个民族或者每一位公民，只有深刻认识和检讨自己的错误，才能实现自我救赎，才能健康前行，才能真正得到他人的尊重。

第五章
天降大任

1958 年，提升我国国防实力、完善我国三位一体核战略体系、并具备二次核反击能力的 "09" 工程启动了，黄旭华等许多专业技术人员，肩负着祖国与人民的重托，为铸造国之重器，从祖国的四面八方走到了一起。

黄旭华的学术成长之旅也自此开始了新的篇章。

"核潜艇，一万年也要搞出来！"

二战之后，冷战阴云笼罩着整个世界。美苏两个超级大国在核领域的竞争你超我越，英法等国的核武器技术也突飞猛进。为了打破两个超级大国的核讹诈，我国于 20 世纪 50 年代中期开启了以原子弹、氢弹为代表的核武器研制工程，并且进展顺利。1954 年 1 月 24 日，美国建成了世界上第一艘核潜艇 "鹦鹉螺" 号，并试航成功后服役，1957 年 8 月 9 日，苏联第一艘核潜艇 "列宁共青团" 号也下水首航，美苏两个超级大国不仅其三位一体的核战略发展成型，并开始具备二次核打击能力。

形势严峻，中国人岂会坐失良机？党中央、国务院高瞻远瞩，对形势进行判断和估计，谋定而后动，制定了《1956—1967年科学技术发展远景规划纲要（草案）》，其中就提出发展原子潜艇的意见。1957年，苏联核潜艇下水促使我们发展核潜艇的战略和计划付诸实施。

1958年6月27日，时任国务院副总理、中央原子能事业三人领导小组成员的聂荣臻元帅向中共中央秘密呈报了编号为"238"号的《关于开展研制导弹原子潜艇的报告》。随后两天，周恩来总理、邓小平总书记分别对这份绝密文件进行了批示，并经其他有关中央领导传阅后呈送毛泽东主席，最后主席圈阅批准。自此，我国的核潜艇研制工程拉开了序幕，1958年成为了我国核潜艇历史元年。"238"号文件，也成为了我国核潜艇史册的第一篇章。

原国防科工委科技委副主任、聂荣臻元帅的女儿聂力中将在其2006年所出版的《山高水长：回忆父亲聂荣臻》一书中全文披露了尘封半个世纪的"238"号绝密文件，今天我们都能得以浏览这份文件的主要内容。

238号文件（部分做保密处理）

关于开展研制导弹原子潜艇的报告 [1]

中央传阅文件　1958年238号

德怀同志、总理并报主席、中央：

我国的原子能反应堆已开始运转，这就提出了原子能的和平利用和原子能动力利用于国防的问题。关于和平利用方面，科委曾开过几次会进行研究，已有布置。在国防利用方面，我认为也应早作安排。为此，曾邀集有关通知进行了研究，根据现有的力量，考虑到国防的需要，本着自力更生的方针，拟首先自行设计和试制能够发射导弹的原子潜艇，待初步取得一些经验以后，再考虑原子飞机和原子火箭等问题。初步安排如下：

一、以641型潜艇（1800吨）的资料为基础，先设计试制2500吨的原子潜艇，接着再设计5000吨的，前者争取在1961年10月1日

---

[1]　杨连新:《见证中国核潜艇》。北京：海军出版社，2013年，第3页。

前下水。

　　二、拟以罗舜初、刘杰、张连奎、王诤四同志组成一个小组，并制定罗舜初同志任组长，张连奎同志任副组长，筹划和组织领导这一工作。

　　三、分工：

　　（1）总体布局和要求由海军提出，统一总体设计工作。

　　（2）船体、主辅机、电机、仪表以及工艺设计由一机部负责。

　　（3）原子动力堆由二机部负责。

　　（4）战斗导弹由五院负责。

　　四、生产基地，从保密和安全考虑，上海不太合适，似应放在××××。建议×××××今年继续动工，并补充原设计之不足，争取在1960年初建成，以便承担上述任务。

　　关于设计和试制原子潜艇问题，二机部刘杰同志曾与该部苏联专家谈过，专家表示，他个人愿意大力支持。

　　以上是初步安排和建议，当否请批示。

　　敬礼

聂荣臻

1958年6月27日

　　毛泽东签批"238"号文件后，以罗舜初为组长，张连奎为副组长，刘杰、王诤为成员的"核潜艇工程领导小组"（中央四人组）随即正式成立，开始筹划和组织核潜艇的研究设计工作，核潜艇工程正式拉开大幕[①]。

　　1958年7月，中共中央批准研制核潜艇之后，海军、一机部和二机部立刻在中央四人小组的协调下，统一调配力量，先后分别筹建了核潜艇总体设计组和核潜艇动力设计组。1958年8月，我国第一个核潜艇总体建造厂也批准正式上马，核潜艇工程的各项工作紧锣密鼓的展开了[②]。

　　为了核潜艇研制的组织、领导和保密的需要，核潜艇研制工程必须有

---

① 杨连新：《见证中国核潜艇》。北京：海军出版社，2013年，第7页。

② 同①，第8页。

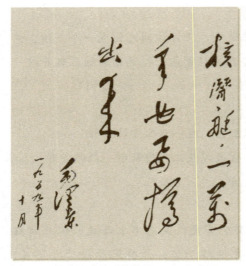

图 5-1　组合而成的"核潜艇，一万年也要搞出来"（资料来源：《见证中国核潜艇》）

一个代号，最初核潜艇研制工程的代号为"07"。定为"07"的原因和过程是这样的，1958 年 10 月，新组建的核潜艇总体设计组为了保密和管理的需要，对外称为"造船技术研究室"，同时需要再起一个代号。起代号总要有个依据，1953 年 6 月 4 日，中苏两国签订了《关于在中国供应海军装备及在军舰制造方面对中国给予技术援助的协定》（后简称《六四协定》），考虑核潜艇属于海军舰船，我国当时希望苏联能对我们的核潜艇研制提供支持，也有苏联专家表示可鼎力相助，因此工程代号可依据《六四协定》来安排①。

《六四协定》约定苏联向我国有偿转让 6 种型号的舰艇制造技术，即代号为"6601"的"50"型护卫舰、代号为"6602"的"183"型大型鱼雷快艇、代号为"6603"的"613"型常规潜艇、代号为"6604"的"122БИС"型猎潜艇、代号为"6605"的"254К"型基地扫雷舰、代号为"6606"的"151"型江河木质扫雷艇，按照这个顺序，核潜艇研制工程代号简化为"07"，此后核潜艇工程也称为"07"工程，"造船技术研究室"也称为"07"研究室。

可是，在 1959 年 12 月海直机关批判海军舰船修造部副部长薛宗华大校的会议上，一位同志发言时说出了"07"工程是毛主席批准的绝密工程，"07"的性质就此暴露。为了确保国家机密，"07"不能再使用了，相关同志经过研究后，考虑国防工业中已有"08"工程，故此建议核潜艇研制工程启用"09"这个代号，并上报海军科学技术研究部，该部以第 159

---

① 杨连新：《见证中国核潜艇》。北京：海军出版社，2013 年，第 20 页。

文批复，1960 年以后，"09"就成为核潜艇工程的新的代号 [1] 。

当然，"09"这个被中国核潜艇工程使用了半个世纪之久的绝密代号，在今天已成为国人皆知的、充满骄傲的公开秘密。

我国核潜艇研制工程正式启动后，首先还是希望得到苏联的帮助和支持。然而，我们的几个访苏代表团所提出的考察他们核潜艇工程的要求，及经由正式渠道向苏联领导人要求得到核潜艇研制技术的提议，都遭到苏联的漠视或回绝。此后，在长波电台及联合舰队的建设方面苏联又无视我国的主权和安全诉求，于是，毛泽东主席被苏联的傲慢和无理所激怒，字字铿锵地说："核潜艇，一万年也要搞出来！"这句气势如虹的口号，不仅更加坚定了我们自己独立自主研制核潜艇的信心，也宣示了中国人民不畏霸权、自强不息的意志和精神，同时也激励着广大工程技术人员不舍昼夜、筚路蓝缕、奋发图强 [2] 。

今天，黄旭华等许多参与核潜艇研制的人员，在说起毛主席当年这句誓言时，依然热血沸腾、情绪激昂，仿佛又置身于那个特殊的岁月之中。

今天，在中船重工 719 所位于武汉的新基地，在办公大楼一楼大厅的正面大理石墙面上，毛泽东主席"核潜艇，一万年也要搞出来！"的恢宏而遒劲的大字，正激励着一代又一代的核潜艇研制人员。

初识核潜艇

1958 年 8 月初的一天，船舶工业管理局领导突然通知黄旭华去北京出差，既没说什么任务，也没说去多少天。当时设计二处承担的本就是机密的转让仿制任务，因此黄旭华等已经养成了保密的习惯，上级不说就不问。黄旭华二话没说，对妻子李世英打了个招呼，也没拿什么行李，直奔北京去了。

---

[1] 杨连新：《见证中国核潜艇》。北京：海军出版社，2013 年，第 20 页。
[2] 同[1]，第 34 页。

图 5-2　初到总体组的黄旭华（1958 年。资料来源：黄旭华提供）

到了北京，船舶工业管理局的领导才告诉黄旭华，依据上级的指示和工作需要，决定抽调他参加核潜艇研制工作，调动到核潜艇总体设计组，并通知他去海军大院报到，别再回去了，就留在北京工作。就这样，黄旭华都没法和夫人李世英及女儿道别就稀里糊涂地调到北京了，甚至不能对李世英说明调动的原因和工作性质。过了不久，李世英才托人把行李和生活用品捎给了黄旭华。

原来，中共中央批准核潜艇研制工程后，工作迅速启动了。1958 年 7 月，海军舰船修造部和一机部船舶工业管理局联合组建了核潜艇总体设计组，时任海军舰船修造部副部长的薛宗华大校任组长，船舶工业管理局船舶产品设计院副院长王星朗为负责人之一，海军政治部青年部副部长曹磊任支部书记[1]。

总体设计组办公地点最初定在北京市公主坟海军大院最偏僻的西南角 53 号楼（现南区 55 号楼）。该楼以前是海政文工团的办公楼，是个三层小楼，总体设计组在第二、第三层办公，一层则是海政杂技团和军乐团的排练厅。总体设计组在此工作两个多月后，终因不胜一层排练锣鼓吹打所扰，就搬到 53 号楼北面的 5 号楼（现西区 78 号楼）的二层办公[2]。

核潜艇总体设计组 7 月 18 日就正式组成并进驻 53 号楼办公。薛宗华副部长的秘书陈谭生当天就去海军修造部把"641"潜艇的资料接收过来，先期报到的同志就开始研究起资料，刚刚成立的总体组即正式运转起来。

总体组最初主要由海军舰船修造部驻造船厂军事代表室和自一机部船

---

① 杨连新：《见证中国核潜艇》。北京：海军出版社，2013 年，第 9 页。

② 同①。

舶工业管理局系统抽调的 17 位专业技术人员组成，总人数大致是 29 人。依据专业特点，总体划分为船体组、动力组、电气组三个专业小组。黄旭华当时被分在船体组，船体组的组长是张景诚，副组长是李建球。张景诚和黄旭华均来自于船舶工业管理局系统，张景诚来船体组之前在上海船舶设计院工作，过去曾与黄旭华有过工作交集。张景诚是上海造船界的前辈，我国第一艘万吨级远洋货轮"东风号"的设计者。张景诚技术精湛、为人谦逊，对黄旭华比较赏识，在工作上也多有关照。李建球来自海军舰船修造部，刚刚留苏回国。1959 年，船体组改为船体科，黄旭华和武杰被增补为副科长。据黄旭华私下估计，他被提拔为副科长可能与张景诚的推荐有直接的关系。

黄旭华是 8 月初到总体组报到的，比别的同志晚了几天。报到后支部书记（黄旭华回忆说是政委）曹磊同他谈话，说了三点：一是"你被选中，说明党和国家信任你"；二是"这项工作保密性强，这个工作领域进去了就出不来，犯了错误也出不来，出来了就泄露了"；三是"一辈子出不了名，当无名英雄。"[①]

那时，核潜艇工程是"天字第一号"绝密工程，总体组宣布了严格的保密纪律，不能对任何人（包括自己父母、妻子儿女）透漏工作单位、工作内容、工作性质是什么。因此，他们当时与海军大院所有的机关单位都没有联系，别人虽然发现他们这支着装随意的杂牌军匆匆进出、神神秘秘，但也不知道他们是干什么的，就连比邻的海军舰船修造部的人也毫不知情。1958 年进入总体组之后，黄旭华就极少与广东老家联系，老家偶尔一两封来信问及他工作的情况，他只说在北京工作，其他只字不提。通讯地址只是多少多少信箱，家里父母弟妹也看不出什么。

黄旭华告诉采集小组，总体组成立后立刻开始了工作。大家来自四面八方，热情都很高涨，虽然不知道核潜艇到底是怎样的，但是因为没有思想束缚，反而却能充分发挥想象的空间。张景诚负责核潜艇的总体设计，他带领大家从理论出发，学习和消化苏联常规潜艇的转让制造技术，对常

---

① 一万年太久，只争朝夕——记中国"核潜艇之父"黄旭华。见：《大海记忆·新中国60年十大海洋人物、海洋事件》。北京：海洋出版社，2012 年，第 145 页。

规潜艇的设计原则及各种计算数字资料进行验证，同时尽一切可能查找和收集国外资料，系统开展核潜艇的探索性研究。当时中央文件要求核潜艇1961年国庆节要下水，所以总体设计进度要很快，大家边学习、边研究、边验证，认真工作、加班加点，居然仅用了三个月的时间就提出了5个核潜艇总体设想方案，其中三个普通线型、两个水滴线型 [1]。

黄旭华今天在评价那5个最初的方案时，首先用了"非常粗糙"来肯定，然后再用"价值很大"来赞美。黄旭华认为：

首先，这些方案严格来讲还不是一个真正意义上的初步设计方案，只能算是一个方案设想，但它毕竟是中国人的第一个核潜艇设想方案，具有开创性意义，而且里面包含了许多创新思维。

其次，基于这5个方案设想优化后的水滴线型方案对于当年10月中国政府专家代表团访苏谈判及核潜艇技术咨询起到了很好的针对性作用。

第三，这次提出的五个方案设想涉及普通线型和水滴线型，为后来核潜艇二次上马时的技术争鸣起到了很好的基础与铺垫作用，并初步肯定了水滴线型。

图5-3 薛宗华（左三）及黄旭华（右一）等造船技术研究室的部分研究人员合影（资料来源：《见证中国核潜艇》）

1958年底，由于核潜艇总体组由薛宗华大校负责，而薛宗华名义上是海军舰船修造部的副主任，总体组名义上挂在修造部，但实际上又不是修造部的建制，因而在财务及日常行政管理上存在一些困难，因此对外必须有一机构名称工作才会比较顺利。这样，薛宗华部长基于保密的考虑，就把核潜艇总体组冠以"造船技术研究室"，同时依据

---

[1] 杨连新：《见证中国核潜艇》。北京：海军出版社，2013年，第42页。

《六四协定》也称为"07"研究室或者"07"室[1]。

1958 年 9 月，在核潜艇总体组已经组成并开始工作后，二机部设计院和原子能研究所也联合组建了核潜艇动力组，办公地点在北京市南礼士路 100 号二机部设计院大楼内。动力组的组长是赵仁恺，下设反应堆组、一回路组、自动控制组、剂量组等四个专业组。至此，核潜艇研制的"07"工程就正式进入研究、设计阶段了[2]。

当时，我国对获得弹道导弹核潜艇的心情异常迫切，但是我们对核潜艇制造技术确实完全是陌生的，因此非常渴望得到苏联的帮助。虽然 1958 年 8 月以副总参谋长张爱萍将军为团长的中国军事科学技术代表团访问苏联时被苏方设限而没能获得任何帮助，但经周恩来总理亲自努力后[3]，9 月初赫鲁晓夫复电周恩来总理，同意给予中国包括原子潜艇在内的新技术援助，并邀请中国政府代表团 10 月至 12 月赴苏商谈。这一消息当时的确很鼓舞人心，大家对此行寄予厚望，希望引进弹道导弹核潜艇制造技术。

得到苏联的认可后，中国政府迅速成立了以海军政治委员苏振华为团长的政府代表团，此次出访的核心任务就是弹道导弹核潜艇，组成人员清一色是参与核潜艇研制的人员。这次访问意义非凡、任务艰巨，为了保证取得预期的成果，代表团要求核潜艇总体组和动力组编制核潜艇相关的技术方案，并列出具体的问题，到时提请苏联专家审查，以听取他们的意见和方案。

据黄旭华回顾，刚开始，他们的工作其实就是想办法弄清楚核潜艇到底是怎样的一种潜艇，与常规潜艇的区别主要有哪些。最初，他们想的比较简单，以为核潜艇大概就是常规动力潜艇中间剖开，里面再加一个反应堆就成。经过查获资料、仔细研究之后发现可没那么简单，对于核潜艇具体规模吨位是多大、下潜极限深度、水下自持力、航速是多少等重要技术参数心里一点底也没有。这时，他们非常渴望得到相应的技术资料或者技

---

① 杨连新:《见证中国核潜艇》。北京：海军出版社，2013 年，第 21 页。

② 同①，第 16 页。

③ 约翰·威尔逊·刘易斯:《中国建造核潜艇》。中船重工集团公司七一九研究所，2010 年，第 10 页，内部资料。

第五章　天降大任　　**101**

术援助。当他们得知我们的专家代表团访问苏联寻求核潜艇研制援助后，也非常高兴，他们马上优化出一个 3000 吨的水滴型方案供苏联专家审查，并以这个方案为基础，一共提出了数十个问题，希望得到他们的帮助或者明确的答复。

1958 年 10 月 21 日，以苏振华为团长的中国政府代表团带着满腔的希望及数十个技术问题启程赴苏，11 月 11 日代表团副团长兼秘书长、海军副司令员方强专门将我方准备好的"核潜艇初步设计资料"提供给苏方代表团副团长、苏联部长会议对外经济联络委员会总工程局副局长尤林将军，希望给予解答并与他们一起进行探讨。然而，尽管我国政府代表团几经努力、反复交涉并在苏联滞留等候至 1959 年 1 月底，仍然没有得到苏联方面的任何正面答复。代表团回国后，赴苏代表赵仁恺、尤子平及留守国内的张景诚、黄旭华等专家心里明白了，要发展核潜艇，还得靠自力更生。

当然，客观而论，这次访苏还是取得了一些成果，签署了《二四协定》，该协定规定的部分转让技术对核潜艇的研制起到一定的借鉴作用。代表团还参观了船用核动力装置实物并对热工技术进行了了解，实地考察了"629"型常规动力弹道导弹潜艇并获取了部分资料。特别是"629"型常规动力弹道导弹潜艇，苏方后来落实《二四协定》共向我们提供了两万多页图纸和资料，并派专家来大连造船厂指导建造，我国 1966 年 8 月改建成功后，将其称为"31"型潜艇，舷号"200"，它是我国长期以来唯一的一艘常规动力弹道导弹潜艇。黄旭华在访谈中高度评价"31"型潜艇的作用，认为其在我国弹道导弹核潜艇及其潜射导弹的研制上功不可没。

不过，1959 年 4 月上旬，苏联驻华使馆转来了苏方的《对于导弹原子潜水艇研究设计初步方案所提各项问题的回答》，对中方代表团及技术人员提出的问题以书面的形式给予详细的回答。回复的问题一共有 71 个问题，主要涉及核潜艇初步设计方案、核潜艇动力设计原则及导弹武器三大方面。

黄旭华认为，苏联专家对于他们所做的核潜艇初步设计方案既有肯定的地方，也提出了许多改进的意见，部分指出了错误。苏联专家的答复在很大程度也增强了他们的信心，至少他们认为核潜艇不是啃不动的硬骨头。

今天，包括黄旭华在内的许多专家客观分析了苏联当时为何最初回避中方苏振华代表团的要求，原因有三：一是核潜艇当时高度机密，出于自身安全考虑，他们当然不想泄露；二是苏联的核潜艇也仅仅是1957年才下水，试验也发现了一系列的问题，自己的技术也不是很成熟；三是中方代表团访苏时中苏两党在意识形态上已经出现微妙的变化，不信任感已经在中苏高层滋生。但是，最终苏联方面提交的书面答复还是很真诚的，技术的可信度也比较高，后期也给我们提供过具体的帮助，总体上对于我国核潜艇的研制还是有一定的积极作用。

从1958年底到1959年初，无论是总体组还是动力组，对核潜艇的设计与制造基本没有比较成型的、可信的方案。从总体设计来说，不要说核潜艇，我们连常规潜艇都没设计过，需要攻关的技术和材料不仅不明确，而且短时间根本无法取得突破，核潜艇制造基地也没有着落。从动力组来说，我国的核反应堆刚刚到达临界，核技术本身还没有取得决定性突破，因此船用核反应堆就更无从谈起。因此，薛宗华部长实事求是向中央提出了调整核潜艇研制进度的意见，建议将核潜艇下水的时间至少推延到1963年以后。

1959年3至5月，中央核潜艇工程领导小组连续召开会议，会议一开始，罗舜初副司令员就在会议上传达了周恩来总理迫切希望核潜艇快点下水的期望和指示，但是领导小组和与会者还是从实际出发、从科学出发，全面、客观分析核潜艇研制中的思想、经费、技术、人员、配套、进度等一系列重大问题，最终依据实际情况科学地调整了进度，决定把核潜艇下水时间推迟至1965年之后。黄旭华院士认为当时中央的决策无疑是正确的，因为按照原计划下水完全没有可能，强行下水既是科学笑料，又必然会酿成重大事故。

此后，事情发展的态势不仅证明当时的决策是正确的，而且1965年下水的计划也化为泡影，核潜艇的研制越来越举步维艰。

艰难的开拓

1958 年 7 月，核潜艇研制工程虽然被批准了，但并未被国家正式立项。同时正值国内"大跃进"运动蔓延，"高指标"、"瞎指挥"、"浮夸风"和"共产风"在各行业严重泛滥，这对于核潜艇的研制带来了很大的负面影响。不考虑实际情况盲目追求进度、不切实际确定高指标，在设计研制工作中出现了不符合科学规律的主观想象，在研究中出现了一些跃进的苗头和思想。在一些研制企业中，甚至出现了一些工人不尊重科学、排斥专业技术人员、自以为是、蛮干乱干的情况，这些都给核潜艇的设计制造了一些人为的障碍，也给后期的纠正增加了困难。

进入 1959 年，大跃进造成的劫难和自然灾害叠加，核潜艇的研制立马面临空前的困难。黄旭华等参研人员啃着咸菜设计、饿着肚子加班，大家普遍出现营养不良，肝炎、浮肿病也侵袭着大家的身体。此外，由于物资的匮乏，设备配套、新材料研制都遭遇瓶颈，很难配合核潜艇的研制工作。

即便是如此的艰难，大家依旧踌躇满志、信心满怀。赵仁恺、彭士禄、黄旭华、尤子平等专业技术人员满怀强烈的责任感和使命感，同困难抗争，让我国核潜艇研制艰难地开始了破冰之旅。

1959 年，总体组基本围绕以下几方面的任务开展工作。首先，还是学习核潜艇的知识、继续消化苏联常规潜艇的设计技术，了解核潜艇与常规潜艇的异同；其次，就是收集资料、对核潜艇关键技术继续进行预研，进一步完善核潜艇初步设计方案；第三，拟制主要设备、材料清单及技术要求；第四，对核潜艇关键技术、重要参数及设计规则进行试验研究，验证设计思想。当时，总体组分配给黄旭华的主要任务就是寻找试验水池，对船体总体结构设计中涉及的关键技术进行试验，验证设计的科学性和合理性。

采集小组在最初的资料采集过程中，收集到的 1958 年至 1965 年时间段的资料还是很丰富的，可是对资料的分析我们发现，黄旭华似乎自 1959 年至 1960 年初消失了。后来通过对黄旭华院士的访谈和求证才解开了这个疑惑。原来，1959 年至 1960 年初，黄旭华一个人单飞了，他待在北京的时候很少，大部分的时间出差在上海，故此总体组在京的工作他基本没有参与，因此出自北京或者他人的资料中就没有黄旭华的身影。

简单地说，1959 年，总体组交给黄旭华的任务就是找试验水池，筹备对核潜艇的设计进行水下试验验证。核潜艇的设计是否科学、合理或者先进与否，最终必须通过下水试验来验证。这项工作至关重要，它既是对设计的验证与检验，也是保证核潜艇后续制造及定型的不可或缺的关键环节。

黄旭华院士经常对我们采集小组开玩笑说，似乎上苍总是很眷顾他，他一辈子的运气总是不错。1959 年，总体组恰好把找试验水池的任务交给他；恰好当时只有他的母校、上海的交通大学才有全国唯一的水池；恰好他们夫妻当时分居北京和上海，来上海对于别人是出差，对于他来说是回家。因此，在 1959 年，黄旭华幸运的出差回家工作了一年。其实，这些话仅仅是一种说道，事实上黄旭华虽然人在上海，实际上很少回家与妻子女儿团聚。在夫人李世英看来，他待在上海也和待在北京分居一样，没啥区别。

1959 年底，核潜艇总体组（即造船技术研究室）的建制发生了变化，过去名义上归口海军舰船修造部，事实上归"核潜艇工程领导小组"领导。12 月 24 日，海军成立科学技术研究部，造船技术研究室即划归该部建制，仍然由薛宗华负责。但是在 1960 年，薛宗华由于仗义执言、替彭德怀说了几句公道话而蒙冤，遭到撤职降级、留党察看，从而调离"09"工程，周圣洋因此而被任命为造船技术研究室第一任主任，苏平被任命为第一任政委，造船技术研究室同时更名为"09"研究室[①]。

黄旭华回顾说，1959 年至 1960 的大部分时间他几乎是在泡水池。当时上海交通大学的水池也处在建设末期，他的工作一方面是基于核潜艇试验的需要提出一些具体要求，参与到水池的设计及建造中，另一方面是筹备核潜艇水池试验方案、试验模型、试验方法等。黄旭华说，过去国内既没水池又没做过这样的试验，他带着几个人从头做起，试验方案、试验方

---

① 杨连新：《见证中国核潜艇》。北京：海军出版社，2013 年，第 14 页。

法、试验仪表一项一项攻关，然后就在水池做实验，由于交通大学的水池比较小，其他试验条件又不具备，故此他们开始只能用一些简单的模型做定性试验，定量试验完全没办法做。在黄旭华最初所做的试验中，基本是围绕水滴线型做的，他说他一开始就看好水滴线型，因此做水滴线型的试验在某种程度上也是在验证自己的想法。

黄旭华带领的核潜艇水动力性能组中，还能准确的说出姓名的只有三个，一个叫崔继纲，后来在702所专搞水池；一个是交通大学大四的学生，叫单海扬，开始也和他们一起做水池试验，后来毕业也进入到"09"工程中；第三个是黄旭华一辈子最器重、最倚重的钱凌白，钱凌白是1960年初才加入到水池试验中来的。

钱凌白出生革命家庭，父亲钱俊瑞（1908—1985）是中国农村经济和世界经济学家、教育家、中科院院士。钱俊瑞1935年加入中国共产党，1939年任皖南新四军军部战地文化服务处处长、新四军政治部宣传部长等职，是皖南事变的亲历者和幸存者之一。新中国成立后历任北平军管会文管委主任，教育部副部长，文化部副部长，1955年当选为中国科学院哲

图5-4 "9188"任务期间黄旭华（左六）和钱凌白（左七）等人在发射阵地的合影（1988年9月27日。资料来源：钱凌白提供）

学社会科学部学部委员并任世界经济与政治研究所所长，中国世界经济学会会长以及北京大学教授等职。钱凌白从小得到父亲革命思想和行为的熏陶，1952 年加入中国共产党，1954 年 8 月赴苏联留学，进入列宁格勒造船学院学习，1960 年初回国后分配至海军科研部造船技术研究室，参与核潜艇的研制工作。钱凌白来到造船技术研究室后，就被分配到核潜艇水动力性能组工作，当时这个组主要就在上海交通大学做实验。钱凌白工作认真刻苦，专业水平很高，在黄旭华等人的提议下，很快就被提拔为水动力性能组的副组长[1][2]。

1959 年秋冬至 1960 年，黄旭华还负责了一些与核潜艇研制进行设备配套的工作。1960 年 3 月，国防科委会议上确定了与核潜艇研制进行技术、设备配套的行业与单位，黄旭华专门去相关行业和机构做报告，明确配套的技术和设备要求。有时黄旭华还专门跑一些单位落实配套工作，比如哈尔滨汽轮机厂、上海电机厂等。黄旭华回忆说，这段时间所做的配套总体上还比较粗糙，1965 年，核潜艇工程再次上马后的设备配套工作就很细致了，当然这段时间的工作客观上奠定了一些基础。

1960 年，黄旭华虽然继续承担核潜艇水动力性能的试验，但是不像过去那样一直盯在上海交大的水池里，只是偶尔去指导和了解情况，放手让钱凌白等技术人员去做，在技术上充分发挥他们的专业才能。钱凌白回忆说黄旭华有时和他们一起研究试验方法，曾经提出过通过艏端加激流，提前进入紊流状态，使得曲线艇体能够快点稳定下来的试验方法。

经过一年多的经验积累，水池试验形成了一套比较规范的流程，同时也取得了一些成果。钱凌白在给我们采集小组提供的回忆录中对此有清晰的描述。

　　当时我主要负责线型和快速性方面的试验工作，和崔继纲、许萌、王锡良等同志一起，在上海交通大学的水池内做潜艇水下阻力拖拽试验。由于水下阻力试验要求达到的临界雷诺数较高，而当时我国

---

① 钱凌白访谈，2014 年 3 月 14 日，武汉。资料存于采集工程数据库。

② 钱凌白：《回忆录》。2013 年 1 月，未刊稿。存地同①。

的大型水池尚未建造，已有的水池长度不够，试验的拖车速度低，船模尺寸较小，离上述要求较远，试验曲线稳定不下来，得不出试验结果。当时我们分析了试验方法，研究了国外的试验技术，采取了增加艏部激流，使之提前进入紊流状态，并从控制车速，提高读数技术和改进对结果的分析方法等措施，使试验水平大大提高，可对不同线型的潜艇水下阻力做定性的分析比较。并对当时的核潜艇（〇七方案）不同的艏艉端线型作了水下阻力试验，还做了指挥台围壳和舵，稳定翼等附件的水下阻力试验。根据这一段的试验工作我和王锡良合写了《船模水下拖拽试验剩余阻力的分析和船模长度的选择》一文，发表在舰船研究通讯 1962 年第四期上。[①]

上海交通大学水池中的核潜艇水动力试验虽然取得了一些成果，也得到了核潜艇水动力试验对实验水池的技术要求，但也充分暴露了我国船舶实验水池建设存在的问题。此后，黄旭华代表造船技术研究室向上级提出建设我国高标准的各种类型的大型水池的必要性和重要性，以满足后期核潜艇及其他专业船舶研制的试验要求。

1961 年伊始，702 所立项建设我国大型试验水池，黄旭华就带领钱凌白进驻 702 所，基于核潜艇水动力试验的要求，提出了操纵性水池、拖曳性水池、回转水池及风洞的技术参数，参与 702 所各种大型试验水池的设计与建造，并对水池建设进行审查，为核潜艇再次上马后的水池试验打下了良好的基础[②③]。

经过两年多的研究与积累，"09"研究室整理和总结了核潜艇预研和设计中的一些成果，参考常规潜艇的技术规范，制定了一个核潜艇设计技术规范[④]。黄旭华对此解释说，这个规范的底子就是苏联转让制造常规潜艇的技术规范，他们在实践中按照核潜艇的规模，把技术参数及指标进行按

---

① 钱凌白:《回忆录》。2013 年 1 月，未刊稿。资料存于采集工程资料库。

② 黄旭华访谈——天降大任，2014 年 7 月 17 日，武汉。存地同①。

③ 钱凌白访谈，2014 年 3 月 14 日，武汉。存地同①。

④ 约翰·威尔逊·刘易斯:《中国建造核潜艇》。中船重工集团公司七一九研究所，2010 年，第 5 页，内部资料。

比例放大，企图适用于核潜艇的设计，但是结果发现这样生搬硬套是不对的，当时大跃进的思想多少对他们也有一些负面的影响，最初制定这个规范时既笼统、又主观，缺乏一些科学依据，事实上没有多大的指导和实用价值。但是，后来经过研究的不断深入，科学实验不断纠正，这个规范也得到持续的修订和完善，到 1965 年再上马时，就比较合理了。

谈起那时的科研设计，黄旭华很感慨地说，生活条件艰苦还能慢慢克服，可科研条件困难有时真无能为力。当时最难的问题有两个，一是资料奇缺，二是计算条件太差。

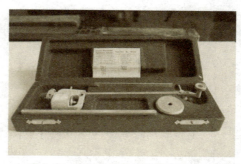

图 5-5　黄旭华经常用到的瑞士 ASMLER 面积仪（2014 年 4 月 3 日。资料来源：杨艺摄）

资料是科学研究的重要基础，当时不仅核潜艇的资料少得可怜，就算是常规潜艇也不多，而且真真假假、鱼龙混杂。黄旭华形容当时查找、筛选资料要用好"三面镜子"。一面放大镜——沙里淘金，在大量的信息堆里寻找出有用的信息；一面显微镜——去粗取精，对选出来的信息作进一步的深入研究；一面照妖镜——去伪存真，经分析后去掉虚假的信息，保留有价值的部分。

计算是科学研究和工程设计中常规的、任务量最大的工作。黄旭华说，当时的计算工具只有两种，一是计算尺，二是算盘。无论总体组还是动力组，所有的运算都是靠这两位功臣拼出来的。黄旭华至今还保存有当年用过的计算尺，上面

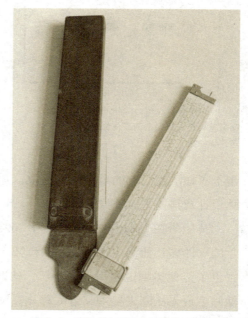

图 5-6　黄旭华在研究中所用的 K&E 牌带有封套的计算尺（2014 年 4 月 3 日。资料来源：杨艺摄）

打磨的深深的痕辙映射出他们当年辛勤的工作。黄旭华还有一把他岳母赠送的算盘，上面清晰的刻着"旭华"二字，后来黄老把他赠送给了《见证中国核潜艇》的作者，也是中国核潜艇发展的亲历者杨连新先生。杨连新先生非常珍惜这把算盘，将它打上核桃油收藏好，如同保存一段不朽的记忆与历史[1][2]。

图 5-7 任命黄旭华为国防部第七研究院 09 研究室副总工程师的海军任命书（资料来源：黄旭华提供）

1961 年 6 月，黄旭华所在的"09"研究室再次改变建制，并入国防部舰艇研究院，改称"09"技术研究室，周圣洋继续担任研究室主任。不久以后，国防部舰艇研究院正式列入军队编制，番号为国防部第七研究院（简称七院），但建制仍然在海军系列，"09"技术研究室又使用原来的"09 研究室"。

1961 年 11 月 14 日，鉴于黄旭华在前期核潜艇研制中所体现出的专业能力、组织领导能力及优异的工作成绩，他被海军任命为国防部第七研究院"09 研究室"副总工程师，海军司令员肖劲光、政委苏振华签发了任命书。自此，黄旭华走上了核潜艇研制的重要领导岗位，开始从全局上组织与协调核潜艇的总体设计及其技术抓总与配套工作。

黄旭华在 1961 年底被任命为"09 研究室"副总工程师之后，接着发生的一件事让他终生愧疚、无法释怀。1961 年 12 月 14 日，黄旭华的父亲去世了，他接到电报后痛苦不已，当时工作缠身，保密要求又极为严格，他回信说无法回去参加父亲的葬礼，没有说明任何原因，只能默默背负自

---

[1] 黄旭华访谈——天降大任，2014 年 7 月 17 日，武汉。资料存于采集工程数据库。

[2] 杨连新：《见证中国核潜艇》。北京：海军出版社，2013 年，第 215 页。

己良心的愧疚和兄弟姐妹们的埋怨。许多媒体采访黄旭华院士时，问及父亲逝世不能回去是怎样解释原因的，他说不解释，没法解释，解释清楚了就泄了密。

在这里，在采集小组掌握的资料中，关于国防部舰艇研究院正式列入军队编制、并使用国防部第七研究院（简称七院）的番号的时间上出现了问题，杨连新先生所著《见证中国核潜艇》中所列时间为1962年1月，但是我们对黄旭华院士的访谈中黄旭华院士说比这个时间要早，应该是1961年下半年的事，具体的日期也记不准确。黄旭华院士所说的时间有他提供给我们的海军任命书为佐证，该任命书中任命他为国防部第七研究院"09研究室"副总工程师的时间是1961年11月14日（见任命书图），那么从理论上推测，使用第七研究院这个番号应该在11月14日之前。

1962年3月，经过黄旭华等技术人员三年多的辛苦努力，国防部第七研究院"09研究室"完成了《原子导弹潜艇初步设计基本方案（初稿）》，这个方案除了导弹核潜艇的初步设计方案外，还总结列举了包括全艇、反应堆、关键配套设备等关键技术157项，试验课题254项，导弹核潜艇不仅第一次有了一个相对完整和规范的总体设计方案，所列关键技术和试验课题也为后续的研究工作指明了方向[①]。

1962年4月，海军政委苏振华与铁道部部长吕正操商议，将"09研究室"迁出海军大院5号楼，搬到北太平庄铁道学院的一栋楼房里办公。

1962年年中，黄旭华夫人李世英女士和大女儿黄海燕调到北京，一家人总算结束三年的分居团聚在一起。虽说一家三口挤在一间破房子里，但这足以给夫人和孩子、也给他自己最好的安慰。大女儿来到北京后，黄旭华高兴地说女儿现在是北京的妮子了，应该有一个符合北京口味的名字，就把女儿的名字改为燕妮。李世英调到"09研究室"后，从事资料收集、整理与翻译工作，至此才知道黄旭华是干什么工作的，过去的一些不解和埋怨也烟消云散了，从此更加支持黄旭华的工作。

---

① 杨连新：《见证中国核潜艇》。北京：海军出版社，2013年，第44页。

执着的坚守

美好的愿景常常被残酷的现实所折磨。1962 年初，核潜艇研制工程慢慢步履迟滞，行将搁浅。按照现在的说法就是核潜艇工程"下马"了。

客观的说，决定"09"工程"下马"比当时决定"上马"还要慎重。无论是中央高层，还是海军及二机部，都经过长时间的多次讨论和研究，大家都舍不得"下马"，但又不得不"下马"。最终决定的做出整整持续了 8 个月，可见当时决策层的犹豫和纠结。正因为是忍痛割爱，所以就不是彻底的下马，而是保留了火种和希望，中央决定下马后保留一批核心人员继续研究[1][2]。

至于 1962 年核潜艇工程下马的原因，许多研究人员做出过诸多的推测和分析。长期研究我国核潜艇发展历史的杨连新先生在他的专著《见证中国核潜艇》中将下马原因归纳为国家经济困难、技术力量不足、给两弹（原子弹、导弹）让路、对客观规律认识不清、核潜艇的协调抓总机构权威性不够等五个方面[3]。杨先生作为核潜艇的研制人员其亲身经历、真实的感受加上长期的研究，其结论无疑是中肯的。

黄旭华无数次思考过这个问题，他与我们采集小组一起做过这样的分析，认为我国核潜艇工程批准伊始，既"生不逢时"，又"先天不足"[4]。

核潜艇工程 1958 年获批时就遭遇极"左"思想的干扰，随之而来是 3 年自然灾害，紧接着就是 1960 年中苏关系彻底破裂，苏联旋即撤走专家、资料，停止各种设备供应，这些事件相继发生，此乃核潜艇工程"生不逢时"。

"先天不足"则指的是不具备发展核潜艇的技术条件，不足有三：

---

① 杨连新：《见证中国核潜艇》。北京：海军出版社，2013 年，第 47、50 页。

② 黄旭华访谈——天降大任，2014 年 7 月 17 日，武汉。资料存于采集工程数据库。

③ 同①，第 47-48 页。

④ 黄旭华院士和笔者谈起核潜艇下马原因时，几次都不在正式的访谈中，因此没有留下录音或者文字。此处总结的观点是对黄旭华院士和笔者认识的综合。

一是不具备国际条件。1958 年前后，美国和苏联两个仅有核潜艇的国家核潜艇技术也不成熟。即便是美国，核潜艇技术也处于验证和完善之中，还出过灾难性事故。苏联的核潜艇则只是刚刚下水，自身尚处在探索之中，如果再算上意识形态与保密控制，几乎不可能得到相关的技术资料或者外援。

二是自身技术条件不足。1958 年前后，我国仅仅只能做苏联常规潜艇的转让制造，而且还步履蹒跚，很难仿制成功。常规潜艇都没设计过，就更遑论技术含量不在一个等级上的核潜艇设计了。

三是辅助条件不足。第一，当时我国的核技术（包括核武器和民用核能）还没有取得突破，那么船用核反应堆自然只是一个梦想；第二，我国当时缺乏与核潜艇工程配套的各种设计条件、实验条件和试验条件，不仅试验水池和风洞没有，各种设备、仪器也极度缺乏，甚至连一个大型绘图板都找不到；第三，核潜艇制造厂尚处在建设中。

因此，客观的说，我国在 1958 年甚至 60 年代前期，基本不具备研制核潜艇的条件。但是，开弓没有回头箭。既然决定做出了，困难总是可以克服的，条件也是可以慢慢创造的。黄旭华院士认为，从 1959 年开始，他们事实上就是在一穷二白的基础上，凭借顽强的意志力和为国家献身的精神，战胜困难，从一点一滴做起，一步一个脚印，慢慢奠定核潜艇研制的各种技术基础和环境条件。

1962 年底，依据中央决策和"调整、巩固、充实、提高"八字方针，国防部第七研究院"09"研究室进行整编，大批人员被分流，数以百计的研究设计人员调入其他单位。原核潜艇总体组首批核心成员、核潜艇早期主要设计者尤子平在此前就已经调离了，后来成为我国新一代核潜艇研制型号总师的宋学斌刚加入"09"研究室不久就分流到大连的七院 1 所 2 室（即通常所说的 12 室）。核潜艇动力组也大幅整编，赵仁恺院士都被调走了，仅留下 65 人值守，代号为原子能所"47-1"室。

1963 年 10 月，为了落实中央关于保留核心技术骨干、保持对核动力及核潜艇总体等关键技术的持续研究的决定，经中央专委批准，由国防部第七研究院"09"研究室、703 所第五室、二机部"47-1"室合并，组建潜艇原子能动力工程研究所（代号715所），全所约160余名技术人员，周圣洋任副所长，彭士禄、黄旭华任副总工程师。采集小组曾经问过黄旭华院士，为何当时没有总工程师，黄旭华回答说，当时总工程师必须是专业四级，也就是教授级高工，当时他们的技术职称还没到这个级别，就是任命他和彭士禄为副总都是破格的结果。

"09"工程的下马及715所的成立，标志着最初的核潜艇总体设计组和核动力设计组结束了自己的历史使命。

黄旭华不仅怀念在核潜艇总体组工作的日子，而且对核潜艇总体组的历史功绩给予了很高的评价。他认为总体组从1958年7月成立，到1962年底批准下马，前后短暂四年的时间，虽然没有正式完成完整的核潜艇设计方案，但是对除核动力之外的核潜艇所有的结构设计及其系统功能都进行过预研，对需要进行的专项研究也进行了梳理，对各种配套设备和技术也基本上摸清楚了，有的设计思想和技术已经趋于成熟。由于开始没有经验、没有依据，导致研究工作看起来很散，但是却也覆盖了核潜艇研制的方方面面。甚至开始时一些很主观的思想后来竟然也成为了我国核潜艇设计中的独特之处。正因为在这一时期的开创、探索与积累，使得最初的总体组成为了我国核潜艇研制高级人才的摇篮。这里不仅走出第二任核潜艇总设计师黄旭华院士，还培养了第三任核潜艇总设计师张金麟院士。被誉为"船舶设计大师"、我国新型核潜艇现任型号总师宋学斌也是从这里学习起步的。还有像钱凌白这样一大批总体组人员后来都成为核潜艇研制的骨干。说总体组奠定了我国核潜艇设计研制的基石毫不为过。

"09"工程下马后，作为留存的火种、新成立的潜艇原子能动力工程研究所（代号715所）的领导及其专业技术人员丝毫没有懈怠，从1963年6月到1965年3月，彭士禄、黄旭华两位副总工程师带领保留下来的技术人员一方面认真学习、提升专业理论水平，另一方面重新确定重点攻关方向，保持核潜艇研究的可持续性。经过不懈的努力，新成立的719所及其协作单位依然在核潜艇动力堆的设计、核反应堆压力壳制造所需的低合金高强度钢的制造、核燃料元件生产、核潜艇舰载武器及其发射平台研制等方面取得了重大突破。在黄旭华负责的船体部分，重点进行水滴线型、高速操纵性及艇体结构强度等专题研究项目，为核潜艇总体设计方案的选择和初步设计提供更加成熟的思想及更加翔实、可信的数据。

"09"工程下马，核潜艇总体组的人员流失最为严重，下马前的几百人绝大部分都走了，仅留下黄旭华、钱凌白等极少数人，据黄旭华及钱凌白回忆可能仅 10 个人左右。仅剩的几个人也不稳定，常有人被抽调去别的单位帮忙，钱凌白在 1963、1964 年就多次抽调到江南造船厂协助"33"型常规潜艇的仿制。虽然人手极少，但仅存的几个人也没放慢研究的步伐，一如既往的辛勤工作。据钱凌白回忆，1963 底至 1964 年间，他和黄旭华等仅有的几人对"03"、"33"、"31"、"641"等几型苏联常规潜艇的线型和快速性资料进行了全面的

图 5-8　任命黄旭华为国防部第七研究院第十五研究所副总工程师的国防部任命书
（资料来源：黄旭华提供）

消化和分析，写出了分析报告（该报告作为技术档案存于 715 所）。该分析报告对核潜艇的线型设计提出了一些思路，如水面航行性能和水下航行性能的关系、艇艏艉端线型对阻力的影响等。

1964 年 1 月 18 日，时任国防部部长林彪签署中华人民共和国国防部任命书，正式由国防部任命彭士禄、黄旭华为国防部第七研究院第十五研究所副总工程师。1963 年 10 月，715 所成立时的彭士禄及黄旭华的副总工程师是经上级批准、由所长周圣洋任命的。此次国防部的正式任命并没有改变 715 所的技术领导结构，它所体现的是中央高层依然惦记和重视着"09"工程，同时也是对工程下马后仍在坚守研究的 715 所全体技术人员的一种鼓励。

大约在 1963 年底或者 1964 年初，715 所整体加入人民解放军序列，

黄旭华等技术人员集体参军，部队番号为总字 907 部队。1 月 6 日，黄旭华被授予人民解放军技术少校军衔。

"09" 工程虽然下马了，但是黄旭华等人并没有放下自己的脚步，他对核潜艇工程依然充满希望。黄旭华认为，核潜艇大至国家安全防卫、小到海军军力建设与完善，都具有十分重要的意义，甚至是美苏国防建设的重点。毛主席及中央军委不可能不知道核潜艇的战略及战术意义，黄旭华坚信核潜艇下马只是暂时的，也是当时历史条件下不得已、或者说是一个正确的选择，等到国家"两弹工程"取得重大突破及科研环境、经济环境趋好后，核潜艇工程一定会恢复上马。怀着这种坚定的信念，黄旭华在落寞中执着工作，不断鼓励其他同志要有信心，一定要坚守着仅存的岗位，保留核潜艇的火种，等待着转机和希望。

客观的说，黄旭华的分析是正确的。当时核潜艇下马不失为一种理性的战术性撤退，并且保留了一支核潜艇研制的核心队伍。黄旭华的等待并不太久，很快他和他的同事们就迎来了曙光。

一次出差就此改变了黄旭华的人生轨迹，他的生命由此与核潜艇结缘，他的学术能力也随着核潜艇的研制设计而逐步成长起来。由于黄旭华的良好政治素质、在船舶工业管理局设计二处所展现的优秀专业能力，他幸运地入选了关系国家战略安全和国际地位、彪炳史册的"09"工程。

加入核潜艇工程后，黄旭华从头做起，认真学习、刻苦钻研、努力工作，从一名普通的技术人员逐步成长为总体组张景诚组长的助手、船体科科长、核潜艇水动力试验负责人、"09"技术研究室副总工程师、715 所副总工程师。这里面固然包含有个人先天而来的智力与机遇因素，更多的则是一份崇高的责任感及辛勤汗水的结晶。

参与核潜艇这个前所未有的工程，让黄旭华迎受了又一次的挑战和磨砺，让他的人生境界和专业能力再一次得到拓宽和提升。核潜艇工程的暂时下马，对于他的学术成长来说也许不是一件坏事，他可以从容地对新的知识进行反刍与消化，从而蓄积可持续的技术能量。机遇和挫折，让他的肩膀更结实了、胸怀更宽阔了，具有了承载更艰巨任务的能力。

为了核潜艇，他抛妻别子；为了"09"工程，他父丧不归；为了保密，他几乎断绝了与家中老母的联系，而这些，还仅仅是个开始。为了国家的强大和人民的安全，为了毛主席的殷切期望，黄旭华付出的不仅仅是汗水，更有心灵的煎熬与痛楚。

第六章
力克重艰铸重器

　　1964 年 6 月，我国中近程导弹飞行试验成功，接着在 10 月 16 日 15 时我国第一颗原子弹爆炸成功。这次核爆成功在破除了美苏的核讹诈同时，也再次震醒了许多有识之士的核潜艇之梦。黄旭华院士曾经对我们说过，有关高层曾透漏说，中央最初确定的是"两弹一艇"，后来因为核潜艇保密太严及工程遭遇下马的原因，就被"两弹一星"取代了。核技术成熟了，核潜艇就该重新启程了。

　　1964 年末，不仅我们的"两弹"研制成功了，国家的经济形势也完全好转，科学研究的人才队伍、研究条件也得到了根本性改善，核潜艇工程上马的条件成熟了，一场声势浩大、惊心动魄的铸造又一国之重器的大会战在祖国多地秘密地拉开大幕，一个又一个可歌可泣的故事在这个舞台上纷至沓来。

　　随着核潜艇从图纸走向大洋，黄旭华的学术能力也在攻克一个个技术难关中逐步成长。

核潜艇工程重新上马

在所有关心和参与过核潜艇研制人员的心中，在 1965 年，北京的春天似乎比以往来的更早一些！的确，核潜艇工程在蛰伏几个冬季后，终于迎来了自己的春天。

对于黄旭华院士来说，发生在 1965 年春节的事，依然历历在目。这一天，时任国防部第七研究院副院长的于笑虹将军给他打电话，请他和钱凌白到他家中商量事情。黄旭华和钱凌白落座后，于笑虹将军开门见山笑着说，原子弹和导弹成功了，高层已释放出向核潜艇倾斜的态势，"09"上马的条件成熟了，我们应该抓住这个机会，今天想听听你们二位的意见[①][②]。

其实，在感知国家各方面环境均在趋好、并获知我国的核武器研制取得关键性突破之后，黄旭华心里就有一种良好的预感。接到于笑虹的电话，他的心里就漾起了一丝的激动，听完于笑虹的话，黄旭华和钱凌白相对一笑。这一笑，是期盼已久的笑、是英雄所见略同的笑、是风雨之后见彩虹的笑。黄旭华和钱凌白岂止是同意院长的意见，都恨不得立马干起来，并补充说 715 所关于核潜艇技术的研究已经成熟了，其他的研制条件也已经具备了，"09"工程应该迅速恢复上马。看到黄旭华和钱凌白跃跃欲试的样子，于笑虹告诉他们说，你们俩立刻代表六机部向中央起草一个报告，详细阐明核潜艇工程恢复上马的必要性，列举已经具备的各种条件，从技术上论述核潜艇研制的可行性，并对工程上马的各项问题提出建议。

黄旭华和钱凌白非常激动，立马行动起来。但事关重大，既要加快进度迅速上报，又要保证质量、集思广益，仅靠他们两个人的确有些困难。经领导同意，他们俩又邀请了尤子平、陈发金二人一同参与起草这份请示报告。报告成形后，于笑虹院长又提出了一些修改意见，一个月后，大概在 1965 年 2 月底，这份关于恢复研制核潜艇的请示报告定稿了，并被迅速

---

① 黄旭华访谈——天降大任，2014 年 7 月 17 日，武汉。资料存于采集工程数据库。
② 钱凌白访谈，2014 年 3 月 14 日，武汉。存地同①。

送到六机部方强部长和刘华清副部长手中^①。

钱凌白主任给我们采集小组提供的《回忆录》描述了如下过程：

> 1965年春节，海军科研部长、七院副院长于笑虹将军把黄旭华和我两人请到他家，商讨向中央打报告申请核潜艇重新上马事宜。"原子弹爆炸成功，是一股强劲的东风，我们的核潜艇研制工作，要借这股东风，把它促上去。"我们刚一进门，于院长就微笑着对我们说。我们两人听了都非常振奋。这天，我们研究的主题是核潜艇重新上马所具备的条件和先研制哪一类型的核潜艇。我们两人向于院长汇报了研制核潜艇及其配套设备的科研工作的进展情况以及核工业部已经完成潜艇核动力装置设计方案，并在潜艇核动力装置的高压设备的研究方面取得了进展，核燃料元件及控制元件的研制也取得了很大进展。根据上述情况，我们一致认为现在已具备条件，攻下核潜艇这个尖端来。另外，我国的海防迫切需要加强反潜力量以及根据我国的现有的技术力量，我们一致的意见是第一步我们要尽快研制出能对付敌人导弹核潜艇的反潜攻击型核潜艇，然后再研制出我们的导弹核潜艇来。于院长最后说："好，有关其他问题，待春节一过，我们立即组织力量，进行可行性论证，形成一个完整的报告！"1965年2月底，一份关于研制核潜艇的请示报告送到了六机部方强部长和刘华清部长的手中。^②

迄今，相关研究资料及媒体系列报道中对核潜艇工程上马的描述，都是从下文将要介绍的1965年3月13日二机部和六机部的联合报告开始的，但是对核潜艇恢复上马的动议最早的提出、二机部和六机部联合报告的来龙去脉均没有资料披露。采集小组对黄旭华院士及钱凌白主任的访谈及钱凌白提供给采集小组的《回忆录》详细介绍了核潜艇工程上马动议的提出及请示报告形成的过程。自此，我们不再觉得核潜艇工程上马的突兀，也填补了核潜艇恢复上马的细节。

---

① 黄旭华访谈——天降大任，2014年7月17日，武汉。资料存于采集工程数据库。
② 钱凌白：《回忆录》。2013年1月，未刊稿。存地同①。

1965 年 3 月 13 日，《关于原子能潜艇动力工程研究所领导关系的请示报告》由二机部联合六机部党组上报至国防工办并中央专委。报告建议将国防科委舰艇研究院所属之 715 所和 703 所 1 室划归二机部领导，负责核潜艇动力总体设计和陆上模式堆的筹建工作；核潜艇总体研究设计及对动力装置的船用要求则由六机部承担。为保证两部工作的协同，报告提议在七院成立一个核潜艇研制抓总机构[①]。

图 6-1　原造船技术研究室的研究人员转入 719 研究所后的合影（左起依次为：黄士龙、钱凌白、吴庭国、魏书斌、黄旭华、仇世民、张延飞）（1966 年 5 月 15 日。资料来源：钱凌白提供）

仅在一周后，即 1965 年 3 月 20 日，周恩来总理主持召开第 11 次中央专委会议，会议批准了二机部和六机部党组的联合报告，核潜艇重新列入国家计划，核潜艇研制工作全面启动。

依据中央专委的指示精神，1965 年 4 月，715 所即被划归二机部研究设计院，作为该院第二分部，对外称北京 15 所。5 月，位于渤海湾葫芦岛的核潜艇总体建造厂在停工多年后恢复建设施工。6 月，七院以 701 所 2 室（导弹常规动力潜艇总体研究室）和 715 所潜艇总体科为核心，成立了七院核潜艇总体研究所（后更名为 719 所），原七院一所副所长夏桐被任命为第一任所长，副所长宋文荣、王诚善，黄旭华、尤子平任副总工程师。为了便于设计和建造配套，新成立的 719 所也选址在葫芦岛上，与核潜艇总体建造厂比邻。

---

①　约翰·威尔逊·刘易斯：《中国建造核潜艇》。中船重工集团公司七一九研究所，2010 年，第 31 页，内部资料。杨连新：《见证中国核潜艇》。北京：海军出版社，2013 年，第 55 页。

第 11 次中央专委会议后，虽说核潜艇工程开始上马了，但是核潜艇研制的大方向并没有得到明确。大方向不确定，核潜艇研究、设计、施工制造都没办法展开。因此，海军会同二机部、六机部又对黄旭华等起草的方案反复论证研究，并进行了多次完善后，于同年 7 月再次向中央专委呈送了核潜艇研制的具体建议。

这次呈送的报告中，除强调核潜艇研制的政治、军事意义外，主要围绕核潜艇研制的技术原则提出建议。建议的核心内容就是明确提出第一艘核潜艇以建造反潜鱼雷核潜艇（即攻击型核潜艇）为宜，在取得核反应堆用于核潜艇的成功经验后，再研制弹道导弹核潜艇。

为何这个建议要向中央特别说明第一艘核潜艇建造应以鱼雷攻击型核潜艇为宜呢，黄旭华给我们讲述了这个原因。从 1958 年中央首次批准研制核潜艇开始，研制目标就是弹道导弹核潜艇这个战略性武器，目的就是用核潜艇从海中投送核弹，建设三位一体的核打击体系。1958 年到 1965 年核潜艇再次上马前，其间长达 7 年的研制工作都是以弹道导弹核潜艇研制为主要方向。据《中国建造核潜艇》一书披露，从核潜艇再次上马的 1965 年夏，到已经决定建造攻击型核潜艇的 1966 年年底，在高级官员之间依然存在究竟应该首先研制哪种类型核潜艇的争论[①]。这个建议的目的，就是向中央高层阐明应从科学出发、实际出发，先建造战术性核潜艇，取得经验再建造战略性核潜艇的技术原因。

黄旭华回顾说，这个建议是这样向中央专委陈述原因的：从技术上看，如果先研制导弹核潜艇，除了需要解决反潜鱼雷核潜艇的所有技术问题之外，还需要解决与导弹配套的发射装置、射击指挥仪和惯性导航仪等，而这些技术及设备的攻关难度很大，耗时费力；从军事上看，对付敌人的弹道导弹核潜艇最有力的武器就是反潜鱼雷核潜艇。因此，先研制战术性核潜艇，再研制战略性核潜艇，既能满足现实的军事需求，也符合科学研究的规律。

建议除明确核潜艇研制的大方向之外，对于第一艘核潜艇的研究、设

---

① 约翰·威尔逊·刘易斯：《中国建造核潜艇》。中船重工集团公司七一九研究所，2010 年，第 31、58 页，内部资料。

计与制造，初步拟定了三项原则。

第一，在所有的工作中执行大力协同的方针。在中央专委和国防工业党委领导下，各参研及协作单位密切协同，共同攻关。

第二，立足国内，从实际出发。以转让仿制的中型鱼雷潜艇为技术基础，缩短战线，争取时间。

第三，兼顾试验与应用。重点攻关核动力装置应用于潜艇的技术问题，同时在主要技术性能上满足海军提出的战术要求，使第一艘核潜艇既是试验艇、又是战斗艇。

最后，报告中就工程进度安排、各系统分工、技术力量的调配、研制经费投入及使用等提出了具体的建议。

黄旭华认为，这份报告很有分量和价值，有理由、有方案、有方法、有计划、有步骤，给中央专委决策提供了可信、可靠的基础。其后，第一代核潜艇的研制大体上也是按照这份报告实施的。

1965 年 8 月 15 日，周恩来总理主持召开了第 13 次中央专委会议，专题研究核潜艇上马的具体问题。会议同意报告所提出的核潜艇研制步骤及第一艘核潜艇研制、设计、制造的三项原则，明确提出第一艘核潜艇 1972 年下水试航的目标，全面部署了核潜艇上马的各项工作。会后，中央专委向各有关单位连发 7 个通知，安排和落实核潜艇研制的相关工作。

中央专委第 13 次会议正式启动了我国第一代核潜艇研制的进程，1965 年是我国核潜艇发展史上的转折点和里程碑，它也成为 1958 年之后我国核潜艇发展历史的第二个重要的坐标点。

水滴线型与常规线型之争

719 所成立后，在搬迁、建设工作进行的同时，核潜艇研究设计工作一刻也没有停止。考虑到工作的便利，以在北京的原 715 所的同志为主体，吸收部分七院 12 室的同志组成了 719 所北京工作组。为了保证北京工作组的工作顺利进行，黄旭华连 719 所成立大会都没有去参加。

北京工作组的研制设计工作主要是黄旭华负责。据钱凌白回忆，在 719 所正式宣布组建前的 1965 年 5 月，北京工作组就已经成立，当时北京工作组的主要任务就是进行首艘攻击型核潜艇"09-1"（后简称"091"）的总体方案论证工作。总体方案论证的主要内容就是确定"091"首艇的线型、核潜艇的战术技术指标，并为拟制核潜艇配套设备清单做准备。钱凌白当时在黄旭华的指导下主要承担总体方案和总体性能方面的研究与设计工作。

1965 年 8 月 25 日，719 所在初步完成"091"首艇总体方案论证后，六机部在京组织海军及部分研究院所对总体方案进行会审，这次会议按照会议日期被称为"825"会议。黄旭华在会上作总体方案介绍，尤子平报告《核潜艇战役战术性能建议书》，海军基于技战术的需要提出了相关要求。该方案经会审完善后即上报国防科委。9 月份，国防科委再次组织海军、总参作战部、有关工业部和研究所的负责人，对鱼雷核潜艇战术技术性能等问题进行讨论，形成了《反潜鱼雷核潜艇战役战术技术主要指标》，并上报中央军委，为正式的研究设计提供技战术需求和试验数据。

"825"会议之后，"091"首艇的初步设计和技术设计即将展开。然而，一个无法回避的问题亟待明确，那就是"091"首艇的艇型问题。艇型不确定，其他的研究设计就无法继续深入下去。"091"首艇的艇型之选、水滴与常规之争就此揭开序幕。

在 20 世纪中后期，核潜艇的线型之选、线型之争似乎是任何一个国家在研制核潜艇的过程中必须要经过的一道关口。我国"09"工程自批准以来，也长期在选择怎样的线型上纠结不已。1958 年 10 月，原核潜艇总体设计组为了选型论证，首次就推出了 5 个总体设计方案，其中 3 个常规线型（也称普通线型），2 个水滴线型。常规线型多出一个，本身就表明当时的总体组大体上倾向于常规线型。

1965 年，"09"工程再次上马，率先的方向之争，即是建造攻击型核潜艇还是建造弹道导弹核潜艇。这个问题被中央专委明确建造攻击型核潜艇之后，接下来的就是"091"首艇的线型之争。虽然 1965 年 719 所已经开始了反潜鱼雷核潜艇的总体设计，但是 1966 年 1 月份，绘制的第一张图纸仍然是使用的在役常规动力潜艇的那种普通线型①。

从 1958 年一开始，黄旭华就钟情水滴线型，1959 年至 1961 年在上海交通大学及 702 所的无数次水池试验中，黄旭华和钱凌白对水滴线型做了大量的验证性试验，虽然当时的试验大部分是定性的，当时水池及测试条件不尽理想，但是他还是通过已经取得的试验结果和数据确认水滴线型具有较明显的优势。

对于"091"首艇，时任 719 所副总工程师黄旭华依然主张采用水滴线型设计。他认为，这样可使中国的核潜艇与世界上最先进的水平保持一致。黄旭华和他的同事们都认为常规动力潜艇所采用的线型不适合在水下 300 米的深度上高速航行的核动力潜艇②。而使用任意横截面都是圆形的具有流线型的水滴线型或"鲸型"线型则不仅具有最小的摩擦阻力，而且在大潜深时有很好的机动性和稳性。水滴型潜艇在水面上操纵性的确不是最好的，但是与常规线型的潜艇相比，它的水下战术技术性能却具有较大的优势③。

黄旭华不认为其他技术人员是反对他的观点，他说实际上他的同事并不是不支持采用水滴线型，而是究竟在什么时候采用水滴线型。他们认为我们连常规线型的潜艇都没有设计制造过，水滴线型核潜艇设计制造的问题就更无法预计或者克服，那么不妨"091"首艇的设计制造使用常规线型，这样既可以保证 1972 年能够按时下水，完成中央下达的政治任务，又可以在取得成熟的技术和经验后再研制先进的水滴线型核潜艇，这样可能更稳妥、同时承担较小的技术风险和政治风险④。

黄旭华院士琢磨，赞成"091"首艇使用常规线型的部分决策者及其技术设计人员受美国研制核潜艇经验的强烈影响。在美国，核潜艇研制规

① 黄旭华：核潜艇总体设计。见：聂力、怀国模主编，《回顾与展望》。北京：国防工业出版社，1989 年，第 396 页。

② 郗其新，刘景之：新型导弹潜艇。《光明日报》，1987 年 7 月 28 日。郗其新：深海霹雳。《航天》，1989 年第 1 期，第 2 页。

③ 黄彩虹、曹国强：中国核潜艇的诞生。《人民日报》海外版，1988 年 8 月 29 日。

④ 黄旭华访谈——力克重艰铸重器，2014 年 7 月 31 日，武汉。资料存于采集工程数据库。

划是分为三步进行的。美国首先建造一艘水滴型常规动力潜艇，第二步则把核动力装置装在具有常规线型的潜艇上，最后才把水滴线型应用到核动力潜艇上。而苏联为实现核潜艇的水滴线型则走了更加曲折的道路①。

当时，主张先常规线型、再水滴线型的分阶段研制核潜艇的领导者及技术人员出发点也是好的，他们心里有这样一个忧虑：就一个缺乏先进工业技术和充足合格的科学技术人员的国家而言，把第一艘核潜艇设计成先进的水滴外形，这可能吗！

黄旭华的回答斩钉截铁，这是绝对可能的。后来，黄旭华这样解释了他的意见："在我们从事'09'工程的研制任务之前，外国已证明采用水滴型外形是可行的。那么，我们有什么理由也一定要跟着外国人去分三步走呢？"

1966 年 1 月，关于"091"首艇总体结构及各系统功能设计都进入关键时期，无论是总体线型，还是其他系统的功能定位都存在一些技术争论。为了充分发挥民主，让每一种技术主张都能充分得以表达，同时也为了集思广益，719 所领导审时度势，适时在所内开展了技术"鸣放"大辩论。每一个技术人员都可以在"鸣放"大辩论中充分陈述自己的建议、商榷他人观点；每一种技术主张也都可以在"鸣放"大辩论上论证自己的可行性、质疑他方缺陷。水滴线型是这次"鸣放"技术大辩论讨论的核心问题之一，黄旭华、钱凌白等水滴线型的支持者多次在"鸣放"大会上耐心地向同事们阐述首艇采用水滴线型的可行性。其中，钱凌白还在多个场合就水滴线型的总体方案及方案审查报告进行了介绍②。

除此之外，为了尽可能取得更丰富的水滴线型适航技术数据，为水滴线型总体方案设计提供依据，同时也为了更进一步验证水滴线型的优势，黄旭华和钱凌白再次去已经拥有大型兴波水池和较为先进的风洞的 702 所，对水滴线型做了一系列的流体力学试验。经过反复试验，尽管还是存在潜

---

① 约翰·威尔逊·刘易斯：《中国建造核潜艇》。中船重工集团公司七一九研究所，2010 年，第 59 页，内部资料。

② 黄旭华访谈——力克重艰铸重器，2014 年 7 月 31 日，武汉。资料存于采集工程数据库。约翰·威尔逊·刘易斯：《中国建造核潜艇》。中船重工集团公司七一九研究所，2010 年，第 59 页，内部资料。钱凌白访谈，2014 年 3 月 14 日，武汉。资料存于采集工程数据库。

艇水下状态的操纵性和稳性等有关的几个问题，但仍然取得了宝贵的试验数据，也证明了水滴线型有其较大优越性[①]。

尽管美苏的核潜艇制造经验及黄旭华、钱凌白的试验无可辩驳的证明了水滴线型的巨大优势，但黄旭华并没有强烈地固执己见，他充分理解他的同事们对"091"首艇即采用水滴线型所表现出来的种种忧虑，心里也明白确保第一艘核潜艇 1972 年顺利下水是一项重要性的政治任务，解决核潜艇的"有"和"无"比第一艘核潜艇是否先进更具有现实的政治意义。有的同志说，我国的"两弹一星"成功时技术远较美苏落后，但是重要的是我们拥有了。理性的讲，基于当时的现实情况，采取相对保守的技术策略的确能够让大家乐于接受[②]。

此外，当时正值"文化大革命"初期，反对"学术权威"的政治气候也迫使黄旭华谨慎从事。出于多种因素的综合考量，黄旭华妥协了。于是，1966 年 11 月，由 719 研究所完成的第一艘攻击型核潜艇的设计方案是常规线型的艇型。该线型总体方案包含各种图纸资料 103 份，初步落实了核潜艇的主要尺寸、主要参数和总体布置方案，确定了需要配套的主要设备。该方案成型之后，719 所上报至第七研究院及六机部后，随即得到批准。[③]

但是，"091"首艇的线型之争并没有就此结束，事情在 1966 年 12 月出现了戏剧性转机。此时，聂荣臻开始负责国防科工委，他是我国核潜艇研制最初的倡导者和决策者，对核潜艇研制尤其关心，当他从国防科工委负责该工程的同志那里了解到核潜艇的艇型之争后，对此异常关切，随即于 1966 年 12 月 7 日召集七院、六机部等相关人员召开了一次会议，重新讨论核潜艇艇型与型号问题[④]。

---

① 刘景之：记导弹核潜艇的总设计师黄旭华.《军事世界》（香港），1989 年第七期，第 12—13 页。朱乐民：潜艇的成功航行取决于有才干的潜艇设计师.《人民日报》海外版，1985 年 12 月 1 日。

② 黄旭华访谈——力克重艰铸重器，2014 年 7 月 31 日，武汉。资料存于采集工程数据库。

③ 约翰·威尔逊·刘易斯：《中国建造核潜艇》.中船重工集团公司七一九研究所，2010 年，第 59 页，内部资料。

④ 陈右铭：英明的决策，艰巨的任务.《海军装备》，1989 年第 4 期，第 14 页。

时任六机部核潜艇工程领导小组办公室主任、七院领导陈右铭在会上汇报了关于核潜艇的水滴线型和常规线型的艇型之争，客观介绍了两种观点的理由。聂荣臻听完意见后明确指出："（第一艘核潜艇）不要采用常规潜艇的艇型，要重新设计，不然搞得两不像，又不像常规潜艇，又不像核潜艇。"①

聂荣臻元帅的权威起到了决定性的作用，不仅争论至此平静的结束了，原来的方案也随之被推翻。3天以后，聂荣臻指示黄旭华等高级专家们在北京饭店继续开会，要求他们在最终上报中央前对原方案进行修改与审查。719所的技术人员此时意见高度一致，由于此前水滴型方案已经积累了成熟的意见，新的水滴线型设计方案很快成型。1966年12月6日，"091"首艇的水滴线型设计方案经由聂荣臻元帅上报至中央军委和中央专委，中央专委于12月22日撤销了11月份的决定，正式批准了水滴型攻击型核潜艇的设计方案，并要求第一艘核潜艇于1970年下水试验。

客观而论，在我国第一艘核潜艇研制过程中所经历的这场关于核潜艇艇型之争，在当时的历史条件下是正常的，算是正常的学术争鸣范畴。这场争论没有赢家或者输家，争鸣的结果虽然以水滴型胜出，但常规线型对水滴型设计中质疑的诸多问题也促进了水滴型方案的成熟，并将其他关于设计及制造、配套等问题的研究引向深入。黄旭华一方面高度评价这场争论的作用，另一方面对自己所持水滴型方案的胜出也很淡然，丝毫没有胜利者的喜悦。他甚至不愿过多提及这次争论，认为过度渲染此事对同事们既不不公平、也不公正，因为这仅仅是一个技术分歧而已。

七 朵 金 花

前文已经交代过，当核潜艇再次上马以后，新成立的719所全体技术

---

① 陈右铭：英明的决策，艰巨的任务。《海军装备》，1989年第4期，第14页。

人员个个情绪高昂，摩拳擦掌，都想充分发挥自己的聪明才智及技术特长。但是，核潜艇毕竟是一个系统工程，是一座海底城市，需要解决的问题太多，每一位同志都想借核潜艇研制的契机把自己的专业领域提升上去，同时也提高自己的专业技能。据黄旭华回忆，719所一时之间各行其是、行行争先、人人出头，核潜艇的研究设计因此出现了关键技术不明确、攻关问题零散、技术思路杂乱的状况。

看到这种情形，时任719所所长夏桐与黄旭华等所领导一样非常焦虑，这种"荷叶包钉子，个个出头"的态势对核潜艇的研制设计非常不利。夏桐在与黄旭华及其他领导商议后，认为既要保障大家的研究热情，又要集中研究力量解决核潜艇研制设计中的主要关键性问题，于是因势利导，在1966年1月在全所开展了技术"鸣放"大辩论，一方面鼓励各抒己见，另一方面要求形成合力，对核潜艇研制的重大攻关项目展开集体合作研究。

上一节所介绍的"091"首艇水滴线型与常规线型的艇型之争，其实仅仅是这次技术"鸣放"大辩论的主题之一。在这次"鸣放"大辩论中，经过充分的辩论及研究，逐步形成了核潜艇研制的七大技术攻关项目，黄旭华等参研人员形象的把它们称之为"七朵金花"[①]。

第一朵金花：核动力装置——提供水下长期航行的能力

黄旭华说，从某种程度上讲，常规潜艇和核潜艇最大的不同就在于动力装置上的差异，由于动力装置的不同又进一步造成其他的系统及其性能上的巨大差异。常规潜艇通常是柴电潜艇，需要定期上浮充电、补充空气、添加燃料。而核潜艇不一样，它几乎不用添加燃料，不需要外界空气，可以像凶猛鲨鱼一样长久地潜"伏"在海里等待猎物。这"浮"和"伏"的差别，决定了常规潜艇和核潜艇在隐蔽性及战斗威力上的巨大差异。

---

① 宋学斌访谈，2014年4月24日，武汉。资料存于采集工程数据库。杨连新：《见证中国核潜艇》。北京：海军出版社，2013年，第100-101页。黄旭华访谈——力克重艰铸重器，2014年7月31日，武汉。资料存于采集工程数据库。

黄旭华告诉我们，核潜艇工程无论第一次批准还是再次启动，核反应堆始终作为与核潜艇总体并列的两大核心攻关项目，它历经了从陆上堆到船用堆的研制过程。他的另三位杰出的同事赵仁恺、彭士禄和张金麟在核动力装置的研制上做出了巨大的贡献。核潜艇工程再次上马后，按照中央专委的部署，位于四川夹江的陆上模式堆的建设很快得以启动，建设顺利，各种技术难关逐一取得突破。同时，核反应堆建设所需的三种关键性珍稀金属铀、锆和铪的制备也顺利取得突破。总体来讲，核动力装置的研制还是比较顺利的，为"091"首艇的顺利下水及后续其他类型核潜艇的研制奠定了较好的技术基础。

张金麟院士在接受采集小组的访谈时，高度评价了我国核潜艇动力装置——船用核反应堆的研制。他说我国核潜艇动力装置研制的技术路线合理，动力装置的技术水平比较先进，不仅为我国核动力装置在其他运载工具上的运用提供了宝贵的经验，还为我国民用核能的发展也奠定了技术基础。彭士禄、赵仁恺及他本人都是在核潜艇用核反应技术取得突破及逐步成熟后，接着领衔开创了我国民用核能技术[1]。

719 所的技术"鸣放"大辩论虽然将核动力装置作为核潜艇的关键技术，但是他们的侧重点在于核动力装置在核潜艇总体结构的布局及对核潜艇性能的影响，也包括一回路、二回路的设计及核辐射屏蔽等技术问题。

第二朵金花：水滴线型艇型及操控设计——决定战术性能的先进性

"091"首艇的艇型设计历经曲折，也是本次 719 所技术"鸣放"大辩论的核心问题之一。鉴于核潜艇的大潜深、高航速及长航时，水滴线型具有比常规线型无与伦比的优势。虽然这场辩论最终以聂荣臻元帅的果断拍板而尘埃落定，但黄旭华等设计师并不敢丝毫掉以轻心。在"091"首艇确定为水滴型艇型之后，黄旭华、尤子平、闵耀元、陈源等设计人员一方

---

① 张金麟访谈，2014 年 3 月 14 日，武汉。资料存于采集工程数据库。

面广泛收集国内外有关资料，加以综合分析与论证，从中选取最佳而又可行的方案和各种参数。另一方面加大技术试验，尽可能取得水滴线型操纵性能的第一手资料。从 1966 年开始，719 所与七机部五院、702 研究所等科研部门密切合作，利用大型风洞、低速风洞、大型深水拖曳试验水池、操纵性悬臂水池、波浪水池、潜艇流体动力性能试验设施和各种小型试验设施，开展了大量的模型试验研究，对选定的方案做验证性试验。此外，他们通过与其他单位大力协作，开展了近 10 项专题研究，探索了新的设计计算方法。通过方案分析与一系列的试验验证，为水滴型艇型的设计提供了可靠的依据。

水滴线型艇型在大潜深时拥有诸多的优越性，但在多状态航行时却存在稳定性及操纵性不如常规线型的问题，因此怎样提高和改善水滴线型的稳性及其操纵性就成为水滴线型研究的一个不可回避的问题。黄旭华、尤子平、宋学斌、钱凌白等技术专家们对此进行了专门的理论研究与论证、大量的水池试验验证，提出了科学的提升水滴线型的稳性及其操纵性技术方案，为水滴线型艇型的研制提供技术保障。

第三朵金花：大直径、高强度艇体结构——极限下潜深度的保证

无论是攻击型核潜艇还是弹道导弹核潜艇，由于其技术特点及战术性能要求，不仅其舱室数量多于常规潜艇，而且某些舱室的体积也比常规潜艇要大，因此核潜艇的直径及排水量就比常规潜艇要大，如果再追求大潜深，那么艇体结构强度就要远远高出常规潜艇了。黄旭华等设计师对此有着深刻的认识，明白艇体结构设计对于水下核潜艇安全的重要意义，稍有疏忽，将会导致灭顶之灾。故此，将这个问题列为重点攻关项目也就顺理成章。在这个问题的处理上，黄旭华、尤子平、钱凌白、宋学斌、赵建华等设计师是成功的，无论是攻击型核潜艇、还是弹道导弹核潜艇的研制，都顺利通过了极限深度的下潜试验的检验。

第四朵金花：远程水声系统——先敌发现的利器

核潜艇、尤其是攻击型核潜艇，先敌发现是攻击的基本要求，因此必须有一副好耳朵。这副耳朵对于核潜艇来说就是被动声呐，通过远距离噪音测向，搜索与跟踪本艇周遭的噪声目标，并测出方位，同时将目标数据传送至武器系统实施跟踪或者攻击。

没有先进水声系统的核潜艇就是瞎子，黄旭华从一开始就重视水声系统的研究。据宋学斌总师回忆，1965年底，黄旭华带领他和苏绍宗等四位同志参加在武汉洪山宾馆召开的全国第一次水声会议，同来自全国声学所、院校的专家一百多人共同论证"091"首艇水声配套方案和布置方案。在会议上，黄旭华不仅嘱咐宋学斌等人尽可能听取其他专家的意见，晚上还和他们一起研究方案、比较优劣、综合评估。

第五朵金花：（鱼雷）武器系统——核潜艇的战斗力

鱼雷（包括"091"后续型号的战略导弹、巡航导弹）及其发射系统是攻击型核潜艇、导弹核潜艇的战斗部，是核潜艇执行军事任务、体现战略与战术威慑的具体形式。这一部分主要由配套单位来完成，黄旭华等719所设计人员主要考虑武器及发射控制系统的布置及攻击时核潜艇的战斗姿态控制。

第六朵金花：综合空调系统——艇员生命生存保障

必要时，核潜艇需要在大潜深保持长时间潜航，因此对艇内的空调系统要求较高，这也是艇员生命保障及生存质量的必备条件。核潜艇综合空调系统包括氧气制备装置、二氧化碳吸收清除装置、有害气体转换装置、颗粒物净化过滤器、空气成分监测报警仪和大功率艇用制冷机组等主要设备仪器，核心装置还必须有备份系统，综合空调系统尽可能为艇员营造舒适的生活、生存及战斗值班环境。

第七朵金花：惯性导航系统——水下精确定位的保证

核潜艇不像水面舰艇，其在大潜深时的航行对导航定位的要求非常高，常规导航系统及设备无法满足其需要，唯一可以深度定位、安全隐蔽航行的就是惯性导航系统。惯性导航系统依靠自身的惯性元件进行导航，工作系统完全独立，能够给核潜艇提供良好的隐蔽性。经过707所等相关配套单位的多年技术攻关，我国的核潜艇终于在下水不久装上自主研制的惯性导航系统。

通过对黄旭华、钱凌白、宋学斌等当年参与过1966年1月719所技术"鸣放"大辩论亲历者的访谈，同时查询其他相关资料发现，对"七朵金花"的描述存在一些差异，如宋学斌所回顾的"七朵金花"则包括核潜艇的通信系统，而其他系统的概念也不完全一致。而今天对"七朵金花"的概括也都包含有后期不断完善的成分。换言之，笔者在此所描述的"七朵金花"不仅仅是1966年1月"鸣放"大辩论的结论，而是融汇了一部分后期技术逐步成熟的结论。从今天看，这"七朵金花"其实是当年我国研制核潜艇所涉及的七大关键技术或者系统。

从1966年初开始，719所对核潜艇总体及其结构系统进行了充分深入的研究，"鸣放"大辩论之后，更是明确了"091"首艇研制的重点与难点，对七大核心问题开展集体攻关。黄旭华及宋学斌认为，1966年719所技术"鸣放"确定的"七朵金花"，不仅仅是"091"首艇需要攻关的关键问题，也是"091"首艇后续型号乃至"092"、"093"、"094"研制的核心技术系统，这些技术系统本身也处在不断创新及升级之中。当然，在我国后续更高水平的核潜艇研制之中，又增加了远距离通信系统及自动舵等更为复杂先进的技术系统。

1987年，黄旭华在与祖慰先生的交流中，充分肯定了当年"七朵金花"的绽放及其历史地位。他认为，"七朵金花"首先体现了学术自由，激发了每一位设计师的聪明才智。719所开展技术"鸣放"活动，没有先决条件，不设学术禁锢，提倡"创作自由"，允许学术争鸣。其次，通过"鸣放"而集思广益，核潜艇需要解决的核心问题不仅愈来愈明确，而且都提出了相应的技术建议。最后，从今天的学术思想来看，"七朵金花"作为一代核潜艇人的思想结晶，符合系统工程的理论，为我国核潜艇的研制贡献了技术成果与思维方法①。

忍辱负重抓设计

1966 年年底，经聂荣臻元帅拍板及中央专委批准的"091"首艇总体设计方案及初步设计基本完成，按照设计工作流程马上即可进入总体第二阶段的技术设计工作。然而，就在核潜艇工程好不容易恢复上马并处在关键攻关的时刻，国内政治风云突变，"文化大革命"在冲击国家各项工作的同时，也很快波及核潜艇工程。

据黄旭华、钱凌白等人回忆，1967 年初，"文化大革命"掀起的风潮剧烈地冲击着 719 所，所内部分造反群众开始组织夺权，首当其冲的受害者就是所长夏桐。黄旭华说，夏桐毕业于苏联海军捷尔任斯基高级工程学院，品德高尚、和蔼可亲、从善如流，但一生经历坎坷。他给林彪当过秘书，但"文化大革命"中林彪大红大紫时，他没有趋炎附势，没有谋一官半职，反而在"文化大革命"一开始，就因为在苏联留学和与苏联专家一起工作过的经历而被打成"苏修特务"，关进"牛棚"。

黄旭华对夏桐非常尊敬，对他的坎坷际遇表示由衷的不解和同情。在与采集小组的多次访谈中，黄旭华常提到夏桐对核潜艇研制的高度热情及负责的精神。夏桐虽然是所长，但是对核潜艇的研制事必躬亲，经常和研制设计人员一起讨论各种技术问题，鼓励技术人员放开手脚、大胆创新。黄旭华非常感激夏桐对他的工作的支持和鼓励，每每在他工作遇到困难

---

① 水冰：核潜艇的"七朵金花"。《舰船知识》，2011 年第 4 期，第 30 页。

时，夏桐总是一方面尽力给他排忧解难，另一方面对他给予全力的支持。

夏桐关进"牛棚"之后，灾难并没有停止，随即尤子平等其他所领导也都被迫靠边站了，钱凌白等一大批技术人员也被重点批判，719所的核潜艇研制工作受到极大的冲击，研究工作步履蹒跚。在这种情况下，黄旭华作为最初没有受到太大冲击的所领导，带领部分幸运未受到批判的技术人员仍然坚持核潜艇的设计工作。

然而，好景不长。1966年年底的一天，黄旭华出席在北京召开的核潜艇工程协调会，会议正在进行中，719所的革命造反派竟然赶到北京冲进会场，当场把黄旭华扣押起来，并立刻押回了葫芦岛。在葫芦岛，黄旭华多次受到批判，并让他交代反革命罪行，在没有得逞后，就宣判让他去养猪，接受革命改造。即便如此，黄旭华依然白天养猪、修猪圈，晚上又和同事们一起研究问题，坚持设计。

虽然黄旭华在养猪、在接受批判，但是核潜艇的研制却离不开他。不久以后，他又去四川参加核潜艇研制协调会，与陆上模式堆的核动力研制人员一起讨论堆与艇之间的布置及相关技术问题，可没等会议结束，719所的造反派又赶到四川，再次将他带回葫芦岛接受调查。

黄旭华对待调查总是既态度端正，但又不卑不亢，据理力争，因而造反派每每无果而返。可是，造反派们并没有就此罢休，依旧三番五次在各种公开场合批判黄旭华。祖慰在他的文章中记录了黄旭华在接受军管小组审查时的一段对话。

军代表："你说你不是打进交大地下党的特务，这可能吗？你家是工商业兼地主，怎么会提着脑袋去干地下党，你这不是冒死把矛头指向你自己家吗？天下哪有这种怪事！"

他："中央领导人中，有不少出身于地主资本家的，他们为什么会背叛家庭闹革命？！"

军代表："你——你竟敢和中央领导相比，罪该万死！中央领导是什么人？你是什么人？"

他："都是人，都是共产党人！"

军代表:"你说你不是特务,那你交代出每次上街游行右面是谁?左面是谁?"

他:"你能记得二十几年前你在上学时每次出操左面是谁和右面是谁吗?"

军代表:"你——你这个特务!只配吃两颗花生米(即子弹——作者注)!"①

采集小组就此对话与黄旭华及 719 所其他当事人进行过求证,他们对这件事都进行了证实,但是认为审问者不是军代表,而是 1967 年进驻 719 所军管小组中一个连长职务的人,据信有一段时间黄旭华被军管小组拘禁过。在 719 所翻译订正的《中国建造核潜艇》一书中,对此问题进行过更正和说明②。

黄旭华告诉我们,他当时虽然在遭受批判,但是造反派及后来的军管小组部分同志对他还是比较客气,有时还网开一面。有的人甚至提前给黄旭华通风报信,告诉他:"明天又要批斗你,你有个思想准备,不要紧张,你是什么样子就什么样子。"有的造反派也跑到猪圈里给他出主意。黄旭华告诉我们,现在这些人员都退休了,很多人还健在,其实他们是被那时的政治气候蒙蔽了,也是好人,不能说他们的名字。

黄旭华当时虽然也在被批判,但还是可以坚持部分研制工作,出于一种高度的责任感和使命感,他忍辱负重,边接受批斗,边主持着"091"首艇的技术设计、施工设计及其他专题研究工作。在"091"首艇的稳性设计及重量控制出现问题时,当时的革委会主任算是知道这事事关重大,只好跑到猪圈告知他。于是,他只好在猪圈、设计室和建造厂之间来回跑,就这样指导着"091"首艇的技术设计工作,没有让核潜艇的研制工作停顿下来。

在《报告文学》所刊《核潜元勋陈右铭》一文中,有一段回顾黄旭华差点再一次被抓回葫芦岛的描述。

---

① 祖慰:赫赫而无名的人生。《文汇月刊》,1987 年第 6 期,第 5 页。

② 约翰·威尔逊·刘易斯:《中国建造核潜艇》。中船重工集团公司七一九研究所,2010 年,第 64、66 页,内部资料。

核潜艇总体所的所长和一名副总工程师先后靠边站了，设计任务主要就靠副总工程师黄旭华来完成了。

但是黄旭华的日子也不大好过。40年代末，他在上海交大读书时，从事过地下党领导的对敌斗争，造反派说他是打进革命队伍的特务，要斗他。当时黄旭华正在北京京西宾馆参加核潜艇方案审查和技术协调会议，造反派赶到北京，要把他揪回去批斗。如果把黄旭华再抓起来，总体设计就没人搞了，核潜艇工程也就完了。

造反派来北京抓黄旭华的时候，他们正在开会。陈右铭事先已经派了人在门口守着，特别交代：未经批准，任何人不准进来。这是绝密的会议。

造反派在外面闹起来，陈右铭就出来了。

陈右铭一看，领头的是海军某部一个老干部的女婿。陈右铭和他岳父很熟。他平时见了陈右铭叫陈叔叔。

陈右铭生气地问他："你来干什么？"

陈右铭顿时火冒三丈，骂道："你小子诚心叫我垮台呀！还叫黄旭华交代问题，你们那里几个领导全都去交代问题了，再叫他交代问题，你来设计核潜艇？你如果要把黄旭华靠边站了，核潜艇设计不出来，出了事故，你当心坐监狱！"

他大概没想到陈右铭会发这么大的火，他一时有点不知所措。

陈右铭是熟人，又是长辈，他也不好意思过分反对，就同他一起来的人走了。

后来陈右铭到总体所去了，对军管会主任说："09是毛主席批准、总理亲自抓的，现在，关键设计在这个地方。这里的工作人员，没有经过研究，没有正式的材料，没有告诉我，就让他们靠边了，你们要负责的！"

从此以后，黄旭华再没有受到造反派的冲击。[1]

---

[1] 李忠效：核潜元勋陈右铭。《报告文学》，2002年第5期，第16页。

在陈右铭等领导的关怀下，黄旭华的工作虽然没有再受到太大的冲击，但是由于工作持续严重混乱，核潜艇的研制工作进展缓慢。直到 1967 年 8 月 30 日中央军委的《特别公函》颁发后，核潜艇研制及黄旭华的工作才真正走上正轨。

模　型　情　结

走进黄旭华院士的办公室或者他的家中，首先进入眼帘的必定是核潜艇模型。黄旭华院士在与我们采集小组成员回顾核潜艇研制及其他的人生历程中，多次谈及核潜艇模型。模型，在核潜艇研制的历程中，起到了无可替代的作用。

1965 年，核潜艇工程再次上马，黄旭华、尤子平两位副总工程师带领 719 所的设计师们很快就完成了"091"首艇的总体方案设计与技术论证工作。可是，当时资料奇缺，尽管有过两张核潜艇的照片，但是不仅模糊，而且是核潜艇在水面上航行的样子，看不出任何端倪。虽然黄旭华等人坚信他们的方案是正确的，但是核潜艇到底是什么样子他们心中到底还是没底，他们心想，要是有一个核潜艇的模型多好啊，至少能让他们能验证一下核潜艇的模样。

真可谓上苍不负有心人。没多久，他们的梦想竟然真的变成了现实。他们不仅得到了核潜艇模型，而且一下子就是一大一小两个。黄旭华说，那两个模型搁在今天依然算是比较精致的。当然，它们仅仅是个玩具而已。

采集小组经过多方努力，终于找到了相应的资料，弄清了这两个核潜艇玩具模型的来路。

20 世纪 60 年代初，我国一对外交官夫妇在回国去机场的途中，在一家超级商场购物，偶然发现一对美国夫妻和他们的孩子们围在一个铁灰色的金属潜艇玩具旁边，这位外交官顿时产生了兴趣，一问才知道是核潜艇玩具模型。外交官当然知道核潜艇是当时高科技武器，就决定买一个带回来给自己的宝宝玩。这一举动，无意中给我们的核潜艇的研制带来了巨大的福音①。

外交官回国后，大约是这个玩具模型太稀罕了，不知怎么就传到了了解核潜艇研制工程的有关人士耳朵里。于是有关方面就动员外交官将核潜艇玩具模型赠送给了719所。可惜的是，它最终没能成为宝宝的玩具，倒成了719所一帮大人手中、心中的"宝宝"。

无独有偶，喜来双至。大约同一时期，六机部组织的一个外事代表团在香港中转时，偶然在一家商店里看到了一个核潜艇模型。六机部当时有人知道我国正在研制核潜艇，因此当机立断就把这个模型买了回来，并转交给了719所②。

夏桐拿到这两个玩具模型时如获至宝、心花怒放，他反复端详，搞了这么久的核潜艇研制，这还是第一次见到核潜艇。模型到了黄旭华等人手里，黄旭华等设计人员研究之后更是喜出望外、心花怒放。据黄旭华说，这是美国当时建造的世界上第一艘弹道导弹核潜艇"乔治·华盛顿"号的高级模型，是黄旭华他们希望的水滴线型艇型。两个玩具模型一模一样，大小不同，全用铁皮制作，通体咖啡色和铁灰色相间。大的模型相对更高级，火箭发射筒和各舱室可装可卸，而小的则是整体不可拆卸的。黄旭华他们立刻将大玩具模型大卸八块，测量、记录、绘图，反复拆装，比照他们的设计反复讨论研究。黄旭华告诉我们，这个核潜艇模型还是比较真实的，客观上对他们的设计起到了很好的借鉴和验证的作用。通过对这个模型的研究，他们的心里更加踏实，认为他们对核潜艇的认识及关于"091"首艇的设计思路是正确的。

黄旭华还说，719所后来将大的导弹核潜艇模型送到上海的一个模型厂，希望他们按照比例放大。做一个更大的模型。可是由于当时正处在"文化大革命"的乱局中，两个单位都受到了极大的冲击，最终这个模型

---

① 我国核潜艇研制始末——美国模拟玩具泄露天机。《科学大观园》，2009年第15期，第42页。刘炜：从玩具到核潜艇——中国核潜艇总设计师黄旭华的故事。《孩子天地》，2002年第12期，第4页。

② 李忠效：核潜元勋陈右铭。《报告文学》，2002年第5期，第11页。

就此丢失了，而那个小的在混乱中也不知所踪。

在现有的文献中，关于核潜艇模型的说法比较混乱。关于模型来源的说法倒都是两种，即六机部代表团购于香港说和外交官夫妇购于美国超市说。由于不明真相，相关文献就打架了。可能分别采信于一方当事人，故此有的认为前者对，有的认为后者是真实的，到底哪种来源的玩具模型是大的、可拆卸的也完全混乱了。甚或有人认为这两种来源的模型其实就是一个，时间久了以讹传讹，就成了两个说法。采集小组经多方查证、考据，并多次访谈黄旭华、钱凌白、宋学斌等当事人，明确是一大一小两个模型，一个来自美国、一个来自香港。因此，两种说法都是正确的，是两个来源不同的同一型号的弹道导弹核潜艇玩具模型。

虽然来源之说今天已经无可更准确地考证，但是两个核潜艇玩具模型是实实在在的，对于核潜艇的研制还是起到了相当重要的作用，黄旭华在谈到这两个失踪的玩具时，总是唏嘘遗憾不已。

建立模型、进而通过对模型及其运动特征的研究，来揭示研究对象及其运动属性、特点、变化规律是科学研究的基本方法之一。正确的研究方法是产生科学的研究成果及结论的方法论保证。黄旭华院士在核潜艇研制及核心技术攻关过程中就非常注意科学的研究方法的选择与运用，建模及模型研究方法是他在"09"工程中运用得比较成功的方法。

1958年，核潜艇工程批准后，总体组在张景诚的领导下仅用了3个月就设计了3个常规型和2个水滴线型核潜艇总体方案，1959年至1961年黄旭华就带领钱凌白等人在上海交通大学及708所的小试验水池中，通过简单的船舶模型以潜水拖曳的方式模拟潜艇的航行，以此测试潜艇的水动力性能，为当时的设计提供直接的试验数据。

1965年，核潜艇工程恢复上马，在"091"首艇总体方案及初步设计时立刻面临着普通线型与水滴线型艇型之选时，黄旭华再一次运用模型研究的方法来验证水滴线型核潜艇在大潜深时的水动力性能，一方面增强水滴线型的说服力，另一方面也为后续的设计提供准确的试验数据。

1966年开始，黄旭华组织人力对水滴线型做了一系列的验证性试验。开始，他们制作蜡模型进行试验，但是发现蜡模型始终无法解决气泡问题，试验没有取得成功。随后，他们利用木材，按照核潜艇的实际长度等比缩小，以 1：25 的比例制作了木材模型进行试验，囿于木材的特性及其比重的差异，他们仅仅取得了一些定性的结果。最后，黄旭华让配套单位做了一个 25 米长的水滴线型试验（模型）艇，这个模型只能容纳驾驶员一个人，由于当时缺乏相应的测试仪器设备，只能让一位叫韩文远的海军常规潜艇艇长驾驶该试验模型艇在海里潜航，通过人体的驾驶感受来定性验证水滴线型的特点。韩文远驾驶这个水滴线型模型潜艇在海里反复航行试验，上来后对黄旭华竖起了大拇指，告诉黄旭华水滴线型艇型在水下有着良好的操纵性和高速性，这个真实的驾驶试验虽然没有仪器设备的精确测量，但驾驶员的亲身体会足以坚定黄旭华对水滴线型的信心。就这样，通过一系列的试验，黄旭华充分验证了水滴线型作为核潜艇艇型的合理性，同时为后续的技术设计提供了丰富准确的试验数据。

通过参考模型、模型制作与验证、模型试验，黄旭华已经认识到对于研制核潜艇这一集核电站与武器发射系统的海底城市而言，模型的重要性已经远远超出了其他的研究方法。

1966 年底至 1967 年初，"091" 首艇建造在即，如此庞大的核潜艇艇体，如此繁多的各类设备，虽然设计已经经过反复的审核，可是大量的设备在艇内安装后的实际情况到底如何，怎样安装施工、怎样生活及战斗值班、怎样维修保养都是未知数。为了保证核潜艇建造、设备安装、维修保养、艇员战斗值班及生活的合理性，经黄旭华等人提议，宋文荣所长决定在比邻 719 所的核潜艇制造厂建造一个与核潜艇实际大小相当的 1：1 核潜艇实体模型，以此来验证和指导核潜艇

图 6-2　黄旭华和模型的不解之缘（摄于 1998 年 9 月 17 日。资料来源：黄旭华提供）

的总体布置及施工设计。

这个 1:1 模型的建造由刚刚担任 719 所总体组组长的宋学斌具体负责，719 所、核潜艇总体建造厂及核动力研究所三家密切配合，联合设计。全艇中包括核动力堆在内的大小数以万计的机电设备、仪器仪表及管道电缆等由北京、锦州、旅大等地的模型加工厂按照图纸的尺寸规格和基本样式进行加工。据宋学斌回忆，在模型的设计与组装中，黄旭华和尤子平两位副总提出了许多指导和建议，常常亲临核潜艇总体建造厂模型现场协调矛盾、指导设计与施工。经过两年多的努力，一个耗资 300 万元、以木材为主体、结合廉价的硬纸板、塑料管、金属皮制成的全尺寸"木核潜艇"诞生了。这个 1:1"木核潜艇"相当逼真，不仅有木质的外壳，内部还按照核潜艇的实际舱室布置了几乎所有的设备仪器模型，内部"电缆、管道"纵横交错[1]。

黄旭华回忆说，这个全尺寸模型对他们的帮助很大。以前只能在图纸上凭借想象进行设计分配，可实际上装在核潜艇舱室中会怎样心里其实并没有底。有了现实的舱室及设备"积木"，就可以模拟真实的安装，反复腾挪这些"积木"，寻找每一台设备的最佳位置、探索舱内使用空间的最大化、调整出各种管道电缆的最佳布置穿越位置。设计人员、施工人员及军代表在现场切配合与协商，现场设计、模拟安装、模拟操作、模拟保养与维修，发现并解决了大量诸如总体布置、设备安装与维修、航行操作及战斗值班等方面的问题，进一步完善了设计，确定了舱室布置、设备安装、管线走向、耐压艇壳上 1000 多个开孔及"马脚"[2] 的准确位置，并借此协调与兼顾了设计、制造、海军使用等方面的诉求。

最后，在核潜艇模型所有舱室布置、设备安装、管线走向、开孔位置全部调整稳定后，以此来绘制全套的施工图。通过制造、安装这个全尺寸"木核潜艇"，检验和完善了设计，为"091"首艇的制造提供了样板及参考，确保了核潜艇总体施工设计和建造安装一次成功。也就在这个"积木"游戏的后期，"091"首艇的建造紧锣密鼓的启动了。

---

①　宋学斌访谈，2014 年 4 月 24 日，武汉。资料存于采集工程数据库。
②　"马脚"：当时的工程设计施工俗语。黄旭华解释为管道、电缆的固定和紧固器件。

黄旭华、宋学斌等人高度评价了这个 1∶1 模型在核潜艇首艇建造设计中的作用。他们认为当时如果没有这个模型的帮助，"091"首艇的建造肯定会经受更多的反复和波折，也不可能在 1970 年如期下水。

稳性设计与施工保障

1967 年初，"091"首艇进入技术设计阶段，需要具体确定核潜艇的各项性能、布置、艇体结构、各系统组成和技术指标、设备选型设计等问题。在这个阶段，黄旭华最为关心的就是核潜艇的稳性设计，并一直将如何保障核潜艇的稳性贯穿至"091"首艇的建造施工之中。

在交通大学学习期间，辛一心老师首次给他们讲授船体结构与建造课程时，给他们讲了一个这样故事：美国麻省理工学院造船专业的学生毕业时，校方给每一个人赠送一枚戒指，戒指上面刻着一个公式 I/V。I 就是 Inertia，意即惯性，Moment Of Inertia 是惯性力矩，V 指的是体积。这枚刻有 I/V 字样的戒指就是告诫学生们设计船舶的第一要务就是要保证船的稳性。在"091"首艇技术设计中，黄旭华就把这个故事说给宋学斌、钱凌白等主要设计人员听，让他们认真搞好"091"首艇的稳性设计，确保"不翻、不沉、开得动"。

黄旭华告诉我们访谈人员，他在提出对稳性的设计要保证"不翻、不沉、开得动"的要求时，有人讥讽他说"什么总设计师！谁不知道船不能翻、不能沉、开得动啊！"黄旭华告诉我们，这个要求虽然通俗好说，做到可不容易。尤其是对于攻击型核潜艇，既要在水面活动，还要在大潜深高速航行，依据当时我国的船舶设计制造水平，要保证核潜艇在各种海况下"不翻、不沉、开得动"还真不是一件容易的事。

黄旭华回顾说，他在上海船舶工业管理局工作时，就见证过我国一家大型国营造船厂制造的一艘炮艇因为设计时存在缺陷、施工时又没有把握好，结果下水就倾覆了，人员全扣在里面。我国当时的船舶设计水平低、制造能力更差，要保证如此大吨位的攻击型核潜艇的稳性在当时可是一项重大的技术难关。

黄旭华接着告诉我们，在对"091"首艇稳性进行设计时，遇到的实际困难很快印证了他的担忧。无论是在设计时、还是在"091"首艇的施工中，如何保证核潜艇的重心和稳性都遇到了巨大的挑战。

在与黄旭华、张金麟、宋学斌、钱凌白等设计师的访谈后，我们总结出当时核潜艇的稳性设计与施工必须要解决三个密切相关的核心问题，一是核潜艇的重心位置，二是核潜艇的艇体平衡，三是全艇的重量与浮容积。

在"091"首艇的稳性设计上，黄旭华提出稳性指标控制在 0.5 比较合适。稳性指标数值再小（小于 0.5）稳性就差，危险性就高了；稳性指标数值再大（大于 0.5），稳性固然更好，但是设计施工难度就很大。钱凌白认为，黄旭华提出的稳性值 0.5 比较实事求是，符合当时我国的设计及制造水平，是科学客观的。宋学斌告诉我们我国几代核潜艇的稳性都非常好，这与黄旭华最初在"091"首艇设计时提出的稳性设计思想有着直接的关系[1][2]。

核潜艇的动力装置核反应堆有很强的辐射，必须要有可靠的放射性屏蔽防护措施。当时是采用两次屏蔽，一次屏蔽在反应堆里，二次屏蔽设置在反应堆舱隔壁走廊上，保证其他舱室和人员免遭辐射的伤害。当时美国和苏联的核潜艇都是采用上部平台的设计，就是在反应堆上面布置通道。"091"首艇二次屏蔽设计时，黄旭华等也准备采用上部平台设计方案，结果发现，由于"091"首艇的排水量比美国和苏联的核潜艇小，采用上部平台设计方案出现两个问题，一是艇的重心太高、稳性很差，二是屏蔽重量过大，从而挤压设计余量，很容易造成整艇的超重。

黄旭华、许君烈、钱凌白等人经过多次研究与探讨之后，提出了一个大胆的设计创新，就是在核潜艇的舷侧设置走廊。但是，这个方案有一个弊端，由于一侧是走廊通道，另一侧是反应堆，就出现了左右不平衡的问题。黄旭华解决这个问题的措施是在潜艇底部走廊一侧加压铁，这样既能

---

① 钱凌白访谈，2014 年 3 月 14 日，武汉。资料存采集工程数据库。

② 宋学斌访谈，2014 年 4 月 24 日，武汉。存地同①。

保证平衡，同时又能进一步降低重心。最终，这个舷侧走廊设置方案使艇的重心降低 0.2 米，减少垂向力矩 800 吨米，减少屏蔽重量 60 多吨，而艇的水下稳性指标提高 0.2[①②]。

核潜艇设计制造是一个系统工程，在当时完全没有任何经验可循，上级又要求 1970 年首制核潜艇必须下水，在施工设计时核潜艇的舱室结构、技术系统与配套的主要设备都是在同时研制，加上"文化大革命"的影响，各种设备的浮容积及重量很难控制，出现了全艇总重量迅速增大，比设计时增重了 184 吨，设计中预留的储备排水量接近用光，艇面临着超重和无法平衡下潜的危险。同时设备体积和重量增加后，又出现了重心难以计算的问题 [③④]。

黄旭华说，要彻底解决好这个问题，必须依靠钱凌白、许君烈。"091"首艇的总体方案和初步设计是钱凌白主持完成的，他也是这方面的权威专家。可是，当时钱凌白还处在军宣队的隔离审查中。719 所时任所长宋文荣亲自做军宣队的工作，军宣队鉴于一年来查无实据，同时亦惧于"09"工程的重要性，只好解放钱凌白。同时宋文荣、黄旭华又做钱凌白的思想工作，要求他放下思想包袱，承担对"091"首艇的设计优化及重量控制工作。钱凌白尽管是革命后代，自小参加新四军，但受此不公正的隔离审查还是有一些思想情绪的。然而，为了国家的安危、也为了自己钟爱的事业，他还是毅然接受了组织上安排的任务。

经过黄旭华、尤子平、钱凌白等人的反复研究，综合其他领导及设计师的意见，719 所采取了三项建议及措施来控制艇的总重及稳性。

首先，总体室优化设计。据钱凌白、宋学斌等人回忆，在黄旭华、尤子平两位副总的指导下，许君烈、钱凌白带领杨惠明、钱季宰、周琴芳等人对核潜艇结构重量重新进行了设计优化。当时的优化成果主要有：艉部稳定翼壳板取消加厚，减轻重量约 20 吨；依据放射性剂量标准，将二

---

① 黄旭华访谈——天降大任，2014 年 7 月 17 日，武汉。资料存于采集工程数据库。

② 钱凌白访谈，2014 年 3 月 14 日，武汉。存地同①。

③ 宋学斌访谈，2014 年 4 月 24 日，武汉。存地同①。

④ 钱凌白：《回忆录》。2013 年 1 月，未刊稿。存地同①。

次屏蔽适当减薄，减轻重量 39 吨；降低上层建筑及指挥台围壳结构强度，减轻重量 5 吨多。通过设计优化，全艇的总重量降低了数十吨，提高了设计余量，增强了稳性①。

在优化设计、降低重量的同时，黄旭华、尤子平又指示许君烈、宋学斌、李福详对核潜艇的主要设备的重量、重心、浮容积进行严格的计算，为后期的设备配套及安装提供技术依据。同时，许君烈、钱凌白、杨惠民 3 位设计师跑遍了全国，进行了一次质量万里行般的配套设备摸底和复查，以利于在设备验收和安装时进行控制②。

其次，为了控制配套设备浮容积及重量，有人提出责任制的建议，黄旭华经与所领导商量后采纳了这个合理化建议。全艇八个舱室，每个舱室任命一个舱室长，舱室长对本舱室的所有设备的重心及重量进行控制，并保证本舱室的重心符合设计要求。黄旭华指示每个负责设计具体设备的工程师要到指定的设备制造工厂去，参与该设备的设计与制造，精确测量出该设备的重量和重心。通过这种措施，有效的控制了舱室设备重量的无序增长③。

第三，在施工设计和设备安装时，采用最古老、但又最管用的方法，斤斤计较。用磅秤对每一台设备、每一条管道、每一条电缆逐一称重并登记。采用这种方法他们首先借助于 1∶1 全尺寸木质核潜艇模型，模拟设备浮容积、重心的计算及设备的称重，从而确保施工设计的准确性及实艇设备安装的顺利进行。在首制核潜艇的实艇设备安装中，每一台设备安装到艇上之前，称重备案，安装时切下的边角废料、管道电缆也要过称，并从总重量中扣除④。

---

① 钱凌白访谈，2014 年 3 月 14 日，武汉。资料存于采集工程数据库。钱凌白：《回忆录》。2013 年 1 月，未刊稿。资料存于采集工程数据库。

② 张金麟院士访谈，2014 年 3 月 11 日，武汉。存地同①。宋学斌访谈，2014 年 4 月 24 日，武汉。存地同①。

③ 黄旭华访谈——天降大任，2014 年 7 月 17 日，武汉。存地同宋学斌访谈，2014 年 4 月 24 日，武汉。存地同①。约翰·威尔逊·刘易斯：《中国建造核潜艇》。中船重工集团公司七一九研究所，2010 年，第 71 页，内部资料。

④ 钱凌白访谈，2014 年 3 月 14 日，武汉。资料存于采集工程数据库。杨连新：《见证中国核潜艇》。北京：海军出版社，2013 年，第 91 页。

黄旭华、尤子平等设计师们通过完善设计、加强管理、准确称重的方法，有效的控制了首制核潜艇的重量和稳性，也使核潜艇总体结构设计及设备布置达到了较高的水平。

第一艘核潜艇下水

1958 年核潜艇工程获得批准，1962 年核潜艇总体初步设计方案和核潜艇核动力装置初步设计草案两大核心部分就已完成。1965 年核潜艇工程恢复上马后，核潜艇总体方案论证及核动力装置的论证设计再次启动。刚成立的 719 所副总工程师黄旭华带领北京工作组迅速完成了反潜鱼雷核潜艇总体方案的设计工作。1965 年"825"会议审查批准了该设计方案。719 所经过技术"鸣放"大辩论后，明确了核潜艇研制设计所需要攻克的七大技术难关（即"七朵金花"），1966 年 12 月 7 日，聂荣臻在其主持的各部门负责人会议上，明确"091"首艇采用水滴线型初步设计方案，中央专委随即予以批复，并要求"091"首艇在 1970 年下水。

按照 1970 年下水的计划要求，彭士禄、赵仁恺所主持的核动力装置陆上模式堆抓紧进行设计，黄旭华、尤子平则带领 719 所的设计师们开始了第一艘核潜艇的技术设计，同时为了验证设计的合理性及保证后续的施工设计的顺利进行，联合核动力研究所及核潜艇总体建造厂实施 1∶1 全尺寸核潜艇木质模型的设计与施工。1967 年 5 月，中央军委批准了国防科委上报的第一艘核潜艇战术技术任务书，指导"091"首艇的技术设计。中央专委也在同期发出指示，要求所有机关和部门，优先保证核潜艇研制的经费、物资器材及各种协作任务。核潜艇的研制按照正常的流程有序的推进着。

但是，这种有序的状态很快就被"文化大革命"冲击得七零八落。据黄旭华回忆，719 所当时受到了很大的冲击，所领导、设计人员不同程度的受到审查、批判和劳动改造，设计研制工作陷入停滞。719 所之外，比邻的核潜艇总体建造厂，全国近千家与核潜艇配套和参与核潜艇研制的厂、所、院、校大多呈现混乱状态，武斗、停工多有发生，核潜艇研制的各项任务无法落实、协作中断，图纸、技术文件没人敢审查签字，核潜艇的零部件及设备器材质量无人负责检验。整个"09"工程危机四伏，濒于崩溃。

面对如此困境，有关部门虽然召开多次高级别的协调会，但形势毫无转变。时任国防科委"09"工程办公室负责人陈右铭忧心忡忡，情急之下竟然效仿原子弹、氢弹试验时中央军委所下发的《通知》的做法，代为中央军委起草一份《特别公函》，并经时任国防科委副主任刘华清呈报给聂荣臻元帅，聂帅无惧"二月逆流"的胁迫，甘冒风险，于上报的当天、即1967年8月30日庄重的以中央军委的名义签发了这份《特别公函》。

黄旭华说，《特别公函》不仅挽救了"09"工程，也挽救了一大批参与"09"工程的干部和技术人员。在《特别公函》这把尚方宝剑的护卫下，核潜艇研制工作逐渐恢复，虽然不能完全排除干扰，但至少涉及核潜艇研制的主要任务基本可以得到执行，大批的技术人员和配套厂的工人能够在依然混乱的局面中坚持工作，保障核潜艇研制的顺利进行。

黄旭华回顾说，《特别公函》下发后，719所绝大部分设计人员在1967年9月恢复了工作，核潜艇技术设计及1∶1全尺寸核潜艇木质模型的设计与施工同步推进。1968年1月，核动力研究所负责的核潜艇陆上模式反应堆正式开工建设，1968年4月初，719所黄旭华、尤子平领衔的核潜艇技术设计完成，"09"办公室主任陈右铭随即主持会议对核潜艇总体技术设计进行审查，对设计结果表示认可。技术设计完善后，"091"首艇于1968年5月在核潜艇总体建造厂开始放样，核潜艇建造拉开大幕。

与此同时，"091"首艇的设计转入施工设计阶段。在1∶1全尺寸核潜艇木质模型的帮助下，为了加快进度，黄旭华组织719所全体技术人员组织了两次施工图大会战，突击完成700余份施工图纸和资料。1968年11月23日，"091"首艇开始下料，中国第一艘核潜艇正式开工建设。

"091"首艇开始建造后，黄旭华、尤子平指示719所相关设计人员进驻核潜艇总体建造厂，密切配合、协同施工、同步完善设计，前后共完成施工图纸及其他技术文件近万份，有力的支持了核潜艇的施工进度和建造质量。

1970 年 12 月 26 日，这一天正值毛泽东主席 77 岁生日，我国的第一艘鱼雷攻击型核潜艇下水了，这艘核潜艇也是"091"的首艇，舷号"401"。这是一个激动

图 6-3　下水前的"091"首艇——"401"艇（资料来源：黄旭华提供）

人心的时刻，黄旭华亲眼看到了这一凝结有他 13 年心血的伟大作品诞生。当天的情景今天依然历历在目，黄旭华大体述说了那一天的情形。

那天的天气非常好，头一天的寒风将天空打扫的干干净净，核潜艇庞大的钢铁之躯就像一头巨鲸横卧在瓦蓝的天空之下。从上往下看，毛泽东的画像高悬在潜艇指挥台正上方，画像下面横拉着"敬祝毛主席万寿无疆"的巨幅标语，它仿佛是在告诉毛泽东同志："核潜艇，一万年也要造出来"誓言经过核潜艇决策者、设计者及建造工人的共同努力终于变成了现实。指挥台围壳上表示舷号的三个巨大白色"401"数字分外醒目。艇首扎着一簇巨大的红花，象征着"八一"八面红旗在首水平舵上一字排开。一大批工人手中挥舞着毛主席语录的"红宝书"，不停地振臂高呼，场面蔚为壮观。

黄旭华告诉我们，核潜艇下水不同于常规潜艇的下水，它的下水程序是"起艇—前行—上浮箱—横移—起浮"。核潜艇在陆地上的大厂房里造好后，让其坐稳在几十台小车上，小车沿着铁轨缓慢滑动，把核潜艇从大厂房里慢慢运到船台，然后再从船台运到船坞的一个特大浮箱上，最后浮箱灌满了水沉下去，核潜艇浮在了水面。黄旭华说，那天核潜艇下水的整个过程非常漫长，最缓慢的时候 3 小时才挪动 100 米，其间还因为一段铁轨被压断紧急修复，到完全下水浮起时夜幕已经完全降临了。

黄旭华说，从 1958 年"09"工程开始启动，到第一艘核潜艇下水，其间 13 年历经了太多的曲折和风波，虽然经受的困难比享受的乐趣要多得

多，但他没有怨言，反而对核潜艇的感情愈来愈深。"091"首艇下水只是一个新的开始，接下来他又投身于"091"的改进与完善以及"092"的研制之中。

经过近四年的坚持与等待，黄旭华终于等来了希望。1965年的春天，他在于笑虹将军的授意下，组织人力起草了建议中央高层恢复核潜艇工程的报告。由于核潜艇工程恢复上马的条件已然成熟，一切水到渠成，核潜艇工程终于顺利恢复上马，黄旭华带领他的设计师们迅速开始了他们的工作。

核潜艇的研制设计对于黄旭华等设计师来说无疑是一个巨大挑战，它意味着他们必须完成一项既缺技术贮备，又无经验借鉴的跨越式研究。采集小组综合对核潜艇研制的多位访谈对象和大量史料的分析结果，认为包括黄旭华在内的年轻设计师们当时面临着没有经验、没有技术资料、缺乏辅助条件三大难题。

一没经验。绝大多数设计师都是刚从院校毕业的，不仅没有设计常规潜艇、甚至没有设计任何海军舰船的经验，最多是有过参与那么一两艘苏联常规潜艇仿制的经历。

二没技术资料。技术资料是科学研究、工程设计的重要条件基础，当时的技术资料不仅极度匮乏，而且鱼龙混杂、真假难辨，这给核潜艇研制设计带来了更多的技术分歧度、更难的设计可靠性、更复杂的试验验证和难以确定的配套设计。

三是缺乏辅助条件。核潜艇研制是一个系统工程，涉及的系统非常多，与核潜艇设计制造的相关辅助条件比较缺乏。当时我国在核潜艇研制设计方面的实验、试验条件还很差，许多实验、试验只能做定性的分析，定量研究无法实施，更多的实验和试验则无法进行。其他配套系统也很不足，许多设备仪器的设计、制造成为难题。

彭士禄、黄旭华、尤子平等设计师们采用了较为民主和科学的办法来化解这些困难。在水滴线型和常规线型的艇型的争论和选择上，科学的坚持与理性的妥协最终换来了水滴线型的胜出；高度民主的技术"鸣放"绽放了代表核潜艇研制七大关键技术的"七朵金花";充分利用模型,印证设计、验证技术、指导施工,保障了核潜艇总体设计的先进性及核潜艇制造的顺利;在稳性的设计与施工中,大胆创新、科学设计、土洋结合,实现了艇体重心和总重量的有效控制。

其实,对于黄旭华等设计师们来说,技术上的障碍、条件上的困难也许不是最难逾越的,最让他们痛楚的是政治上的审查甚或是灵魂上的折磨对核潜艇研制工作带来的阻碍。在核潜艇工程恢复上马之时,"文化大革命"也狂飙突起,各层决策者及设计师们接二连三的先后受到政治审查及停职改造,核潜艇研究、制造很快陷入混乱。即便如此,黄旭华等设计师们依然碧血丹心,带着政治上的枷锁在批斗之余仍然坚持设计工作。所幸,最终一纸《特别公函》挽救了核潜艇工程,使它避免了再一次下马的厄运,同时让黄旭华等设计师能偏安一隅,集中精力开展核潜艇的研制设计与技术攻关。

黄旭华等设计师的工作是卓越的,从 1965 年核潜艇恢复上马到 1970 年第一艘核潜艇顺利下水仅有短短的五年时间,这个速度丝毫不逊色于美苏核潜艇的研制进度。当然,黄旭华及同事们也是很清醒的,首制核潜艇下水只是一个新的开始,它仅仅是解决了一个有无的问题,随之而来的是首制核潜艇的完善及弹道导弹核潜艇的研究制造了。

从学术成长视阈看,首制核潜艇的下水,标志着黄旭华学术能力已臻成熟,具备组织重大技术攻关、取得关键技术突破的能力。

第七章
蛟龙入海

"091"首艇"401"顺利下水，预示着"09"工程开始进入收获季节。同时，黄旭华学术生涯也进入黄金时期，思想的火花不断迸发、创新的思维接踵而至，逐步达到他科学贡献的顶峰。在此过程中，黄旭华亲历了"091"的完善定型、交付使用、长航试验、极限深潜等重大过程，见证了"092"的技术攻关、建造下水、交付海军、导弹发射试验等关键环节，将我国第一代两种型号的核蛟龙送入大海，让浩瀚的海洋从此成为捍卫国家安全的蓝水长城。

"091"的定型服役

1970年12月26日，满载着全国人民厚望的"091"首艇"401"下水了，但是它距离交付海军使用、形成战斗能力还有很长一段路程要走。

黄旭华告诉我们，核潜艇下水后，首先得可以系泊、启堆、设备联调，完成系泊试验。系泊试验成功了，核潜艇才能开到海上，进行航行试验。航行试验首先完成核动力堆性能、核动力和应急动力的转换测试，接着进行操纵性、导航系统性能测试、水声系统测试、噪音震动性能测试、综合空调系统测试、反应堆及全艇辐射情况测试、武器系统测试等。这些测试如果发现问题必须寻找原因进行改造，只有这些测试全部通过才能交付海军训练使用。

黄旭华进一步告诉我们说，"401"下水后，719所的主要任务就是配合核潜艇总体建造厂、军代表进行一系列的试验，解决试验、试航中的一切问题，让"401"尽快交付海军使用。尔后，基于"401"艇的试验，提出第一代核潜艇的改进方案，逐步完成"091"的定型，实现第一代核潜艇的小批量建造。

在首制艇的系泊试验中，719所的宋文荣、彭士禄出任了系泊试验现场指挥部的副总指挥，领导719所的设计师们协助核潜艇总体建造厂和军事代表解决系泊试验中的技术问题。在系泊试验中，黄旭华虽然因为"092"的工作需要没有驻场，但依然承担对钱凌白领衔的下水技术组工作进行指导的职责，但他告诉钱凌白不必事事请示，放开手脚好好干。"401"下水后，钱凌白发现艇体有较大的艉倾，经计算有600吨米的艉倾力矩，依据多次水面测量到的浮态，换算到水下状态，经过计算后调整了全艇压铁的布局及质量，使艇体恢复平衡，保证了首制艇顺利完成试潜定重①。

随后的试潜定重及侧倾实验结果证明，"401"艇的实际重量、重心、浮态及稳性与设计值高度近似，受到了海军和七院领导的赞扬，也为我国后续、包括新一代核潜艇设计研制积累了良好的经验和优异的成果。钱凌白在和采集小组的访谈中，非常感谢黄旭华对他的信任，他说这种信任对于他来说尤其重要，没有这种支持他也许不敢在技术中放开手脚、施展才华。

针对"091"首艇"401"在系泊及航行试验中暴露出来的问题，黄旭华又指导设计师们对核潜艇总体结构进行改进，对部分潜艇性能予以完善。宋学斌在访谈中详细地介绍了这一阶段他和黄旭华的工作。

1971年，宋学斌从719所总体室总体组调到技术科，协助黄旭华抓"091"的改进及定型工作。黄旭华针对"091"首制艇的不足指导宋学斌

---

① 钱凌白访谈，2014年3月14日，武汉。资料存于采集工程数据库。

等论证多个需要改进的重大技术问题。由于年代比较久远，宋学斌仅对其中三个问题有比较清晰的记忆[①]。

一是改善"091"首制艇的居住性，艇身加长4米。

二是增加应急电力系统的变电能力，将200kW主变流机组增加1台，或者增加主变流机组的容量由200kW到315kW。

三是调整"091"艇Ⅲ舱总布置方案，改善维修空间。

据宋学斌回忆，黄旭华提出的包括上述三个问题的重大技术改进建议，大多在"091"定型艇的设计中得到了采纳，并且体现在"091"后续的4号、5号艇的建造中，大大改善了"091"后续艇的技术性能，改善了艇员的居住条件，提高了作战能力。

通过719所、核潜艇总体建造厂及海军军代表室长达四年的共同努力，"091"首艇"401"先后完成了共计590余次的反应堆启堆、反应堆提升功率、核能发电、主机试车等系泊试验。在累计6000余海里的20余次出海航行中，完成了水上高速航行、下潜航行等各种航行试验200余次。通过系泊、试航试验发现了部分设计缺陷和各种设备故障，对部分设计进行了优化与改进，更换了蒸汽发生器等故障设备，修改了水质控制系统，终于于1974年初通过了检验性航行试验，具备交付海军使用的条件。

1974年"八一"建军节这天，"091"首艇"401"正式交付海军使用，加入中华人民共和国海军作战序列。海军司令员肖劲光代表中央军委宣布《第一艘核动力潜艇命名》的命令，将该艇命名为"长征一号"，首任核潜艇艇长杨玺激动地自海军副司令员高振家手中接过军旗，在码头边的核潜艇上庄严的升起了军旗。"长征一号"作为我国首条核蛟龙，缓缓的驶向大海，从此，我国正式成为世界核潜艇俱乐部的第五位成员，人民海军也正式进入了核时代[②]。

在当时的交艇大会上，黄旭华对钱学森发表的讲话印象比较深刻。钱学森说："毛主席说核潜艇一万年也要搞出来，现在不是一万年，不是一千

---

① 宋学斌访谈，2014年4月24日，武汉。资料存于采集工程数据库。

② 杨连新：《见证中国核潜艇》。北京：海军出版社，2013年，第97—98页。

年，不是一百年，也不是十年，我们就搞出来啦！"[①]

从1972年起，黄旭华带领钱凌白、宋学斌等719所的设计人员就开始了对"091"的设计定型工作。首制核潜艇下水后，经过一系列的试验及交付海军使用后的实际情况看，"091"艇的设计是合理的。黄旭华、张金麟院士及宋学斌、钱凌白等高级设计人员一致认为，从核潜艇总体结构设计来看，我国第一代核潜艇总体无论设计思想、还是对技术的应用都是科学而先进的。至于第一代艇后期所出现的许多问题，一是由于设备仪器的设计与制造都处在"文化大革命"时期，设备仪器的质量及可靠性都较差；二是我国诸如导航、通信等配套技术的研制没有及时跟上，从而影响了核潜艇功能的正常发挥；三是反应堆、一二回路、蒸汽发生器、水质控制系统、辐射控制等系统设计存在缺陷。

1975年8月3日，国务院、中央军委批准了第一代鱼雷攻击核潜艇的设计定型，719所对"091"的设计工作基本结束了，除部分人员依然参与对"091"后续艇的改进提高外，主要目标逐步转向"092"的研制设计之中。

取消锚装置

在首制核潜艇"长征一号"完善服役后，第一代核潜艇的定型工作继续进行。中央高层、海军、六机部、七院，包括719所及核潜艇总体建造厂都希望通过定型工作解决遗留问题，同时提高后续艇的技术战术性能。

在"091"的改进定型中，对于是否使用锚装置经过了较长时间的犹豫和争论，宋学斌回顾说，在这个问题的论证和决策上，黄旭华充分展示了自己对技术敏锐的把握能力及高超的办事能力。

在首制艇的设计及建造过程中，仿照常规潜艇的模式，设置了锚装置。可在系泊及航行试验中，却发现锚装置引发了一系列的问题。

---

① 黄旭华访谈——蛟龙入海，2014年9月26日，武汉。资料存于采集工程数据库。

宋学斌回顾说，在设计阶段，对于锚装置的设计就颇费思量，很是让大家下了一番功夫。在核潜艇艏端布置锚，首先就面临着锚链箱怎么放的问题，艏端最重要的装置是水声声呐系统，锚链绝对不能影响它，否则就干扰它被动及主动侦测。宋学斌等冥思苦想，终于找到了一个非常巧妙的办法。水声系统有一个噪音站换能器，它的体积比较大，直径就有 3.5 米，但是它的中间有一个空当，于是宋学斌等人就把这个空当做成了锚链箱，平时锚链在里面被压得死死的无法挪动，也就不影响声呐的技术侦测了。从技术上说，这个设计既解决了锚装置的设置问题，又不影响水声系统的技术战术性能[1]。

锚链箱解决后，下一个难题就是锚穴（或锚孔）的问题了。有锚必然就有锚穴，锚穴通常就在艏端上部舷侧，可是挂锚的话，在水中航行的时候就会产生涡流噪声，噪声也会影响水声系统的侦测性能。为了不产生涡流噪声，宋学斌他们就设计了一个锚穴盖，航行时盖着就不会产生涡流噪声了，锚泊的时候这个盖可以打开。但是艇交给海军使用后发现，收锚的时候锚就往上提，提的时候锚爪就经过舷侧，舷侧有水声导流罩，起锚和收锚时锚爪一刮，透声导流罩就被抓破或者抓伤了，海军对此很不满意。然而 4000 吨的艇，锚的重量和强度是很大的，水声导流罩是透声侦测的，不能做的太厚，太厚影响侦测的灵敏度和侦测效果，前者强度力度很大，后者又必须薄而透声，故此这个问题解决起来就非常棘手，一时之间，上至黄旭华、尤子平等副总，下至各级设计师、技术人员，对此问题都束手无策。

于是，这个锚装置的设置陷入了解决了一个问题就随之出现了下一个问题的怪圈，而最后的问题又难以解决。于是有人提出，是不是干脆取消这个锚装置。黄旭华、宋学斌等人回忆说，如果取消锚的话上述问题的确都不复存在了，但是争议也随之蜂起。自古迄今，你看哪一条船没有锚？没有锚要随时停泊怎么办？现在无论哪一种军事舰船都有锚装置，常规潜艇也都有。

---

① 宋学斌访谈，2014 年 4 月 24 日，武汉。资料存于采集工程数据库。

的确，在人们的脑海里，船就应该有锚。取消锚，无疑是一个颠覆性的思考和设计。

黄旭华、宋学斌等人主张取消锚。他们认为依据当时的技术，取消锚不仅不影响核潜艇的航行及停泊，反而能够降低艇身的重心、改善艇的平衡和稳性，同时提升水声系统的性能。此外，基于核潜艇的航行及战斗特性，锚装置的作用已经退化，已然成为鸡肋。

黄旭华、宋学斌等人经过反复的研究和推理，认为从技术上取消锚装置是可行的，也不会产生新的问题及其他技术风险。但是他们依然小心求证，于是，黄旭华指示宋学斌查找国外核潜艇的资料，看看国

图 7-1　黄旭华与宋学斌（左）在葫芦岛船厂山坡上合影留念（1989 年。资料来源：宋学斌提供）

外的核潜艇是不是使用了锚装置，希望能从国外的同行那里找到佐证，从而坚定自己的信心。

但是，黄旭华、宋学斌等人有些失望，来自于国外核潜艇的资料及图片并没有给他们带来所希望的帮助。美苏这方面的资料很少，无法确认他们的核潜艇是否使用了锚装置。来自于英国核潜艇的资料及图片发现，英国的核潜艇使用了锚装置。我们的"401"艇使用的是抓力较大的霍尔锚，而英国人采用的是一种抓力比较小的蘑菇锚，他们的锚穴在艏端底部，锚穴的盖子及锚的收放与宋学斌等人的设计惊人的一致，锚收上去锚穴盖死，锚盖打开锚就出去了。

黄旭华分析认为，英国核潜艇的这种设计也是有缺陷的，一是这种锚的效率有限，聊胜于无；二是这种设计同样会对舰艇的水声系统构成影响。他推测，既然锚装置的用途已经大大弱化，美苏的新型核潜艇应该不会继续使用锚装置。

虽然没有从国外同行那里得到明确的证据，但是黄旭华、宋学斌等设计师们坚信这个锚装置是可以取消的，而且是必须得取消。但是，此时依然处在"文化大革命"的波澜之中，乱拍板很容易被扣上"反动技术权威"帽子的，黄旭华并没有忘记睡猪圈、挨批斗的经历。当时的形势警示他不能贸然行事，必须想一个万全之策来解决这个问题。

黄旭华行事谨慎，从水滴线型的争论中他似乎得到了某种启示。他明白核潜艇工程事关重大，哪怕是再小的事情，他们这些设计负责人也不能贸然拍板，他必须寻求一种来自高层的决策力量。唯其如此，才能既保护他们这些设计师，又能有效的排除其他的阻力。

黄旭华找 719 所领导、找七院负责人、找核潜艇总体建造厂技术负责人、找军事代表，询问要取消锚装置的话，至少要哪一层的首长才能拍板。他得到的结论是，至少是海军参谋长。黄旭华一阵暗喜，时任海军参谋长刘华清将军，对核潜艇工程一直是鼎力支持的，而且他过去做过七院的领导。黄旭华通过过去仅有的几次接触，感觉刘将军平易近人、从谏如流。

事不宜迟，黄旭华决定迅速就此事请示刘华清参谋长。他思量刘华清将军工作时间很忙，在休息时间去家里拜访可能更为妥当。通过相关渠道得到许可后，黄旭华拉上得力干将宋学斌，并告诫他做好陈述取消锚装置的汇报，在约定的时间敲开了刘华清参谋长的家门。

刘华清参谋长热情接待了黄旭华和宋学斌。在问候刘将军之后，黄旭华和宋学斌就直奔主题，向刘华清汇报取消锚装置的问题。宋学斌向刘华清参谋长陈述了安装锚装置弊大于利，黄旭华向刘华清参谋长建议取消锚装置。刘华清听完汇报之后，对他们的想法非常支持，当即拍板取消锚装置。就这样，黄旭华审时度势，在特殊时期运用这种特别的方式成功地解决了取消锚装置的问题。

黄旭华、宋学斌继续告诉我们，取消锚装置之后，第一代核潜艇的航行及各种性能没有受到任何影响，水声系统的功能得到很好的发挥，事实证明了他们取消锚装置的正确性。而后来的资料也显示，美苏的新型核潜艇、包括其他国家后来研发的核潜艇均取消了锚装置。

开启"092"

　　1958 年，我国启动核潜艇研制时的实际动机就是冲着弹道导弹核潜艇的，毛主席所说的"核潜艇，一万年也要搞出来！"也是针对弹道导弹核潜艇这个战略武器的。虽然基于技术方面的原因，核潜艇工程上马后率先研制的是攻击型核潜艇，但中央高层和海军所渴望的还是弹道导弹核潜艇。因此，在"091"首制鱼雷攻击型核潜艇研制启动后不久，"092"很快就提上了议事日程。

　　我国第一代核潜艇包括"091"和"092"两种艇型。"091"指的是鱼雷攻击型核潜艇，"092"指的是弹道导弹核潜艇。"092"的研制并不是等"091"完全成功定型之后才开始的，而是在"091"进入到技术设计阶段时就已经启动了。"091"和"092"两种核潜艇的大部分材料、设备及技术系统是通用的，主要的差别就在于武备系统，简单地说，在"091"上增加一个导弹舱，"091"就变成了"092"。当然，由于导弹舱体积巨大，"092"弹道导弹核潜艇的体积及排水量就远超"091"攻击型核潜艇了。

　　据黄旭华回忆，1967 年 6 月，在"091"首艇技术设计正酣的时候，海军即提出了弹道导弹核潜艇的作战使用要求，同时提出了弹道导弹核潜艇的发展思路。第一阶段，在攻击型核潜艇的基础上研制弹道导弹核潜艇；第二阶段，在第一艘弹道导弹核潜艇的基础上研制高性能的后续艇。

　　在得知"092"的研制即将启动后，黄旭华在高层授意下立刻组织人马对过去设计的弹道导弹核潜艇设计方案进行初步论

图 7-2　于核潜艇建造厂吊装"405"艇燃料元件（资料来源：黄旭华提供）

证，9 月底，"092"总体设计方案的初稿完成，同时提交国防科委和海军，以备审查 ①。

1967 年 10 月 16 日，国防科委和海军在北京友谊宾馆召开了"导弹核潜艇及潜地导弹方案论证审查会"（史称"1016"会议）。会议成立了一个由国防科委副主任刘华清、海军副司令员赵启民、七机部副部长钱学森、国防科委"09"办主任陈右铭、七院院长于笑虹等领导组成的弹道导弹核潜艇研制领导小组，分别对"092"的总体设计方案、潜地导弹方案、弹道导弹核潜艇战术技术任务书进行了论证审查，明确了第一艘弹道导弹核潜艇研制的指导思想和原则 ②③。

黄旭华作为这个研制原则的执行者，对其有着较深的记忆。主要内容包括：主要解决弹道导弹核潜艇的"快和有"，即以最快速度研制出首艘弹道导弹核潜艇；重点突破核潜艇水下发射导弹技术，同时带动与导弹发射有关的设备及系统的研发；除非改不可的结构及设备外，原则上使用与"091"配套的设备及技术系统 ④。

黄旭华在和采集小组的访谈中，多次提及"1016"会议给他个人留下的一个心结，这个心结既是一份愧疚、也是一个误会，而更多的则是一个无奈。

"1016"会议前夕，也是"092"的总体设计方案初稿完成后，上级通知黄旭华不久就要召开总体方案论证审查会。由于这个总体方案的具体设计主要是许君烈主持完成的，对设计细节有更充分的认识和了解。许君烈是交通大学毕业的，算是黄旭华的同门学弟，他心思细密、办事周到、业务能力很强，其时深得黄旭华的器重。黄旭华私下里有把许君烈逐步提拔上来的打算，因此决定"092"的总体方案论证审查会由许君烈参加，并由他负责汇报"092"总体设计方案。这按照今天比较庸俗的话说，就是

① 黄旭华访谈——蛟龙入海，2014 年 9 月 26 日，武汉。资料存于采集工程数据库。

② 杨连新：《见证中国核潜艇》。北京：海军出版社，2013 年，第 125 页。

③ 约翰·威尔逊·刘易斯：《中国建造核潜艇》。中船重工集团公司七一九研究所，2010 年，第 76 页，内部资料。

④ 黄旭华访谈——蛟龙入海，2014 年 9 月 26 日，武汉。资料存于采集工程数据库。杨连新：《见证中国核潜艇》。北京：海军出版社，2013 年，第 125 页。

黄旭华给许君烈创造一个表现露脸的机会，和领导们混个脸熟留下印象，为后面的提拔做个铺垫①。

这是一个重要的高级别会议，许君烈自然也很看重这样的机会。因此，他就在"092"总体设计方案初稿上交后的一段时间之内，按照黄旭华的交代精心准备这场报告。可是，天有不测风云，情况忽然生变，就在会议即将举行的前夕，国防科委"09"办陈右铭主任找到黄旭华，告诉黄旭华这次会议非常重要，会议的结论和成果直接决定着"092"弹道导弹核潜艇最终能否获得批准。陈右铭主任直接否决了黄旭华做出的由许君烈做"092"总体设计方案汇报的提议，指定由黄旭华亲自在会议上向与会者汇报。

黄旭华傻眼了，心里兀自叫苦不迭。继续让许君烈做报告很显然是不可能了，可是直接告诉许君烈是陈右铭不让他做报告又不妥当，他也不想让许君烈去忌恨陈右铭，以后与陈右铭的关系不好处理。同时又担心即便是告诉许君烈真实的理由，许君烈也未必相信，反而认为是黄旭华自己想做报告而把责任推卸给陈右铭。黄旭华没有选择，只得告诉许君烈"你不要去做报告了，报告由我来做。"黄旭华告诉我们，许君烈当时的眼神仿佛在说："你叫我准备这么长的时间，明天要做报告了，到今天你却说你来做报告！"一刹那，黄旭华明白了，许君烈心里是怪罪他了。黄旭华也理解许君烈，换位思考，许君烈怪罪于他也是合乎情理的。黄旭华只能背负着这份愧疚和无奈。

黄旭华对我们说，从这之后许君烈对他的态度及后来发生的另外一些事件来看，许君烈对他的这个误会一直在心底里发酵，黄旭华也只有把这个心结一直无奈的带下去。

1967 年 12 月 16 日，国防科委发文要求按照"1016"会议的决定开展弹道导弹核潜艇的研制工作，同时批准了海军提出的弹道导弹核潜艇战术技术任务书。自此，我国的"092"弹道导弹核潜艇的研制拉开了大幕。

在弹道导弹核潜艇研制的初期，大约就是在 1967 年至 1970 年间，黄旭华及 719 所的主要任务依然是"091"首艇的施工设计及辅助核潜艇总体建造厂开始首艇的建造工作，同时，间或抽调一部分设计人员参与"092"

---

① 黄旭华访谈——力克重艰铸重器，2014 年 7 月 31 日，武汉。资料存于采集工程数据库。

的方案论证及初步设计，设计人员在"091"和"092"上并没有明确的分工，以"091"为主，兼顾"092"的工作。

黄旭华回顾说，"092"的研制原则是以"091"为基础，由于"091"首制艇是 1970 年底才下水的，因此在 1970 年以前，"092"的研制推进并不快。在"092"研制初期，黄旭华的主要任务有两项，一是指导"092"的方案论证、初步设计和技术设计，二是协助七院 713 所研发潜艇水下导弹发射系统。

"尖端与常规"及"毒蛇"设计思想

谈起弹道导弹核潜艇，黄旭华介绍说，从常识层面上看，弹道导弹核潜艇不过是在攻击型核潜艇上加一个包含有发射装置的导弹舱而已。然而，这个舱室可不像增加一个普通舱室那么简单，导弹舱要能容纳战略核导弹及其发射装置，舱室直径和尺度远远超过其他舱室，其水密容积甚至可以达到整艇的三分之一，而且它的结构也很特殊，是一个双排大开孔的舱室结构。导弹舱的体积、构造、布置形式极大地影响到整个艇体结构设计，增加了总体结构力学分析的复杂性，提升了核潜艇结构设计的难度。

对于中国的设计师来说，"092"的设计具有很高的挑战性和突破性，在当时可算是尖端技术了。为了鼓励钱凌白、许君烈、宋学斌等骨干，黄旭华对他们说，不要害怕尖端，别把尖端神奇化，尖端通常不过是常规的组合。美国的北极星导弹和阿波罗飞船，没有太多的新技术，主要是现有的常规技术的综合。悟到这个理就能达成一种可能性——没有新技术、甚至是技术相对落后的国家也可以通过科学组合常规而实现尖端，关键是你怎么融合。从某种意义上说，综合就是创造力[①]。

---

① 祖慰：赫赫而无名的人生。《文汇月刊》，1987 年第 6 期，第 8 页。黄旭华访谈——天降大任，2014 年 7 月 17 日，武汉。资料存于采集工程数据库。钱凌白访谈，2014 年 3 月 14 日，武汉。资料存于采集工程数据库。约翰·威尔逊·刘易斯：《中国建造核潜艇》。中船重工集团公司七一九研究所，2010 年，第 71 页，内部资料。

这就是在我国核潜艇研制历史上多人风传的黄旭华关于"尖端与常规"的设计思想。在采集小组的访谈中，不仅黄旭华院士对他的这个思想又一次做出了回顾，钱凌白、宋学斌等人也对此记忆犹新，其他媒体也多有报道。严格的说，黄旭华的这个思想虽说有一定的道理，但也非无懈可击。在这里，讨论这个思想是否正确并无意义，但是放在当时那个特殊的历史条件下却有着很重要的积极作用。它的确极大地鼓励了年轻设计师们的信心，充分调动和发挥了他们的聪明才智，而最终"092"的设计成果也印证了黄旭华这个设计思想的合理性。

在"092"的技术战术性能设计中，黄旭华告诉设计师们要注意"092"与"091"的差异。"091"是攻击型核潜艇，是战术性武器，侧重格斗特点，注重速度性能。而"092"却不同，它是弹道导弹核潜艇，是战略武器，侧重隐秘性，在提升一次核打击条件下生存能力的同时具备二次核反击能力，隐蔽性越强、反击性就越好。

黄旭华在 20 世纪 80 年代接受作家祖慰的采访时，就阐释了他在"092"设计时提出的"毒蛇"设计思想。

> 法国人搞出了一种小型的不求高速的隐蔽性好的所谓安静型核潜艇，与苏、美、英的快速型相比，独树一帜。他们认为，要高速，动力的传递设备必大，噪音就大，隐蔽性就差。既然核潜艇是第二次核报复力量，隐蔽性是第一位的，不让别人的第一次核打击打掉。再，你的速度更快，也快不过导弹，只要导弹系统好，高速没有多大意义，看看大自然中的蛇吧，有毒蛇比无毒蛇游得慢多了，因为有毒蛇有了精良的化学武器，用不着靠速度捕食，而是靠隐蔽性好。[①]

在与我们采集小组的访谈中，黄旭华告诉我们当时一个很无奈的现实。当年研制"092"的指导思想是这样的，除了解决弹道导弹应用于核潜艇之外，其他设计和设备完全套用"091"。那么反应堆动力装置不变，功率

---

① 祖慰：赫赫而无名的人生。《文汇月刊》，1987 年第 6 期，第 9 页。

图 7-3　航行中的"406"号弹道导弹核潜艇

也就不变。但是，"092"由于多出一个巨大的导弹舱，设计排水量增加了近 3000 吨，质量大了、体积大了、阻力大了，功率却不变，故此速度必然就降下来了。可是，海军还是提出追求高速航行的性能，这无论如何无法实现。黄旭华所提出的"毒蛇"设计思想，一方面是基于弹道导弹核潜艇的性质提出的，同时也是在回应海军提出的问题，说明速度虽然降下来了，但是隐蔽性却能更好，并且不影响弹道导弹核潜艇的战略威慑能力。应该说，他提出的"毒蛇"设计思想在当时历史条件下是客观的、合理的。

遗憾的是，黄旭华这个"毒蛇"的设计思想在"092"的设计中并没有得到尊重和重视。长期以来我国弹道导弹核潜艇因为某些技术系统的拖累也掩盖了噪音上面的设计缺陷。直到上世纪末，弹道导弹核潜艇的噪音问题才受到高度的重视。今天，噪音是核潜艇生存力的关键技术指标，在我国新一代核潜艇的设计中，黄旭华的"毒蛇"设计思想终于得到了验证。

取消大陀螺

在普通人眼里，陀螺，一个非常有趣的玩具，许多人都玩过它。但是，陀螺也是一个很重要的设备，旋转的陀螺蕴含着深奥的科学理论。在"092"的设计中，曾经发生了一个有趣的故事，这个故事就是围绕着一个陀螺展开的。

弹道导弹核潜艇水下发射导弹时对艇体的运动姿态要求很高，姿态越稳定，导弹发射的命中精度就越高，同时核潜艇自身也越安全。当时搜集到的某国外专业刊物上称：为保证导弹发射落点精度，美国打算在艇上装一个 65 吨重的大陀螺，以稳定其航行姿状 [1]。

宋学斌告诉我们说，弹道导弹体积和重量都很大，发射时产生的巨大反作用力将会对艇体的平衡产生极大的冲击，高速旋转的陀螺对于稳定艇体的重心有着重要支持作用。美国开始研制弹道导弹核潜艇时，为了使艇的纵摇、横摇、角速度、升沉、偏航等技术指标完全满足导弹发射要求的时候，曾经考虑过在艇上安装 65 吨重的起稳定作用的大陀螺，但是到底最后装没装，谁也不清楚 [2]。

"092"要不要装这个大陀螺呢？当时的争论和分歧很大。黄旭华在接受祖慰的专访时，如是介绍了这个过程：

……六十多吨重的大陀螺。这东西我国生产不了，又多了个攻关题目。不仅如此，这个大家伙一装，艇就要增加一个大仓。水下的体积不像水面船舶，那里全是黄金空间！后来，我们从试验中得到的大量数据表明，不需要这个陀螺。但很难下决心。人家技术比我们先进得多都用，我们敢不用？发射时翻了船谁敢负责？打不中目标谁敢负责？当时要我拍板时，就有装和不装的激烈论争。我想，我们是独立研究，不是比葫芦画瓢的抄袭，既然我们的试验数据证明可以不装，那就应该不装。我毅然拍板定了案。当时我就怀疑外国是否真的装了。果然不错，后来得到的资料表明，他们也没装，差点上当！后来，我们的艇发射时稳得像陆地，摇摆角、纵倾角、偏航角都接近于零！——这就是我们跨出的第一步。[3]

---

[1] 李生云深：海有约——记中国战略核潜艇设计者黄旭华院士。《科学课》，2004 年第 6 期。第 4–5 页。

[2] 宋学斌访谈，2014 年 4 月 24 日，武汉。资料存于采集工程数据库。

[3] 祖慰：赫赫而无名的人生。《文汇月刊》，1987 年第 6 期，第 4 页。

黄旭华在和我们采集小组的交谈中告诉我们，他当时之所以敢果断地拍板取消大陀螺，一是依靠科学的分析判断，二是基于科学的分析论证。

黄旭华认为，安装这个大陀螺及辅助系统势必要增加一个新的舱室，艇的排水量也随之增加，进而影响到航速及其操纵性。而国外大量的资料显示弹道导弹核潜艇相对于攻击型核潜艇而言，只是增加一个导弹舱，并没有增加其他舱室的说法。同时，这个巨大的陀螺及其辅助系统的研制也具有相当大的难度，外刊虽然提及了为发射导弹稳定艇体姿态起见试图安装大陀螺，但并没有发现研制这个艇用陀螺系统的任何资料。黄旭华基于这种科学分析判断，安装大陀螺仅仅是开始时的一种设想，美国的核潜艇最终应该不会安装这种装置[①]。

当然，黄旭华并没有依据分析判断就贸然拍板，他责成操纵组的闵耀元、陈源、沈鸿源三人对核潜艇发射弹道导弹时的姿态控制进行专题研究，尤其注重从艇的稳性结构设计上下功夫，看看是否可以不使用大陀螺。黄旭华称之为"三元"（谐音，即指闵耀元、陈源、沈鸿源）的团队欣然接受了这个艰巨的任务，闵耀元作为这个团队的组长，带领陈源、沈鸿源两人，在其他设计人员的大力配合下，通过大量力学数据分析，辅之以相关的试验，推导出最佳总体设计方案，然后对艇的操纵面重新部署，达到控制平衡的目的。这个方案不需要增加艇体舱室，也不会增加核潜艇的排水量，不影响核潜艇的速度及其操纵性能，并且能够保证发射弹道导弹时艇体的姿态稳定[②]。

黄旭华在和采集小组的多次访谈中，总是对"三元"的贡献褒奖有加，他们仅仅通过总体方案的优化、重新设计操纵面就替代了笨重复杂的大陀螺系统，他们的计算与设计结论更加坚定了黄旭华的分析判断，让黄旭华胸有成竹的做出了取消大陀螺的决定。黄旭华告诉我们，在闵耀元逝世的追悼大会上，他失声痛哭。别人问他为什么哭，他说闵耀元对"092"的贡献太大了，当年如果没有他的翔实科学论证，黄旭华也许就不敢拍板，那么"092"背那么大的一个陀螺，会是一个什么样子。

---

① 黄旭华访谈——天降大任，2014 年 7 月 17 日，武汉。资料存于采集工程数据库。

② 杨连新：《见证中国核潜艇》。北京：海军出版社，2013 年，第 216 页。

在我们的访谈中，宋学斌、钱凌白、尤庆文等人对黄旭华当年敢毅然拍板取消大陀螺很是惊讶和敬佩。他们说，黄旭华院士是一个比较谨慎的人，在"091"艇型之选时，他虽然主张水滴线型，但是他并没有断然拍板。在后来的"091"定型决定是否取消锚装置时，虽然他力主取消，但同样没有拍板。这次黄旭华拍板决定不使用大陀螺却有点一反常态，出乎他们的意料。他们继续说，为了稳妥起见，当时很多人是主张仿照美国使用大陀螺的，是否使用大陀螺还是一个比较重要的技术决定，类似这种重大的技术决定，在当时"文化大革命"中，以黄旭华当时的副总工程师的职位应该是不敢做这样的决定的。这个决定的技术风险倒在其次，最严重的可能是由于技术失误而带来的政治风险[①]。

但是，黄旭华对此问题则有着他自己的看法。他说叫"取消大陀螺"是不合适的，因为他们在"092"方案论证时本就没有这个选项，只是在考虑导弹发射艇体姿态保障时被意外发现的这个外刊资料给忽悠了一把，应该说是节外生枝，我们不能被简单的一份外刊资料牵着鼻子走。是否使用大陀螺仅仅是一个设计时的技术路线问题，或者说是一个方案选择。其实，在设计中任何一个问题都可能面临多种选择，这种选择他作为副总工程师是可以决定的，更何况既做出了严谨的论证、又有了更科学的方案。黄旭华院士的言下之意，这不过是一个普通的技术问题，不值得大惊小怪。

"092"建造服役

从 1967 年 11 月到 1970 年 10 月，彭士禄、黄旭华带领 719 所的设计师们先后完成了"092"的方案论证、扩大初步设计和技术设计，弹道导弹核潜艇的雏形及轮廓呼之欲出。

---

① 宋学斌访谈，2014 年 4 月 24 日，武汉。资料存于采集工程数据库。钱凌白访谈，2014 年 3 月 14 日，武汉。资料存于采集工程数据库。尤庆文访谈，2014 年 3 月 14 日，武汉。资料存于采集工程数据库。

由于"091"在总体结构设计上的成功，"092"设计的重点主要集中在弹舱耐压结构及导弹发射筒的布置上。为了解决好这个问题，黄旭华组织设计人员进行了技术攻关。他从结构力学分析入手，组织了多项结构力学模型试验，探索弹舱结构形式及其耐压特性，反复比较圆柱体和"8"字体两种结构的特点，最终决断弹舱耐压结构采用"双排大开孔"圆柱体结构形式。

在弹舱导弹发射筒的布置上，有两种选择，第一种是发射筒上端、下端都固定在艇体上，第二种是一端固定在艇体，一端自由。导弹发射筒的布置形式对弹舱总体稳定性及艇体的操纵性都有一定的影响，也是弹道导弹核潜艇设计中比较重要的技术环节。从报道的资料上看，这两种结构在苏联和美国的弹道导弹核潜艇上都用到过。那么我们的"092"采用哪一种布置形式呢，必须做出选择。黄旭华又组织宋学斌等人进行大量的论证和模型试验，依据论证和试验结果，黄旭华最终决定选定一端刚性固定的布置形式。

后来的事实证明，黄旭华关于弹舱耐压结构及导弹发射筒布置的选择是合理的，这种设置形式有效的保障了导弹水下发射的成功及航行姿态的稳定。宋学斌在这个问题上给予黄旭华高度的评价，认为他在弹道导弹核潜艇弹舱结构力学分析上做出了比较大的贡献，为我国新一代弹道导弹核潜艇的弹舱结构设计打下了良好的技术基础。

在"092"的研制设计中，黄旭华还承担有协助 713 所研制导弹发射装置的任务。黄旭华告诉我们，导弹的陆上发射装置已经很成熟了，但是潜射导弹就复杂多了，潜射导弹要适应核潜艇的技战术特性，要了解核潜艇的操控规律，要明确导弹经历海水和空气两种介质后的变化，要弄清深度、航速、升沉、摇摆、波浪、涌流对导弹出水姿态的影响等。核潜艇就是一个海洋中的移动水下导弹发射平台，研制这个平台自然离不开黄旭华等设计师们的协助和支持。

对核潜艇导弹发射系统的研制，黄旭华不仅做了大量的辅助及协调工作，同时也提出了很多合理化的建议，并得到了采纳和应用。

为了给黄纬禄院士主持研制的导弹发射装置提供基础数据，黄旭华组织设计人员基于核潜艇的战术技术特点，首先明确了弹道导弹发射时艇的航速（2-4 节）、下潜深度（30 米）、航行姿态及海况（5 级）等，从而配合导弹发射装置的研制。在导弹发射筒的设计、导弹发射推进剂的选择和使用、1∶25 和 1∶5 模型弹的发射试验、发射辅助系统的研制等方面黄旭华也都提出过一些合理化的建议，并且大都得到了尊重和采纳[①]。

1970 年 9 月 25 日，就在我国第一艘鱼雷攻击型核潜艇下水前夕，我国第一艘弹道导弹核潜艇在核潜艇总体建造厂开工建造，黄旭华带领 719 所的设计师们随即开始了"092"的施工设计，1972 年初，弹道导弹核潜艇的施工设计完成。

但是，我国的弹道导弹核潜艇的制造却并不顺利，原计划 1973 年下水，可最终一步步延迟到 1981 年才下水，从开工到下水竟然历经了 10 个年头。"091"首艇从开工到下水仅仅用了两年的时间，"092"是在"091"的基础上建造的，大部分材料、设备、系统都是通用的，因此"092"的建造理应不慢于"091"首艇的建设速度，可为何"092"的建造如此缓慢呢？

黄旭华分析了"092"建造缓慢的原因，把它归纳为三个方面。

首要的原因是当时的政治环境极大地干扰了"092"的研制过程。如火如荼的"文化大革命"继续对"09"及其配套工程造成极大的影响，由于政治斗争的残酷性，中央高层对核潜艇工程的领导频繁变动，而"四人帮"在周恩来总理病重期间对国防尖端工程的破坏也变本加厉，所有这一切都造成"092"的研制变得非常缓慢，许多工作无法落到实处。直到 1975 年张爱萍同志主持国防科工委的工作以后，"092"的研制才渐有起色。

第二是"092"建造策略的调整。在"091"首艇的建造过程中，主要重视核潜艇总体的建造，忽视其他配套系统的同步研制及施工。比如"091"的鱼雷研制始终跟不上，结果艇造好了，武器系统缺装，等鱼雷及其发射系统研制好后，再安装试验又会产生新的问题。因此在"092"的建造中，吸取过去的教训，不单纯追求艇体的建造进度，艇和弹同步抓、一起研制，从而少走弯路。

---

① 约翰·威尔逊·刘易斯：《中国建造核潜艇》。中船重工集团公司七一九研究所，2010 年，第 76-78 页，内部资料。

第三，潜地导弹及其发射系统研制的技术难度太大，需要攻克的难关太多，同时，在弹舱结构及焊接问题上也遇到一些技术障碍，这些问题都是硬骨头，要解决它需要时间，这也是导致"092"不断延后的重要技术原因。

粉碎"四人帮"之后，"092"的建造速度开始提速。1979年9月，为加强核潜艇工程的技术抓总和协调，国防科委任命彭士禄为核潜艇工程总设计师，黄旭华、黄纬禄、赵仁恺为副总设计师。此后，我国核潜艇研制开始实施总师制，这为我国新一代核潜艇的研制探索出了一种新的技术管理模式，有效的推进了我国核潜艇研制水平的提高。

1981年4月30日上午10点，我国自行设计研制的第一艘弹道导弹核潜艇经过十年怀胎，终于胜利下水了。张爱萍副总理亲自主持了下水仪式，核潜艇在长鸣的汽笛声中从船墩上稳稳浮起，下水成功。全场欢声雷动、群情激奋。从此，我国正式具有了海上战略核力量，具备了二次核反击能力，三位一体的核战略架构开始形成。

黄旭华在亲历我国第一艘攻击型核潜艇下水之后，又一次亲眼见证了我国第一艘战略核潜艇的诞生，这两条蛟龙都凝聚了黄旭华大量的心血。他心潮澎湃、激动万分，挥毫写下了这样的诗句：

> 南征直捣龙王宫，北战惊雷震海空。攻坚苦战两鬓白，犹有余勇再创功。

弹道导弹核潜艇下水后，分别于1981年7月和1983年1月进行了系泊试验和航行试验。由于有第一艘核潜艇系泊试验及航行试验的经验，同时又由于实验条件的进一步改善，"092"艇的系泊试验和航行试验总体上看还是非常顺利的。1983年7月底，全部试验圆满结束，具备向海军交船的条件。

1982年6月，在"091"攻击型核潜艇处于改进提高的过程中、"092"弹道导弹核潜艇处于系泊试验的关键时刻，黄旭华出任719所所长，同时肩负起719所的行政领导及技术负责人。1983年3月，就在弹道导弹核潜艇航行试验开始不久，黄旭华又得到了一个更重要的任命，国防科委任命他继任"09"工程总设计师，原总设计师、黄旭华的老搭档彭士禄转任顾问。黄旭华就此成为我国第一代核潜艇的第二任总设计师。

1983 年 8 月 25 日，我国第一艘舷号为"406"的弹道导弹核潜艇终于在海军试验试航基地交付海军训练使用，加入海军的战斗序列。10 月 19 日，核潜艇部队举行了隆重的命名和授旗仪式，庄严的五星红旗在弹道导弹核潜艇上徐徐升起，并威严地驶向大海，我国第一艘具有战略威慑意义的核蛟龙威武地游向了浩瀚的大洋，捍卫着祖国的安全和尊严。

作为我国核潜艇研制的功臣、作为新任"09"工程总设计师的黄旭华，不仅再一次见证了这一重要的历史时刻，而且在命名、授旗大会上发表了重要讲话。在讲话中，他高度赞扬了设计人员的不懈努力、感谢各界对 719 所及"092"的支持与配合，同时表示会尽最大努力尽快完成弹道导弹核潜艇后续的水下导弹发射等试验，让"092"迅速具备战力。

亲历深潜试验

"091"首艇"401"于 1974 年服役，1975 年底首制鱼雷攻击核潜艇完成设计和生产定型，其后"091"进行了小批试制，到 20 世纪 80 年代末，先后有"402"、"403"、"404"、"405"陆续下水。但是，我国第一艘核潜艇基本上是自己摸索着建造起来的，带有明确的实验性质，在系泊、航行试验中已经暴露了设计、制造、配套水平的不足，关键技术尚未过关的问题。此外，由于核潜艇总体建造厂和核潜艇基地的自然条件的限制，"091"首艇的长航试验、最大自持力试验、极限深潜试验、鱼雷发射试验都没有进行。这些问题不解决、这些试验不完成，核潜艇的技战术性能就得不到发挥，核潜艇也只能是一个摆设，后续艇建造的质量水平也无法提高。

黄旭华告诉我们说，"091"从首艇下水到上世纪末最终完成现代化改装，前后经历了 20 余年的时间，比首艇的设计制造时间还要长，可见这个技术改造及系统完善的难度有多么大。第一代核潜艇的成熟过程大致经历了改进完善（1977—1982年）、改进提高（1982—1987年）、综合治理（1988—1994年）、现代化改装（1993—1999年）四个阶段。这个阶段大体上就是黄旭华出任第一代核潜艇副总设计师和继任总设计师期间，并且主要是在他任总设计师的任内完成的。故此从技术的角度看，黄旭华主持完成了我国第一代核潜艇的完善和提高工作，这项工作完成之后，他也开始逐渐退居二线了。

黄旭华说，"091"的成熟过程较长，每个时期的内容和目标都不一样。初期主要解决在设计定型、生产定型中遗留的问题及在首艇使用中发现的技术质量问题，这一时期719的设计师们参与较多，前后确定了近百个改进项目，最终绝大部分得到了良好的解决。中期则主要围绕提高核潜艇的技战术性能、自动化水平、核安全保障能力及改善生活环境等问题展开，主要是通过对设备的改装、换装、加装来实现的，一般是由各专业技术系统来完成的。后期则围绕全面提升核潜艇的现代化水平、全面的降噪及提升隐蔽能力、水声对抗系统的提升及采用新技术、新工艺的现代化改装等专项逐步实施。

在"091"的改进、完善和现代化改装的过程中，第一代核潜艇的各种技战术试验也逐渐展开，以此来检验完善的成果，为新一代核潜艇的研制积累经验和技术数据，

1981年11月16日至12月17日，由海军北海舰队曲振侔副司令员亲自坐镇，"091"的2号艇"402"驶离军港，克服各种困难，终于完成了31个昼夜的首次海上长距离航行。首次长航的成功，既坚定了设计建造者的信心，也打消了高层领导及海军等许多人对核潜艇的疑虑，同时为后续更大难度的远航、最大自持力试验、极限深潜试验迈开了坚实的一步。

黄旭华说，首次长航是在真实的海况中完成的，意义重大。首先，它很好地锻炼了海军官兵，既让他们熟悉和适应了核潜艇的生活战斗环境，又学会了核潜艇操纵及各种设备使用维护的方法。其次，通过这次实战性质的长航，进一步发现存在的问题，积累了大量的数据资料，为核潜艇的下一步改进及后续艇的建造质量的提高创造了条件。

1983 年，核潜艇部队又组织了另外两支核潜艇部队进行了 2 次一个月左右的长航，同样取得了成功，全面检验了已下水的 "091" 各艇的长航性能。这之后，我国年轻的核潜艇部队就能正常驾驶核潜艇出航了，下一步最大自持力航行试验条件也逐步成熟了。

1985 年 11 月 20 日上午 10 时，"091" 系列 "403" 号核潜艇解开最后一根缆绳，离开军港码头，驶向海洋，开始了我国第一代核潜艇的最大自持力极限考核试验。海军官兵凭借着钢铁般的体力和意志，克服了各种困难和风险，于 1986 年 2 月 18 日安全返回，首次在黄海、东海海域完成了 90 昼夜的海上航行，航程总长为绕地球赤道一周，达到了核潜艇最大自持力极限考核试验的目标。这次航行大部分时间为水下航行，最长的一次水下航行的时间为连续 25 个昼夜。这次长航创下了世界海军核潜艇远航史上的奇迹，打破了美国 "海神" 号核潜艇所创下的连续航行 83 天零 10 小时的纪录。

因为我国第一代核潜艇的成功研制并逐步走向成熟，在 1986 年全国科学技术大会上，黄旭华因为 "第一代核潜艇研究设计" 获得 1985 年度、也是我国首届国家科技进步奖特等奖，排序第二。这份荣誉是国家表彰和奖励他自 1958 年以来，对我国核潜艇事业的巨大贡献。

因为辅助黄纬禄院士研制潜地导弹发射系统，黄旭华未亲自参与 "091" 的首次长航和最大自持力极限长航。但在事前方案讨论、事后经验总结及核潜艇的改进完善中发挥了重要的组织领导作用。作为 "091" 的主要设计研制者和第二任 "09" 总设计师，他亲自参与了第一代攻击型核潜艇最为重要、也是风险最大的最后一项试验——核潜艇深潜极限试验。

黄旭华告诉我们，我国第一代核潜艇虽然服役已经十余年，但是由于核潜艇总体建造厂及北方核潜艇基地水深不足，以及其他技术方面的原因，深潜极限试验一直未能进行，长航试验及最大自持力试验完成后，深潜极限试验就摆上了议事日程。深潜试验是最终检验核潜艇的总体性能和作战能力的试验项目，包括极限深度下潜、水下全速航行、大深度发射鱼雷三项循序渐进的试验。其中第一关深潜试验尤其关键，只有实现了极限下潜，才能在这深度上全速航行及发射鱼雷。我国的渤海、黄海、东海的海水深度不足以支持深潜试验，由于深潜试验不同于此前的长航及最大自持力航行试验，必须转场到海水深度较大的南海海域进行。

黄旭华与担任七院及 719 所深潜队队长的尤庆文告诉我们，深潜试验虽然规模大、涉及面广、组织复杂，但这些都好克服，最难的问题是深潜有着巨大的风险。所谓深潜，是指要下潜到设计极限深度 300 米，甚至更深。它不同于长航试验及最大自持力试验，长航试验遇到问题可以随时结束，风险较小。深水试验无论是否到达极限深度，遇到问题时可是要艇毁人亡的。1963 年，美国的"长尾鲨"号核潜艇就是在深潜试验中遇到问题沉没的，当时并未下潜到极限深度，全艇 160 余名官兵和试验人员以身殉职，至今仍然不明白沉没的原因是什么。前车之鉴，深潜试验非同小可，从高层领导到参试人员个个都忧心忡忡[1]。

黄旭华回忆说，鱼雷攻击型核潜艇的深潜试验受到的重视是空前的，由于责任和意义都非常重大，1987 年 11 月，国务院和中央军委专门批准了由海军和中国船舶工业公司起草的、并经总参谋部和国防科工委审议的《关于核潜艇深水试验问题》的请示报告，并下达了 1988 年择机在南海进行"091"深潜试验的任务，任务代号为"982"。

为了落实国务院和中央军委的批示，为了保障深水试验圆满成功，由海军和国防科工委联合组织实施深潜试验。首先成立核潜艇深水试验领导小组，黄旭华以"091"总设计师的身份成为试验领导小组的成员，并出任深潜试验第一关极限深潜试验的技术负责人。领导小组成立后，相继对技术准备、质量复查、检修检测、救援保障等做了周密的安排，一切都按照计划稳步推进。

尤庆文告诉我们，当时为了防止不测事件的发生，还做出了必要的应急准备，用今天的话说就是准备了应急机制。当时的措施主要有两点，一是深潜地点经过了精心选择，在南海某海域选择了一个深度为 300 多米的地方，并且准备了打捞救援设备，万一深潜时因故沉没，可以把它捞上来，不像美国的"长尾鲨"那样一下子坐在数千米深的海底。二是艇上也

---

[1]　尤庆文访谈，2014 年 3 月 14 日，武汉。资料存于采集工程数据库。

准备了一些应急措施，比如专门的支撑堵漏设备。

但是，准备工作越充分、越慎重、越周全，反过来却加重了人们的担心，深潜试验前在参试队伍中出现了比较紧张和压抑的气氛。对于黄旭华等设计人员而言，由于对核潜艇的设计及相关技术指标比较了解，对深潜试验心里比较有底，故此略显平静一些。而对于那些参与核潜艇深潜试验的官兵而言，不能不说是一个巨大的心理考验。黄旭华回忆说，由于深潜试验的确是一次生与死的考验，个别同志在心里做了最坏的打算，甚至有同志拍生死照、偷偷写下了遗书。但尽管如此，所有参试人员都表现出了义无反顾的勇气和决心。

感觉到参试人员普遍表露出紧张和压抑的气氛后，黄旭华做出了一个惊人的决定，那就是亲自上艇指导下潜。作为深潜试验领导小组成员、"09"工程的总设计师，他是可以待在水面的指挥舰上的，谁也没有要求他亲自下潜。

黄旭华说，他因为潜射导弹的研制而错过了长航试验和极限自持力试验，"091"可以说是他一手指导完成设计的，对"091"的感情就像是一个父亲对孩子的疼爱一样，最后、最重要的一次试验他渴望亲自参加，他想亲自检验和感受自己作品的质量。黄旭华说他真的对"091"成功下潜到极限深度很有信心，出问题的概率应该很小，所以他的内心当时是比较平静的。

他的夫人李世英也支持他亲自登艇指挥下潜。她说艇是黄旭华负责设计的，他有责任对一船人的生命安全负责。那么多的人下潜接受生命的考验，黄旭华作为设计师在上面的指挥艇上等待消息不妥当，亲自下潜，职责所在。临行前，夫人再次安慰他道："你当然要下水，否则将来你怎么带这个队伍？"①

黄旭华、尤庆文告诉我们，当时执行深潜试验的是"091"系列"404"艇，也称为"长征四号"。艇长和政委给官兵们做了几个月的思想工作，教育他们深潜试验是一项光荣的任务，要勇敢、要有牺牲精神，结

---

① 李世英访谈，2014年9月24日，武汉。资料存于采集工程数据库。武汉市科协等编：三十年的荒岛生涯——黄旭华院士的科研人生。见：武汉市科协等编，《江城院士风采》。武汉：武汉出版社，2008年10月第1版，第74页。

果越做思想工作，官兵们的思想压力反而越大。实事求是的说，都是血肉之躯，谁不怕死！艇长和政委感觉官兵们的精神压力太大，就去找黄旭华。黄旭华笑着说："你不能给他们老是强调'光荣'，你要人家准备去'光荣'，就是可能会牺牲啊，人家精神负担就越重，生命诚可贵，哪个年轻人会不紧张！"①

当黄旭华告诉官兵们，他将随他们一起登艇做深潜试验时，官兵们一下子就释然了，心理压力顿时放松了。他们想，既然这条艇的总设计师敢于和他们一起深潜，想必是对艇有着充分的信心，安全系数应该会很高。艇长和政委笑着对黄旭华说，我们苦口婆心说了几个月，还不如您说一句话。的确，黄旭华当时已六十有四了，以花甲之年、以总设计师之位，亲自登艇下潜，自然给他们以坚定的信念和无穷的信心②。

1988年4月，"404"艇及全体参试人员抵达湛江军港，依据深水试验计划，三项深水试验分四个航次完成。为安全及技术检验起见，第一项极限深潜试验分两个航次进行，第一个航次做适应性预下潜，计划潜深180米，第二次做极限深潜，要求达到设计深度。

1988年4月20日下午4时，"404"艇离开军港，航行210海里进入试验海区。21日上午9时，核潜艇开始下潜，到达180米的计划深度后继续下潜到193米起浮。由于对预下潜有着充分的信心，因此首次预下潜黄旭华并未随艇，而是在海面的指挥舰上参与指挥。预下潜总体顺利，所出现的问题也得到顺利解决，目的基本达到。

尤庆文在回忆时说，预下潜主要是摸摸情况，但是也是很慎重的，下潜是一步步分阶段进行的，先是20米、10米，再是5米，最后是1米、1米的进行，每一个阶段都要停留一段时间进行观察、分析。首次下去没什么事，核潜艇艇体不漏水也没发出任何声响，也没有随艇人员出现状况③。

1988年4月28日，第二航次开始实施，本次试验副指挥长、北海舰队副参谋长王守仁，技术负责人黄旭华、吴庭国、徐秉汉与全体参试人员

---

① 黄旭华访谈——蛟龙入海，2014年9月26日，武汉。资料存于采集工程数据库。

② 尤庆文访谈，2014年3月14日，武汉。存地同上。

③ 尤庆文访谈，2014年3月14日，武汉。资料存于采集工程数据库。

图7-4 黄旭华于指挥舰上观测"404"艇艇位（1988年4月21日。资料来源：黄旭华提供）

一起，共176人登上"404"艇，航行至试验海区准备第二天的极限深潜。4月29日上午9时许，核潜艇开始下潜，潜水均衡后出现了水声通讯不畅的问题，潜艇被迫上浮至潜望深度待命。由于前一天海上编队航行时，"404"就曾因为调整水舱注水压力不当而出现过夜晚紧急抢修的问题，此时又出现了通讯不畅的状况，因此艇内气氛骤然紧张起来。

此时，为了舒缓紧张的气氛，有人提出大家一起高唱歌曲《血染的风采》。黄旭华则笑着说："《血染的风采》这首歌我也喜欢，但是有些悲情，我们是去试验的，是去拿数据的，不是去牺牲。我们要唱就唱《中国人民志愿军战歌》，这首歌气势雄壮、催人奋进。"于是，他带领大家一起高唱："雄赳赳、气昂昂、跨过鸭绿江，保和平、为祖国、就是保家乡，中国好儿女，齐心团结进……"顿时艇内的气氛活跃了起来，大家的情绪也渐渐放松开来①。

---

① 《黄旭华·核潜艇，我的不了情》，中央电视台七套，2014年10月6日。武汉市科协等编：三十年的荒岛生涯——黄旭华院士的科研人生。见：武汉市科协等编，《江城院士风采》。武汉：武汉出版社，2008年10月第1版，第73页。

上午 11 时许，经研究决定核潜艇继续下潜。于是，"404"像一头巨鲸一样一头向大海深处扎下去，100 米、200 米、250 米，当下潜深度到达 280 米时，海水巨大的压力开始挤压着艇体，部分舱门因为变形压紧而无法打开，舱内陆续发出令人心惊肉跳"咔嗒、咔嗒"的响声，有人特意一次一次地数过了，一共 11 次，每一次都击打着参试人员的耳膜和心房。在指挥舱内，黄旭华及其他负责人眼瞅着一根支撑深度计的角钢，随着下潜深度不断增加而渐渐扭曲，大家的心都提到了嗓子眼，场面的确让人"瘆"的慌。当时各舱内共有 19 处开始漏水，经检修紧固后恢复正常。

为了稳定情绪，黄旭华等上艇领导告诉大家，这声音是高压下艇体结构相互挤压所发出的，结构变形是正常的，都在设计与控制范围以内。

七院及 719 所的深潜队长尤庆文按照黄旭华的布置，专门负责照看主循环系统的波纹管，主波纹管的直径很大，艇体压缩变形后也引起它的变形，而它变形太严重就容易破裂，主波纹管破裂对核潜艇来说那将是一种灾难。核潜艇下潜至大深度后，舱室和主波纹管都断断续续发出声音，尤庆文抱着录音机跟在机电长后面，把舱室发出的声音和下潜指令都录下来，整个过程录制了两盘录音带，如今这些录音带还在 719 所档案室存放着。主波纹管发出的声音随着下潜深度的加大而逐渐变化，机电长关切的问尤庆文怎么样，由于下潜前尤庆文与黄旭华有过交流，对这种变化心里比较有底，明白这在黄旭华的预计之内，就告诉机电长和舱内人员这些声音和变化属于正常的、没问题。

采集小组采访过多位当年经历过深潜的技术人员，也搜集了大量对当年深潜的回忆录及文献报道，发现每一位当事人对深潜时艇内发生情况的描述均有一定的差异，不明就里之余请教了黄旭华院士。他解释说，核潜艇有多个舱室，每一位同志的职责和任务不同，所处的舱室就不同，每一个舱室的结构及设备也不相同，因此在大深度时出现的状况和发出的声音就有一定的差异。

在下潜的过程中，黄旭华与其他几个研究机构的深潜负责人一起合计过，当接近设计极限深度时，舱内因为受到巨大压力的挤压肯定会出现一些变形和响声，为了避免恐慌，决定让播报下潜深度的技术人员播报英文

字 母 A、B、C。A、B、C 对应的深度和性质黄旭华事先已经确定了，A 表示"接近达极限深度，继续下潜"；B 表示"到达设计临界点，艇压尚能承受，可以继续下潜"；C 表示"已过设计深度，艇体无法承受，停止下潜"。这样一来，就连艇长都莫名其妙，除了少数几个人知道具体深度外，其他人

图 7-5 "404"艇深潜试验顺利达到极限深度后，现场指挥部人员露出笑颜（左起依次为：核潜艇总体建造厂副厂长王道桐、黄旭华、北海舰队副参谋长王守仁、总师办主任吴庭国）（1988 年 4 月 29 日。资料来源：黄旭华提供）

也就不知道下潜的具体深度，从而避免不良情绪的蔓延。

在接近大深度时，黄旭华镇定自若，指挥参试人员按规程操作、记录、播报，一切紧张而有序。操作人员神情集中，临危不惧，恪守岗位。中午 12 时 10 分 52 秒，第二舱的深度计指针指向极限深度 300 米，并略有超出，随着一声清脆的"停"的指令，舱内寂静一阵后爆发出阵阵欢呼——极限深潜成功了！

黄旭华说，核潜艇顺利下潜到设计极限深度，全艇机械设备运转正常，表明深潜试验成功，证明核潜艇的艇体结构设计与制造是成功和合格的，通海系统安全可靠，符合战术需要。

核潜艇在极限深度滞留一段时间后开始上浮，上浮至 100 米左右时，指挥舱内的王守仁、黄旭华、王道桐、吴庭国四位负责人一起合影留念。黄旭华余兴未尽，恰好有艇员让黄旭华总师提几个字，他略一沉吟，即挥毫泼墨，一气呵成地写下了：

花甲痴翁，志探龙宫；惊涛骇浪，乐在其中。[①]

---

① 黄旭华访谈——蛟龙入海，2014 年 9 月 26 日，武汉。资料存于采集工程数据库。杨连新：《见证中国核潜艇》。北京：海军出版社，2013 年，第 179、218 页。

这首传颂在核潜艇发展史上的壮丽诗篇，不仅抒发了一种大无畏豪情，其表达的乐观主义亦溢于字面墨间。

潜艇深潜成功浮至海面后，黄旭华兴奋地站在潜艇背上，对着镜头挥动自己的大手，为极限深潜留下了一个永恒的纪念。

图7-6　站在"404"艇前挥舞手臂欢呼深潜试验成功
（1988年4月30日。资料来源：黄旭华提供）

在世界核潜艇的研制历史上，黄旭华是首位核潜艇总设计师亲自跟随核潜艇完成极限深潜的第一人。

"404"艇浮出水面后，水面指挥人员、参试人员、保障人员高兴的彼此拥抱，许多人热泪盈眶，激动兴奋之情溢于言表。几十艘参加试验、保障、保卫、指挥的水面舰船一起拉响汽笛，久久不息的笛声回荡在辽阔的南海之上，向核潜艇及全体参试壮士们致敬！[①]

"你当时真的不害怕吗？"黄旭华已经记不清多少次被亲人、领导、同事、朋友、记者各色人等问过这样的问题。当采集小组同样问他这个问题时，黄老[②]甚至有些无奈，但仁厚善良的他还是没有让我们失望。黄旭华说，按照深潜计划，他是在水面指挥舰上参与深潜指挥的，没有哪一位领导提出过让他参加深潜，连想都没有想过，世界各国也没有这样的先例。当黄旭华决定参与深潜后，所有的领导都很诧异，大家纷纷竭力劝止。但是，在黄旭华详细地陈述了自己下潜的若干好处和理由、并表明决心已定之后，大家也觉得他考虑的很周到、很合理，同时有利于稳定参试队伍的情绪，就尊重了他的决定。

黄旭华诚朴地说，他决定亲自参加下潜，绝非一时冲动之举，也不是为了显示自己的勇敢，也不是不怕死，他其时已经64岁了，无需那样去

①　杨连新：《见证中国核潜艇》。北京：海军出版社，2013年，第180页。
②　我们在访谈中都这样称呼黄旭华院士。

涉险。决定下潜，纯粹是
一个理性的决定。他说他
当时是基于这样几个考虑
做出决定的。

图 7-7 深潜试验胜利归来，黄旭华出艇时的激动身影
（1988 年 4 月 30 日。资料来源：黄旭华提供）

第一，他对自己呕
心沥血 30 年设计的核潜
艇充满自信。自 1958 年
开始论证设计核潜艇的总
体结构，已经不知经过了
多少次的计算、推理、论
证、审查、实验、试验，1970 年下水以后虽然没有深潜过，但是无数次的
航行、试验所建立起的对艇体结构的认识及对事故的分析，让他对"091"
的耐压艇壳及总体结构设计充满了自信，他对下潜至 300 米的设计深度满
怀信心。他甚至不认为 300 米是极限深度，准确的说是设计深度或者试验
验证深度，因为他们对"091"的下潜深度的设计留有足够的余量，应对
300 米深度的压力没有任何问题。他认为没什么危险，或者说危险很小。有
人问过他有多大的把握，他说至少九成以上。

其实，对"404"下潜到 300 米的设计深度充满信心的不仅仅只有黄旭
华。在采集小组的访谈中，当时作为七院及 719 所深潜试验队长的尤庆文
对潜至 300 米的设计深度也很有把握。他参加过我国常规潜艇的深潜试验，
潜至 270 米安然无恙，虽说核潜艇的结构设计因为动力系统的差异而有所
不同，但尤庆文认为潜至 300 米应该是有把握的。尤庆文告诉我们，他对
黄旭华总师的设计很有信心，在下潜时虽不能说完全不紧张，但是对于深
潜成功他深信不疑。

第二，在建造过程中，对每一根钢梁、钢板及其他材料都反复检查、
检验过，建造的每一个阶段和环节建造厂都严格把关，驻厂设计人员也都
认真检查后做过结论。黄旭华对核潜艇建造厂的工作很放心，对建造质量
也充满信心[1]。

———————————

① 黄旭华访谈——蛟龙入海，2014 年 9 月 26 日，武汉。资料存于采集工程数据库。

第三，"091"已经下水 10 多年了，已经经历过很多试验，虽然事故不断，但是大都在配套设备的质量问题上，艇体结构及其质量没有出过任何大的问题，以他从专业的角度推断，深潜没有问题。

第四，深潜试验之前，719 所、核潜艇总体建造厂、军事代表对全艇所有系统、材料、设备、管道几乎篦过几遍，并采用超声波、X 光探伤设备反复核查，对每一个细节都做出了稳妥的处理。

第五，黄旭华认为他亲自参与深潜很有好处，如果出现问题，作为总设计师他心里比较有底，可以现场分析、处置、拍板，而别人未必有这个把握及能力。

最后，他认为深潜的确风险的确很大，自己设计的艇自己亲自参与深潜可以给所有参试人员传递一个信心，言语的说教不可能比一个正确的行为更有说服力。

当然，黄旭华也绝非盲目自大自信，他也承认当时还是有两个让他担心的地方。一是有没有超出我知识范围之外的东西，由于我还没认识到，最终在深潜时出现了。二是对艇上的部分设备质量还是有些担心。"091"艇上的设备都是在"文化大革命"期间制造的，当时批量订货的，许多设备的质量经常出问题，尽管已经多次复查，但是是否有疏漏还是不敢保证。他同时也补充说，只要他亲自下潜，即使出现这两个问题，他认为他也有能力及时应对，保证极限深潜的成功。

可是，黄旭华的夫人可没他那么自信与平静。当远在武汉 719 所的李世英女士得知深潜试验成功后，不禁放声大哭，几个月来她没睡一个安稳觉，一颗心总是悬在嗓子眼上。为了怕孩子们担心，她都没告诉孩子们她们父亲亲自参加深潜试验的事①。

极限深潜试验成功后，余下两个航次分别是水下全速航行试验和大深度发射鱼雷试验。1988 年 5 月 13 日 13 时 16 分，"长征四号"水下全速航行试验取得圆满成功。1988 年 5 月 25 日，大深度鱼雷发射试验顺利完成。

---

① 李世英访谈，2014 年 9 月 24 日，武汉。资料存于采集工程数据库。武汉市科协等编：三十年的荒岛生涯——黄旭华院士的科研人生。见：武汉市科协等编，《江城院士风采》。武汉：武汉出版社，2008 年 10 月第 1 版，第 74 页。

图 7-8　黄旭华（第二排左五）和张金麟（第二排右五）等 719 所参试人员在水下全功率高
速航行试验成功后合影（1988 年 5 月 14 日。资料来源：黄旭华提供）

在这两次试验中，总设计师黄旭华作为指挥小组成员在水面舰艇上参与决策指挥，亲眼见证了全部试验的顺利完成。

在给我们回顾"长征四号"深水试验的过程中，黄旭华还给我们展示了"982"任务结束后由海军深水试验办公室（也称"982"办公室）专门

图 7-9　大深度发射鱼雷试验进行过程中，黄旭华（左）与张金麟（中）等人在指挥舰上讨论试验情况（1988 年 5 月 25 日。资料来源：黄旭华提供）

制作的《九八二试验纪念册》。这个纪念册附有参试的"404"号核潜艇照片一张，相册的扉页用红色的油墨印刷着下列一段文字：

我国自行研制的"〇九 -I"型"404"号核潜艇，经国务院、中

央军委批准，由海军会同船舶工业总公司、原核工业部等有关部门，于 1988 年 4 月至 5 月在南海海域成功地进行了极限深度下潜、水下全速航行和大深度发射鱼雷三项试验。核潜艇深水试验在我国尚属首次，得到了总参谋部、国防科工委、原国家机械委、广州军区、广东省人民政府的热情关怀和大力支持。全体参试人员在试验领导小组的正确领导下，大力协同、顽强拼搏，圆满地完成了任务，为我国核潜艇事业的发展做出了重大的贡献。

深水系列试验顺利完成，既证明了"091"的研制是成功的，又标志着我国第一代鱼雷攻击型核潜艇的研制走完了全过程，真正具备实战的能力。"091"的研制成功是我国国防建设及海军武器装备发展史上一个浓墨重彩的篇章。

参与指挥"9182"潜地导弹发射试验

黄旭华院士介绍说，"09"工程是由"堆"（即艇用核反应堆）、"艇"（即核潜艇总体）和"弹"（潜射弹道导弹）三驾马车组成。没有"弹"的核潜艇只能算是没有牙齿的鲨鱼。因此，"09"工程 1958 年获批及 1965 年再次上马后，在"堆"和"艇"的研制不断捷报频传的同时，潜射弹道导弹的研制也是一步一个脚印，不断取得突破，与"堆"和"艇"的研制大体保持着协调和同步。

我国潜射导弹的研制自 1958 年核潜艇工程获批后即着手酝酿，1965 年 8 月由七机部四院四部正式开始研制，稍后在周恩来总理主持召开的中央专委会会议上确定了与弹道导弹核潜艇研制同步，直接研制应用于弹道导弹核潜艇的两极中程固体导弹的方案。1967 年 3 月，国防科委召开会议对核潜艇导弹武器系统的研制进行了分工，七机部组织了总体方案论证，我国第一代潜地固体导弹进入全面技术攻关和研制试验阶段。

从 1968 年开始，位于三线的七机部四院四部迁至北京，划归一院建制负责潜地导弹的研制工作，我国"两弹一星"元勋、"东风"型号导弹副总设计师黄纬禄院士出任潜地导弹总体设计部主任，承担潜地导弹研制的技术抓总工作。自此，因为"09"工程，为了艇与弹的配合与协调工作，黄旭华与黄纬禄走到了一起，被人并称为"09"工程的"二黄"。1979 年，黄纬禄任潜地导弹型号总设计师，同时与黄旭华一同出任"09"工程的副总设计师。1983 年黄旭华继任第二任总设计师后，黄纬禄继续作为副总设计师相互配合工作。黄旭华对黄纬禄尊重有加，对他的敬业精神及卓越的专业能力赞誉不已，并深深的怀念这位风雨同舟的好战友。

1970 年，在黄旭华及 719 所等单位的支持下，713 所完成了导弹水下发射系统的研制，同时 719 所也依据黄旭华的指示攻克了潜地导弹发射过程中艇体姿态保持、避免故障弹砸艇的技术难题。同时，黄纬禄在黄旭华的配合下，逐步通过原有发射水筒、风洞等设施进行了潜地导弹的缩比模型弹射试验、研究性试验和发射试验，完成了水下发射导弹的各种模拟试验，取得了水下弹道研究的各类试验数据。1972 年 10 月，首次真实海况下利用常规潜艇进行全尺寸潜地模型弹水下发射成功，1981 年 6 月 17 日，潜地遥测导弹陆上发射台发射试验成功。1982 年 1 月 7 日，潜地遥测导弹陆上发射筒发射试验成功，潜地导弹的研制趋于成熟，将接受潜艇真实的水下发射试验。

潜地导弹完成陆上各项试验后，进入潜艇发射遥测弹试验阶段，这是真正考验潜地导弹从水下发射、到出水、空中飞行控制、落地命中目标的全程飞行状态的试验。黄旭华说潜射导弹整个试验过程非常复杂，第一，它不是用装有核弹头的弹道导弹，而是使用遥测弹。遥测弹也是真正的导弹，不过导弹的战斗部不是核弹头而是各种测量仪器。第二，潜射试验也不是直接使用弹道导弹核潜艇进行试验，而是分步骤试验，先使用常规潜艇在水下发射导弹，取得成功后才能在核潜艇上进行试验，只有最终在核潜艇上发射成功，才算整个实验圆满完成任务，潜射弹道导弹核潜艇才具备实战能力。

黄旭华介绍说，我国的潜射弹道导弹试验是按照计划分三次进行的，分别称为"9182"任务、"9185"任务和"9188"任务。

"9182"任务是使用常规潜艇水下发射我国自行研制的"巨浪1"号潜地导弹。"巨浪1"潜地导弹是我国第一代两极固体潜射战略导弹，射程2000余公里，当时我国的核潜艇、潜射导弹、飞行控制及测控系统都是新研制的，技术难度大。导弹飞行分为首区、一级落区和末区，参试单位多、保障兵力多、协作协同难度大。为此，必须成立一套完整的行政和技术领导协调机构来保障试验的顺利进行。

为了保证"9182"任务的顺利进行，1980年，由海军和国防科委主要领导组成的潜地导弹海上试验领导小组成立，对整个试验承担行政领导和组织指挥的任务。1981年，试验总师制度得以建立，潜地导弹总设计师黄纬禄任试验总师，"09"副总设计师黄旭华、国防科委测量通讯总体所副所长沈荣骏、海军潜地导弹试验部队参谋长谢国琳任副总师，试验总师、副总师承担试验中的技术协调工作。

"9182"任务的各类参试人员近3万人，二线工作人员近4万名，地域跨度近3000公里，为了保证试验的顺利进行，潜地导弹海上试验领导小组在试验首区和末区分别成立了指挥部和临时党委。

黄旭华以"09"工程的副总设计师、潜地导弹试验副总师的身份出任"9182"任务首区的副总指挥，与同为首区副总指挥黄纬禄一起承担潜地导弹的检验和测试、发射前的检查和准备、通信系统的准备、海上一级落区的警戒和气象保障等任务。当时首区指挥部设在海军实验基地第二试验区。

黄旭华回顾说，执行"9182"潜地导弹水下发射任务的是我国当时唯一的一艘常规弹道导弹潜艇"长城200"号，该艇是1959年依据中苏《二四协定》转让仿制的"629"型常规弹道导弹潜艇，也就是通常所说的"31"型潜艇。黄旭华对这艘常规潜艇非常熟悉，在他对"092"的方案论证及总体结构设计中，极大地参考借鉴了这艘常规潜艇的设计思想和技术，"长城200"号在工程学上是我国弹道导弹核潜艇的母艇，对"092"的研制功不可没。

据黄旭华回忆，1982年8月底，"9182"任务进入关键时刻，试验导弹完成检验和测试，发射准备工作基本就绪，首区指挥部组织了测控通信系

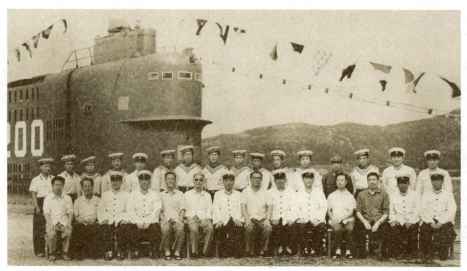

图 7-10 "9182" 任务参试官兵留影（前排左二：黄旭华，前排左五：黄纬禄，前排左六：张爱萍）（1982 年 10 月。资料来源：黄旭华提供）

统校正联试。中央军委副秘书长张爱萍将军代表国务院、中央军委亲临试验现场视察各项发射准备工作。张爱萍走访各试验岗位，检查测控系统工作状况，听取有关情况汇报，观看潜艇水下发射导弹的模拟演练，感受了参试人员的高涨热情。最后，张爱萍将军对导弹发射前的各项准备工作非常满意，兴致勃勃地做了三个题词：

为潜地导弹发射的"长城 200"号弹道导弹潜艇题下了："骑鲸蹈海，激浪冲天"；

为潜地导弹实验基地题下了："哪怕狂风激恶浪，定叫惊雷震海天"；

为发射首区指挥部所在的海军第二试验区题下了："试验冲破千重关，操作练就绝妙手"。

黄旭华对张爱萍将军的三段题词印象深刻、欣赏不已，并将这三首题词运用他创作的讴歌"09"精神的两首歌曲中。在后面的"09"精神的章节中我们将把这两首歌曲的词作奉献给读者。

1982 年 9 月 20 日，国防科工委和海军在北京联合召开"9182"任务动员大会，发布了"9182"任务动员令，张爱萍将军在会议上要求全体参试人员立刻进入"战时状态"，并借用军委主席邓小平说过的"成功了是你们的，失败了是我的"这句话来勉励大家。动员大会要求 9 月 30 日前一切准备工作就绪。

1982 年 9 月 23 日，全体试验区参试单位和人员组织了最后一次合练，一次成功，各项准备工作全部就绪，各位参试人员全部到位。

1982 年 10 月 1 日，中华人民共和国新华通讯社授权向全世界航公告：

> 中华人民共和国将于 1982 年 10 月 7 日至 10 月 26 日，向北纬 28 度 13 分、东经 123 度 53 分为中心，半径 35 海里圆形海域范围内的公海上发射运载火箭……。

"巨浪 1"号潜射导弹发射试验进入最后的发射窗口阶段。

1982 年 10 月 7 日凌晨，一个难得的好天气，黄旭华同全体参试人员一道进入各自的岗位，做好各项准备工作，期待发射时刻的来临。15 时 14 分 01 秒，"长城 200"号弹道导弹潜艇发射了第一枚潜地导弹。发射、出水、点火正常，但点火升空约 100 米时，意外的情况发生了，导弹突然失控翻转，在空中以大姿态角度"调头"飞落，超出安全范围后爆炸，碎片散落入海中。当时所有人，包括黄纬禄、黄旭华等指挥负责人在内，对于这一突发变故，一时之间都有点反应不过来，紧张的情绪也迅速笼罩着大家。

黄旭华回忆说，首射失利后，参试人员还是很紧张的，甚至担心被追究责任。但是，中央军委及海军领导人聂荣臻、徐向前、张爱萍等人在首射失败后相继作出指示，要大家不要泄气、更不要相互埋怨或者追究责任，要总结经验、找出问题，以利再战。黄旭华感慨地说，中央领导的关怀和鼓励，使广大参试人员放下了思想包袱，黄纬禄、黄旭华迅速组织技术人员进行分析、审核和检验，很快找到了事故的原因。

钱伟长等主编的《中国当代著名科学家黄纬禄》一书对"巨浪 1"号潜射导弹首射失利的原因披露如下：

> ……导弹起飞后一级失去了控制，导致静不稳定单体的姿态角很快发散；而一级控制信号来自二级的惯性器件，两者是通过级间的分

离插头连接起来的……确认是这个分离插头提前脱落了。

连接一级和二级弹体之间的控制信号传感插头的提前脱落，酿成了首射失利的事故。但是，凡事都有其两面性，对于科学试验而言，毛泽东的"失败是成功之母"是很符合科学研究的原理的。通过对事故的分析，无论是黄纬禄还是黄旭华都觉得这次事故很有价值、意义重大，这次事故事实上类似于一个验证性试验，让黄纬禄和黄旭华无意中有了一个新的收获。

从军事科学来看，大凡尖端或者核心武器装备，在出现事故后，尽可能要求自毁，以免落入敌手或者造成技术泄密。从黄纬禄看来，这次失利的发射，可以看作是一次成功的导弹自毁试验，符合先进武器装备的设计原则。此外，这次导弹自毁后把火箭发动机等重要部件炸成碎片，这在海上不会对发射潜艇或者其他舰船造成二次损伤，在陆地上也不至于对地面物体造成灾难性事故。

对于黄旭华来说，这次火箭发射失败自毁，客观上验证了在潜射导弹发射时潜艇艇体姿态控制设计方案具有较高的合理性。在潜艇发射导弹时，艇体的姿态控制要考虑故障弹出水后坠落是否会砸伤艇体。这次事故造成的导弹自毁虽然是发生在常规弹道导弹潜艇上，直接验证了故障弹无论是否自毁，都会坠落在常规潜艇的安全距离之外，据此推论，即使是弹道导弹核潜艇发射潜射导弹，采用设计中的艇体姿态控制方案，故障弹也不会对核潜艇的安全造成危害。

首射失利原因找到后，黄纬禄优化了级间插头设计，采用了双保险的设计方案，确保了发射的可靠性。随即，第二次发射进入准备阶段。

1982 年 10 月 12 日 15 时 01 分，"长城 200"

图 7-11 "9182"任务顺利完成后黄旭华（左二）与黄纬禄（左一）、七院院长林毅（左三）等兴奋交谈（1982 年 10 月于大连。资料来源：黄旭华提供）

图 7-12　黄旭华（前排左三）等参加 "9182" 任务的 719 所同志于试验胜利结束后合影（1982 年 10 月。资料来源：黄旭华提供）

号发射了第二枚潜地导弹，导弹出筒、跃出海面、二次点火，然后拖着长长的烟龙直上云天，划过一条优美的弧线后消失在遥远的天际。

黄旭华说，当时的心情是既紧张又兴奋，指挥所里寂静无声，空气像凝固了一般。大家连大气都不敢喘，在期待中倾听着导弹飞行情况的报告：

"导弹发射正常！"

"一级发动机点火！"

"导弹两级分离！"

"头体分离正常！"①

约 10 分钟后，指挥所大厅广播传来新的报告：

"末区发现目标！"

----

① 杨连新：《见证中国核潜艇》。北京：海军出版社，2013 年，第 147 页。

"弹头命中预定海域！"

杨连新先生的《见证中国核潜艇》对这个过程有完整的描述，黄旭华也给我们回顾了这个过程。导弹经过水下段、控制段、自动段飞行，最终落入预定海域。导弹落点精准，误差很小。测量控制系统跟踪了导弹飞行的全过程，获得了大量宝贵的数据，潜艇水下发射潜地导弹取得了圆满的成功，"9182"任务顺利完成。

当获知导弹准确命中目标、"巨浪1"号发射成功后，黄旭华和黄纬禄紧紧的拥抱在一起，其他人也纷纷上来与黄纬禄握手道贺。10月16日，中共中央、国务院、中央军委向全体参试人员发来贺电，次日《人民日报》《解放军报》头版均报道了"9182"任务试验成功。张爱萍将军也激动地为潜地导弹发射成功即兴赋诗填词《浪淘沙·喜庆潜艇发射运载火箭成功》，纪念中华人民共和国成为世界上第五个拥有海基威慑力的核大国。

1986年，"固体潜地战略武器及潜艇水下发射"与"第一代核潜艇研究设计"同获1985年度、也是我国首届国家科技进步奖特等奖。黄纬禄、黄旭华分别因为在核潜艇研究设计及潜地导弹研制上的卓越贡献同获殊荣。

协助指挥"9185""9188"发射试验

黄旭华告诉我们，"9182"虽然成功了，但它只是一个阶段性试验任务。"9182"任务中的潜地导弹是利用常规潜艇发射的，只有最终在弹道导弹核潜艇上发射成功，"巨浪1"号潜地导弹才能定型。因此，"9182"成功后，利用"092"弹道导弹核潜艇发射"巨浪1"号潜地导弹的试验进入了议事日程，这个试验分两个阶段进行，分别称为"915"任务和"9185"任务。

黄旭华介绍说，弹道导弹核潜艇发射潜地导弹，不能一上来就实艇、实弹的试验，得有个过程，循序渐进。在"092"正式发射"巨浪1"号之前，需要对如下三个问题进行试验验证：

第一，"092"艇发射装置及控制系统能否满足"巨浪1"号遥测弹的发射要求；

第二，"092"艇及导弹发射装置的操纵性、控制性、协调性和可靠性；

第三，潜地导弹与核潜艇的相互配合及艇在发射时的安全性①。

以上三项试验验证内容就是"915"试验的任务。"915"任务是利用弹道导弹核潜艇在水下进行模型弹的弹射试验来验证上述三项内容。"915"任务与719所的关系较为紧密，作为"09"总设计师及719所所长的黄旭华，指示钱凌白等人做好试验的各项准备工作，对发射时艇的姿态控制及操纵性、艇与发射系统、艇与弹的各种技术问题进行充分的审核与论证，确保发射时艇的姿态及操纵符合发射条件②。

图7-13 "9185"任务首区指挥部举行誓师大会（居中为黄旭华）（1985年9月。资料来源：黄旭华提供）

经过一年多的准备，"915"试验于1984年4月6日至28日进行，在渤海海域发射了4枚模型弹，3枚取得成功。试验结果证明了弹道导弹核潜艇操纵性能良好、发射系统设计正确，艇与弹协调合理，符合发射条件，弹道导弹核潜艇具备实射潜地导弹的能力。

"915"试验成功后，弹道导弹核潜艇发射"巨浪1"号潜地导弹的试验进入"9185"任务试验段，即"092"水下发射"巨浪1"号潜地导弹遥测弹试验。有了"9182"成功的经验，"9185"试验的各项准备工作迅速启动并完成。1985年5月，国防科工委和海军遵照中共中央、国务院、中央军委的指示向有关单位下达了"9185"任务，参照"9182"任务模式成立了发射首区和末区指挥部，其中发射首区设立总师组，黄纬禄、黄旭华、

①　黄旭华访谈——蛟龙入海，2014年9月26日，武汉。资料存于采集工程数据库。

②　钱凌白访谈，2014年3月14日，武汉。存地同①。

赵仁恺、周渗林四人组成总师组，黄纬禄任组长。

1985年9月28日，"406"号弹道导弹核潜艇到达发射海域，各项准备工作就绪后首次实施水下发射潜地导弹。导弹顺利出水后飞行爬高，但随后导弹变得不稳定，稍后翻转自毁。随后于10月7日和10月15日又进行了两枚导弹的发射试验，都遭遇了同样的失败结果。

黄旭华介绍说，虽然"9185"试验三次发射均告失利，但是试验证明了弹道导弹核潜艇总体结构是合理的，发射时的姿态控制也是成功的，导弹发射动力系统工作正常。至于"9185"发射失利的原因，黄旭华及在"9185"任务中担任719所试验队队长、中船总公司试验队技术协调组组长、发射首区指挥部技术协调组副组长的钱凌白给我们做了如下的介绍。

"9182"任务发射的潜射导弹是"01"批遥测弹，采用的是水下发射，水上点火的发射方式。"9182"成功后，国内有人 [①] 提出国外有关国家的潜地导弹已经采用水下点火的发射方式，并得到了高层的认同，于是决定"9185"任务采用在弹道导弹核潜艇上实施水下发射、水下点火的方式进行发射试验。"9185"试验所使用的潜地导弹是"02"批遥测弹，这批导

图7-14　黄旭华（前排右七）、钱凌白（前排左五）等"9185"任务参试人员合影（1985
年10月。资料来源：黄旭华提供）

① 黄旭华、钱凌白因为某些原因婉拒了采集小组要求提供这些人姓名的请求。

弹与"01"批遥测弹不同，设计采用水下点火方式。"9185"试验失败后，"巨浪1"导弹总设计师黄纬禄会同黄旭华经反复论证后认为是水下发射的力学环境太复杂，"巨浪1"潜地导弹不适合进行水下点火。黄纬禄甚至充满信心地断言，"9185"如果像"9182"一样采用水下发射、水上点火的方式进行发射试验，肯定可以取得圆满成功。

黄旭华说，"9185"发射失利，至少证明了"巨浪1"型潜地导弹不适宜采用水下点火的发射方式，同时间接证明了在当时的技术条件下，我们不具备采用水下点火发射潜地导弹的技术能力。黄旭华进一步给我们补充说，直到今天，世界上拥有弹道导弹核潜艇的国家发射潜射弹道导弹依然存在水上点火和水下点火两种发射方式，两种方式各具特点，不存在哪一种更优越的问题。当笔者询问我国新一代弹道导弹核潜艇是采用哪种点火方式发射导弹时，黄旭华院士微笑不答。

"9185"发射失利否定了导弹水下点火的发射方式，国防科工委和海军批准自1987年开始，启动第二次弹道导弹核潜艇水下发射潜地导弹的试验，这次试验称为"9188"任务。"9188"采用与"9182"相同的水下发射、水上点火的发射模式，并明确作为"巨浪1"型潜地导弹的定型试验。

由于有了"9185"的失利教训，在执行"9188"任务之前，依据此前的几次试验的情况，对导弹水下发射的技术参数进行了完善，并于1987年实施了弹道导弹核潜艇第二次水下发射模型弹的试验。通过6次模型弹的发射试验，系统地得到了导弹遥测的完整数据，同时完成了发射时艇体操控参数、发射装置动力系统参数、艇内环境和艇外海况参数、水文气象参数的测量，并对模型弹实施回收与分析。这次试验代号为"916"任务，这次任务达到了如期目的，它为"9188"任务做了良好的技术准备。

据黄旭华介绍及其他资料披露，在"9188"正式实施之前，考虑到这次试验是弹道导弹核潜艇武器系统及潜地导弹的定型试验，也将是第一代核潜艇最后一次重要的大型试验，因此，需要对弹道导弹核潜艇发射系统的瞄准精度进行测试，摸清和鉴定导弹武器系统在水下发射平台上的初始瞄准技术精确度，并以此评估潜地导弹最后命中目标的精度。这个试验在1986年4月至7月顺利完成，并达到了预期的目标。

1986 年 11 月，因为"9188"任务准备工作的需要，黄旭华出差去深圳大亚湾核电站。由于任务进行得较为顺利，时间也还算充裕，深圳离老家又那么近，对家乡、对母亲、对兄弟姐妹的眷念和愧疚一起涌上他的心头。自 1956 年回过一次家乡后，已经整整 30 年了，其间父亲和二哥相继去世他都未能回家，一时之间迫切回家的愿望异常强烈。经请示上级同意后，黄旭华于月底回到阔别三十年的广东老家，在肇庆与母亲曾慎其相见，与工作在此的弟弟妹妹们相会。30 年的阔别化为三整天的绵密絮叨，三天后，黄旭华辞别白发苍苍的母亲及弟妹们，愉快地踏上了水下长征的最后旅程。

1987 年底，"9188"任务正式拉开序幕。国防科工委和海军联合召开了实验工作会议，成立首区和末区指挥部。首区指挥部承担整个试验的组织工作，并指挥调度参试兵力，首区指挥长由海军基地司令员王惠悫担任，黄旭华与栾恩杰、陈德仁、赵孟、何志斌、丁桂阁、周淦林等人出任副指挥长，黄纬禄担任总设计师顾问。执行"9188"发射任务的依然是"406"号弹道导弹核潜艇，艇长为杜永国。

"9188"试验分为预先准备阶段、直接准备阶段、发射实施阶段和撤收阶段，1988 年初开始进入预先准备阶段，校飞、联试、训练、保障顺利进行，"03"批"巨浪 1"遥测弹也制造完成并运抵实验基地。1988 年 8 月 19 日，国务院总理李鹏亲临首区视察发射准备工作，并题词勉励全体参试人员。

1988 年 9 月 7 日，中华人民共和国新华通讯社再次授权向全世界发布禁航公告：中华人民共和国将于 1988 年 9 月 14 日至 10 月 3 日之间，向北纬 28 度 13 分、东经 123 度 53 分为中心，半径 35 海里圆形海域范围内的公海上发射运载火箭。随后，首区指挥部召开誓师大会，全体参试人员摩拳擦掌，满怀信心地期待着又一个激动人心的时刻的到来。

1988 年 9 月 15 日上午 9 时，参试人员全部到位，杜永国指挥"406"艇悄然离港，发射工作进入倒计时。其时在核潜艇艇长岗位担任二岗技术保障任务的钱凌白在回忆录中描述了导弹发射的过程。

9月15日，刮着南风，能见度很好。核潜艇和试验执勤船队出海到实验区。当首区指挥部发出"2小时准备"命令时，试验首区指挥部立即进入全面待机状态，潜艇下潜，开始水下航行，艇长杜永国命令导弹发射系统进行自检并对"巨浪1"导弹进行检测，首区的所有监控设备开始记录从核潜艇发来的信号。接着首区指挥部指挥长王惠悫（海军23试验基地司令）发出指令"一分钟准备"，当倒计时钟显示出30秒时，核潜艇导弹部门长报出了剩余秒数。接着，安全装置解锁，弹上脱落插头脱落。"发射！"艇长下达了命令，操作手按下了红色按钮。当导弹射出时，我们在艇上的人员都听到一声轰响，艇轻微地震动一下，很快就恢复了平稳，大家都宽慰地舒了口气。潜艇轻轻地关上了发射筒盖。①

导弹冲破海面，拖着长长的橘红色火焰直刺长空，消失在人们的视野之后，黄旭华的神经并没有放松，他紧张地倾听着总调度台不时传来的消息："导弹飞行正常！"、"跟踪正常！"；"第一级发动机脱落！"、"第二级发动机点火！"、"第二级发动机脱落！"。不久，在海上等候已久的"远望1"

图7-15　我国第一代核潜艇研制工程四位总设计师聚于"406"艇前（左起依次为：赵仁恺、彭士禄、黄纬禄、黄旭华）（1988年9月15日。资料来源：黄旭华提供）

号、"远望2"号测量船也传来报告："发现目标！"、"遥测船已测到再入舱，飞行正常！"、"再入舱溅落！"、"正中落点目标！"刹那间，各处参试人员齐声欢呼，所有船只齐声鸣笛庆贺发射成功。

拥抱、握手、击掌、雀跃，相互庆贺的浪潮席卷着首区指挥所，也淹没

① 钱凌白访谈，2014年3月14日，武汉。资料存于采集工程数据库。

了彭士禄、黄旭华、黄纬禄、赵仁恺，他们无不热泪盈眶，几十年的热血、几十年的汗水、几十年的艰辛终于迎来了成功。在试验成功返航后，我国第一代核潜艇首任总设计师彭士禄、第二任总设计师黄旭华、副总设计师黄纬禄和赵仁恺聚于凯旋归来的第一代弹道导弹核潜艇

图 7-16 "9188" 任务成功后合影〔左二起依次为：赵仁恺、黄旭华、黄纬禄、陈德仁（试验现场导弹组总负责人）〕（1988 年 9 月 15 日。资料来源：黄旭华提供）

"406" 号前亲切合影，这是一张最具纪念性的经典照片，它是 30 年我国第一代核潜艇从批准到形成战斗力的最富代表性的见证。

黄旭华和宋学斌、钱凌白等人说，从 "9185" 到 "9188"，无论是哪一次潜地导弹的弹射还是发射，是打模型弹还是遥测弹，弹道导弹核潜艇的发射姿态控制都是完美的。根据仪器测试，"406" 发射导弹时，艇体在行驶中的位置偏差、摇摆角、升沉角、偏航角都接近于零，艇体姿态接近完美，证明了 "092" 设计的科学性和先进性。

12 天后的 9 月 27 日，"406" 号核潜艇再次发射了一枚潜地导弹，同样取得了圆满成功，首制弹道导弹核潜艇潜地导弹定型试验全部结束，"9188" 任务圆满完成，我国正式成为继美国、苏联、法国、英国之后，第五个拥有核潜艇水下发射运载火箭能力的国家，人民海军拥有了捍卫和平的国之重器。

1989 年 12 月 24 日，在潜地核导弹武器系统定型审查会上。军委副主席刘华清见到黄旭华、黄纬禄等许多为核潜艇奋斗了大半生的老同志后，激动地说："毛主席等老一辈无产阶级革命家下的决心，现在终于实现了。1988 年海上试验成功，今年就要定型了，为祖国、为党争了一口气！大家是做出了巨大的贡献的，应当向所有参加研制工作的专家、广大科技人员、工人、解放军指战员表示由衷的感谢！"听到这句话，黄旭华百感交

集。的确，为了毛主席的誓言，他们默默地无悔地贡献了自己的一生。

黄旭华说，1987 年、1988 年是他最繁忙、最为奔波的两年，也算是最后的忙碌。这两年他同时忙于"091"的深潜试验和"092"的导弹发射试验，频繁往返于渤海湾及南海，横跨大半个中国。1988 年 5 月"982"任务结束后，他立马风尘仆仆赶往北海，协助指挥"9188"任务。最终，"982"、"9188"都画上了圆满的句号，从而让 1988 年成为黄旭华人生最有分量、最为厚重的总结。

1991 年 2 月，国务院、中央军委军工产品定型委员会批准了"巨浪 1"潜地核导弹武器系统定型。至此，我国第一代核潜艇研制基本结束，黄旭华也自此渐渐退居二线。

"091"首艇下水后，围绕"091"的完善和定型，黄旭华指示许君烈、宋学斌、钱凌白、闵耀元等技术骨干对系泊试验中存在的问题进行技术攻关，充分发挥他们的组织和技术才能，信任他们所提出的技术方案与建议，让"091"克服多重困难顺利定型，并交付海军使用。

在弹道导弹核潜艇的设计中，作为副总设计师的黄旭华对"092"的设计提出了"尖端与常规"及"毒蛇"的设计思想，并带领他的技术团队顺利地完成了总体方案的设计与论证。在"092"的弹舱结构、操纵性、导弹发射姿态控制等重大技术问题上贡献了自己的设计思想。同时，对于重大技术问题敢于拍板，勇于承担责任，在取消大陀螺的过程中，表现出了高度的精神上的自觉和技术上的自信。

"092"武备系统的设计与技术攻关，本不在黄旭华的责任范围之内，但是他为了"092"总体性能的提高依然不遗余力地贡献者着自己的能力。他对于导弹发射系统的设计与研制、对于导弹推进剂的选择等技术问题提出了诸多的合理化建议，并大都得到了采纳。与此同时，他与黄纬禄院士精诚合作，从艇体发射平台的特性及战略需要出发参与第一代潜射弹道导弹的研制，协助黄纬禄院士成功地完成"巨浪 1"号的研发，同时对导弹发射模式及点火方式的改进提供了有力的支持。

最能体现黄旭华的奉献精神、职业道德和科学智慧的当属深潜试验。

不需要空洞的思想说教、不需要过于专业的技术解释、也不需要矫揉造作的信誓旦旦，只需亲自坐镇下潜。行为的力量足以涤净所有的恐惧和疑虑，并守护自己的作品历经考验，畅游大海。

潜射导弹是核潜艇核威慑力的具体体现，是核潜艇战力的标志。作为水下发射平台的总设计师，为了国之重器的华诞，黄旭华全程协助黄纬禄院士作为技术主导的导弹发射工作，为保障潜地导弹发射成功提供了坚实的基础保障和技术支持。

在黄旭华等一代科学家及技术人员的努力下，我国的核蛟龙顺利入海，捍卫着祖国的安全和人民的福祉。

第八章
誓言无悔

从 1958 年开始、到 20 世纪 90 年代初的三十余年间，黄旭华似乎在同学、朋友、亲戚的视野中销声匿迹了，为了自己的理想、为了祖国的安危、为了毛主席的期望，他义无反顾地带着自己的家人走上了一条艰苦、无名、无悔的人生之路。

荒 岛 人 生

交通大学毕业后，黄旭华留在了中国最繁华的大城市上海，名牌大学毕业加上地下党的光荣历史让他的工作顺风顺水、蒸蒸日上。1956 年，黄旭华和漂亮聪慧的上海姑娘李世英喜结连理，次年家中又迎来宝贝女儿的降临，一切似乎意味着他们一家人将会在这个美丽的东方之珠过着一种幸福安逸的生活。

然而，许是天降大任，须得苦其心志、熬其筋骨。1958 年 8 月，一次看似平常的出差突然改变了一切。黄旭华从此离开了上海这座他学习、战斗、工作、生活了 12 年的大都市，来到了祖国的心脏北京。当然，这次调离并不遗憾，毕竟北京是中国的政治文化中心，是千年古都，那里有当时每一个中国人心中向往的红太阳——伟大领袖毛泽东主席。可惜，这里依然只是黄旭华及其家人的驿站，他们也注定只是首都的过客。1965 年，虽然"09"工程在黄旭华的渴望中上马，但这份渴望让他和他的家人以及许许多多的"09"人一道，度过了整整十年的、让人刻骨铭心的荒岛人生。

1965 年 6 月，719 所宣布成立并决定选址葫芦岛后，上级机关及新上任的所领导立刻开展研究所的建设工作。黄旭华回顾说，719 所成立后的一年多，始终是边搬迁、边建设、边工作。当时所领导对搬迁工作有顾虑，虽然上级机关对搬迁很支持，715、701 所也大力协助，但葫芦岛当时几乎是一座荒岛，又没有配套生活设施，条件很艰苦。而 715 所在北京、七院 12 室在大连，两地的条件要优越得多，搬迁到偏远落后的葫芦岛，职工们会不会有抵触或者怨言。然而，结果却让他们大跌眼镜，上级的搬迁决定一传达，人人表态，坚决服从上级命令。群众的觉悟这么高，让他们领导很受鼓舞[1]。

719 所一宣布成立，黄旭华即按照分工赶赴葫芦岛，参与领导和协调719 所的建设工作。比邻的核潜艇总体建造厂对 719 所的建设倾全力支持，首先就把建成不到 10 年的两栋灰色三层专家楼腾出来给 719 所办公。由于各方的大力支持，研究所的建设很快就初具规模，1965 年 10 月 6 日，核潜艇总体研究设计所正式成立大会在葫芦岛召开，七院院长于笑虹将军亲自到场主持，并发表讲话，勉励719 所的全体同志不负重托，为我国的核潜艇事业努力工作。黄旭华因为在主持北京工作组的工作而错过了成立大会，自己一直小有遗憾[2]。

719 所在葫芦岛正式建立起来了，大家纷纷从北京和大连搬到了葫芦岛，为了毛泽东的"核潜艇，一万年也要造出来"的誓言，开始了他们的荒岛人生。

葫芦岛是一座半岛，此前已经有一些简单的港口设施。港内水深大、水域宽阔畅通，冬季港内海水冻而不坚，宜于四季作业，地理条件优

---

[1]　黄旭华访谈——力克重艰铸重器，2014 年 7 月 31 日，武汉。资料存于采集工程数据库。

[2]　黄旭华访谈——天降大任，2014 年 7 月 17 日，武汉。存地同①。

越，作为核潜艇建造及试验基地可算是天然的好地方。但对于人的生活而言，这里可不是一个好地方。当时的葫芦岛荒芜凄凉、乱草丛生、人迹罕至。有一句打油诗是这样形容当时葫芦岛的状况的："葫芦岛、葫芦岛，两头大、中间小，风沙多、姑娘少，兔子野鸡满山跑。"到了冬季，葫芦岛更是寒风凛冽、呵气成霜。黄旭华对我们戏谑地说，葫芦岛是"一年两次风，一次刮半年"。

然而，不仅自然条件恶劣，当时葫芦岛的生活条件也很艰苦。不论是对原715所总体科还是对原701所2室的人来说，北京和大连这两个大城市的生活条件无疑比葫芦岛优越太多，突然来到这个荒凉偏僻的小岛，衣食住行都很不适应。"衣、食、住、行"食为先，首先难过的就是吃饭关，主食80%都是苞米面和红高粱米，不仅开始不会做，也吃不惯，最苦的就是那些来自南方的同志，刚吃这些粗粮咽都咽不下去。蔬菜稀缺，品种也少，一年到头都是白菜、萝卜和土豆。黄旭华曾经多次对我们说，葫芦岛的伙食基本上"中午是白菜炒土豆、晚上是土豆炒包菜"。

时任719所副总工程师尤子平对当时的生活有一段回忆：

> 当时那里风沙大，荒寂冷清，生活很艰苦，连自来水都供应紧张，生活区白天不供水，晚上才来一点，大家用盆盆罐罐接水备用。吃的是带糠的高粱米，定量少得可怜的一点玉米粉也是稀罕之物，每人每月3两油的供应一直维持了十来年，蔬菜几乎绝了迹。有一年春节将至，副食品商店门口居然贴出大张红纸，赫然写着："欢度春节，每人供应红方一块"（即酱豆腐），可见当时供应之匮乏。[①]

由于地处偏僻，当地没有与719所及建造厂配套的工厂、院校，所以因为工作的需要，719所的职工大部分时间都要在外地出差。每个出差的同志出发前都要登记自家及同事们需要采购货物的清单，出发时大家浩浩荡荡送到火车站，回来时大家又蜂拥来火车站接。火车一进站，出差回来

---

① 杨连新：《见证中国核潜艇》。北京：海军出版社，2013年，第75页。

的同志就打开车窗往下扔东西，大伙儿大袋、小袋的背回家，全是猪肉、猪油、大米、挂面、酱油、饼干、鸡蛋等副食品。当时在葫芦岛流传着一句顺口溜："离开时像兔子，采购时像疯子，回来时像骡子（一说像驴子），到家一甩像沙子，报账时像傻子。"

据黄旭华回顾说，那时出差的同志带回来的东西平均重量是150斤。有一位同志回来时扛着、背着、拎着一共23个行李袋，创造了719所出差购物回家的最高纪录。

黄旭华记得当时的大米供应极少，他们家平时主要吃的是一种掺杂了棒子粉、高粱面等杂粮的所谓标准面。这种面很硬，做成的大饼或者面条被形象地说成"大饼像锅盖，面条像皮带"。油的供应虽说是每人每月3两，但是经常缺乏供应，有时甚至半年也吃不上一滴油。除了油之外，猪肉的供应也一样没有保障，时有时无。到了冬季，家家户户挖地窖，用来贮存大白菜，大家都是几百斤几百斤地买，尽可能多的贮藏。万一贮藏不足，那可就要过一个悲惨的冬季了。

穷则思变，各家各户就慢慢开始养鸡。大家每天把鸡往海边赶，捞一些海藻让鸡吃，有时也添加一些苞米面。那些鸡很争气，天天下蛋，在一定程度改善了大家的生活。冬天零下一二十度，鸡在外面会冻死，就把鸡请进屋里来，在窗户边垒个鸡窝，把烂了的大白菜剁碎了喂鸡，鸡也下蛋。害怕的是发鸡瘟，虽然可以喂土霉素防治，但是鸡吃了土霉素就不再下蛋了，就只有炖了吃的份了。

吃的苦，住的也难。当时719所的住房大都是极其简陋的半成品房，冬季保暖的效果很差。黄旭华当时算是受到优待，一家人住在三楼。但是和大家一样，房子小、质量差不说，一年四季还没自来水。他们家在那里住了十几年，自来水就没上去过，总是去楼下端水。春夏秋还好说，冬天就很麻烦，他们家燕妮个子小，冬天端着水经常泼泼洒洒，常常把楼下人家的地坪都弄湿了，湿了就结冰，人走上去就会摔跤。黄旭华及其夫人李世英总是过意不去，可也没有办法。

不仅生活条件恶劣，办公条件同样也特别差。开始时300多人挤在两幢狭小的三层楼里，办公桌根本摆不开。好在出差的人多，谁出差了，就把谁的桌子搬到外面堆着，回来了再把后面出差的人的桌子挪走，就这样轮流着办公设计。黄旭华笑着说，他们当时发明的办公方式，放眼世界，可算是奇葩一朵。

由于岛上风沙较大，719 所及核潜艇总体建造厂也曾试图改变面貌，美化环境。于是全所职工带着"人定胜天"的理想在岛上植树。可是刚刚种好没几天，一夜大风刮过，第二天悉数拔的拔、倒的倒，再种上，再如是。反复几次后，大家也就灰心丧气，一切如旧。

职工们苦点、难点还能克服，最难的是当时的家属及孩子们。

黄旭华说，职工们要不忙着上班设计、要不出差在外，真正面对这些困难的其实是职工家属们。她们常年待在岛上，不仅要克服恶劣环境、供应短缺、交通闭塞、生活配套设施缺乏等困难，还要料理家庭、照顾老人、抚养孩子。黄旭华谈到这里总是感慨的说，家属们很苦，但并没有太多的怨言，她们对于核潜艇事业的付出一点也不比他们这些设计师们少。

对于在葫芦岛上的生活，黄旭华总是觉得愧对自己的三个女儿，尤其是大女儿燕妮。

1966 年初，由于夫人李世英一方面在北京的工作特别忙，另一方面怀孕在身，并将于 3 月底 4 月初去上海待产，黄旭华就把大女儿接到了葫芦岛。可是他一方面工作很忙，另一方面又经常在外出差，同时还在主持北京工作组的设计工作，实在没办法带孩子。无奈之下，只好把大女儿黄燕妮托付给一个叫徐春风的女同志带。徐春风白天也要上班，工作也很忙，因此大部分时候燕妮总是一个人孤独地待在家中。徐春风当时还是一个大姑娘，却像妈妈一样带了燕妮近一年的时间，直到李世英 1966 年底调到葫芦岛为止。徐春风后来嫁给

图 8-1　黄旭华一家在葫芦岛的合影（1975 年。资料来源：黄旭华提供）

了黄庆德，黄庆德交通大学一毕业就分配到葫芦岛，在工作中逐渐成长，业务能力越来越强，后来成为了新一代核潜艇副总设计师①。

1966年4月8日，黄旭华的夫人李世英在上海生下了他们的第二个女儿，黄旭华决定让孩子随夫人的姓氏，取名李骊。李骊基本在上海由外婆带大，仅仅在葫芦岛小住过，成家后去日本定居。

我们在采访黄旭华的大女儿黄燕妮时，她对在葫芦岛的生活记忆非常深刻，说起冬天在葫芦岛上学的情景，她至今仍然有些后怕。当时，整个葫芦岛只有一所核潜艇总体建造厂办的小学，学校位于两山之间的一个风口处，葫芦岛冬天本就寒气逼人，刮起的大风又如同刀子一样割在脸上、如同针一样扎在身上。上学时帽子、口罩、手套是必备的，一样都不能少。口罩哈出来的气在眼睫毛上结成冰，头发上结的冰霜和帽子常常冻到一起，每天上学到教室、放学回到家中时，心窝子里都是凉的②。

在对黄旭华、李世英及大女儿黄燕妮的访谈中，他们都讲到了一个冬天里黄燕妮上学死里逃生的故事。在叙述这个故事的过程时，黄旭华夫妇常常哽咽难语。黄旭华当时因为出差不在家，更是内疚绵绵。

那是一个冬天的早晨，风雪狂舞，李世英对女儿燕妮说今天风雪这么大，就别去上学了。可是，看似柔弱的燕妮和父亲一样倔强不答应，她一定要去上学。李世英见阻拦不住，就给她加上了一件皮背心，腰上再把她爸爸的皮带扎好。李世英说燕妮当时的样子活脱就是京剧《智取威虎山》③里的猎户女儿小常宝。平常，小学生下午四点就能回家，可那天天快黑了还没有燕妮的人影，这会儿李世英有些着急了，接着又听说邻居家的女孩子也没有回来，风雪依然在肆虐，李世英急的直跳脚。

原来，放学时，黄燕妮和另外一个女孩子想抄近道，近道可以节省一个小时，可厚厚的雪盖住了小路，平时的道路看不清，两个孩子只好深一脚浅一脚地在没膝深的雪地里爬行，常常掉进了齐胸口的坑里，根本就走

---

① 黄旭华访谈——力克重艰铸重器，2014年7月31日，武汉。资料存于采集工程数据库。李世英访谈，2014年9月24日，武汉。资料存于采集工程数据库。

② 黄燕妮、张卫访谈，2014年3月16日，武汉。存地同①。

③ 在采集小组的访谈中，李世英女士记忆有误，把京剧的名称说成了《林海雪原》，当时的京剧样板戏《智取威虎山》取自曲波小说《林海雪原》。

不动。等大人们把孩子找回来时，燕妮戴的头巾冻得像一块钢板一样，靴子里倒出来的全是冰碴。再看燕妮时，发现孩子嘴巴发紫、脸色发黑、浑身冰凉，一句话也说不出来。于是，李世英赶紧把燕妮送往医院，诊断为严重肺炎，心脏也不好。李世英心如刀绞，9天9夜没脱衣服，悉心地照料着孩子。燕妮算是自鬼门关里走一遭，从此身体更弱了①。

黄旭华、李世英夫妻俩告诉我们，那场大病加上葫芦岛的严寒，让燕妮患上了严重的哮喘病。一到冬天就喘的厉害，夜里常常要接氧气。李世英带着燕妮去好多地方治疗都没有效果，有一次在上海治疗期间，半夜里还去医院急诊抢救。即便在外地治疗有一些效果，一回到葫芦岛就复发了。1976年719所迁到武汉后，黄燕妮的哮喘病竟然不治而愈。

对于黄旭华这些为核潜艇奋斗的人来说，自然条件的恶劣、生活条件艰苦虽然让他们的肉体经受着煎熬，但这并不是最让他们感到最痛苦的。最让他们无法忍受的是荒诞的政治运动和精神上的折磨对他们所造成的戕害。

黄旭华在总结葫芦岛的生活时说，他们当时面对的不仅仅是恶劣的自然环境和糟糕的生活条件，还要承受无情的政治风波给他们带来的凌辱。葫芦岛十年，就是"文化大革命"的十年，许多同志及其家属在这场长达十年的风潮中都未能幸免。这次躲过了，下次逃不脱；今天在台上，明天就是阶下囚。几乎每天都有人因为这样或那样的原因被停职、反省、批斗、审查，或者被下放干校学习、接受劳动改造、喂猪教育锻炼等。

黄旭华、李世英告诉我们，1966年至1967年间，黄旭华多次被造反派、军宣队抓回来养猪，晚上也必须睡在猪圈里。即便是晚上加班搞设计，下班依然被军宣队送回猪圈，不准回家。猪圈其实离他们家很近，但不让黄旭华回家，也不准李世英去看望，唯有黄燕妮可以不时去猪圈看看爸爸，陪爸爸说说话。天真烂漫的燕妮总是逢人就说："我爸爸是好人！"

无独有偶、造化弄人，就在黄旭华在北方的葫芦岛养猪睡猪圈的时候，他那已逾古稀的老母亲也被造反派强迫劳动，白天养猪，夜晚继续与猪为伴，睡在又脏又臭的猪圈里。荒唐的岁月、非人道的遭际不仅让黄旭

---

① 李世英访谈，2014年9月24日，武汉。资料存于采集工程数据库。

华、李世英夫妇潸然泪下，也让我们采集小组为之扼腕动容。

1967 年秋季，红薯的收获季节，军宣队把那些最差的红薯拿来喂猪，同时剥夺了黄旭华吃饭的权利，让黄旭华自己从里面找一些红薯来吃，黄旭华心里在流泪，他可真正是与猪同吃同睡了。这段时间，军宣队频繁找到李世英，做李世英的工作，告诉李世英也不必和黄旭华离婚，只需要揭发黄旭华做坏事就可以，或者指认他是打进党内的国民党特务或者是共产党的叛徒。李世英回答说，她所认识的黄旭华热爱共产党、热爱毛主席，一直是这样子走过来的，没看见他做过任何坏事。

"文化大革命"十年，无情的阶级斗争摧残了许多同志的意志，让他们经受了比自然环境更为残酷的折磨。我国第二代核潜艇总设计师张金麟院士在接受中央电视台专访时，用了"那真是触及灵魂的冷"[1]来形容当年他们在葫芦岛经受严酷的政治风波的切身感受。

然而，所有这些来自于自然的折磨和同类的自残，都没有摧垮我国第一代核潜艇人的意志，他们依然在与天斗、与地斗、与人斗的环境中倔强的前行，硬生生地凭借钢铁般的意志、顽强的双手实现了核潜艇的梦想，从而锻造出一种独特的核潜艇精神。

无名·无求·无悔

1987 年第 6 期的《文汇月刊》刊载了作家祖慰先生的一篇报告文学，标题是《赫赫而无名的人生》。文中描述了一个 1949 年自交通大学毕业的广东客家后裔，为研制我国第一代核潜艇隐姓埋名 30 余年的感人故事。文中所出现的"中国核潜艇之父"、"我国第二任核潜艇总设计师"这两个头衔无疑是赫赫的，但是这个赫赫的人在文中没有姓名，只是一个"他"。

1987 年距离 1958 年已经整 30 年了，"他"的事迹虽然经过严格的审查

---

[1]　视频《军工记忆——水下长征》(下)。中央电视台第七套，2013 年 1 月 13 日。

图8-2 文章《赫赫而无名的人生》(作者祖慰,刊载于1987年第6期的《文汇月刊》)
(资料来源:黄旭华提供)

脱密可以少量的见诸报端媒体,但是姓名依然不能公布,照片及影像资料也不得公开。今天,"他"可谓是家喻户晓,但是这种赫赫无名的人生,"他"整整过了30余年,在悄无声息中,他走过了人生最辉煌的岁月。

汉语中的"名",不仅仅指"姓名",更多体现在"名誉"、"名声"、"名望"、"名气"、"名头",基本含义是"显著的、优良的、大家都知道的、影响很大的"。祖慰先生形容黄旭华的"赫赫而无名",既指黄旭华隐姓埋名,又指黄旭华虽然功勋卓著,但其事迹、贡献、声誉不能为公众、甚至不为亲朋好友所知。

黄旭华的"无名"人生可以划分为三个阶段。在上海交通大学的地下党生涯,是黄旭华"无名"人生的开始,为了国家的新生,为了唤起同辈年轻人的觉醒,他在血雨腥风中为党的事业秘密地奔波着。这段"无名"的经历并没有给他带来任何荣誉或者利益,反倒在后来的历次政治运动中动辄被冠以"特务"或者"叛徒"的帽子,成为被审查、被批斗的由头。

黄旭华的第二段"无名"人生是他供职在船舶工业管理局的一段经历,当时因为工作的需要,他从事苏联舰船的转让仿制工作。据黄旭华、李世英回忆,当时的保密工作就非常严格,要签订保密承诺,十个指头都要按手印,保证不得向任何人、包括自己的配偶父母兄弟子女透露自己工作的任何情况。黄旭华、李世英都说,大致从这个时候起,他们两边的父母亲人就不知道他们在干啥,问了也白问,后来干脆就不问。

第三段"无名"的人生自然就是黄旭华参加"09"工程之后了,这段经历长达 30 余年。由于核潜艇研制是天字第一号工程，保密程度甚至严于"两弹一星"，干这个近乎"与世隔绝"。正如赵紫阳总理接见黄旭华时所说的："别的战线的功臣可以宣传，让人民知道他们；而你们，只能一辈子当无名英雄。"①

干"09"这 30 年间，黄旭华和父母兄弟几乎没有通信联系，除了时不时给家里寄点钱，没有亲人知道他在干啥，他甚至因此被亲人所埋怨，也为他人所误解。黄旭华的三个女儿，没有哪一个知道父亲是在研制核潜艇，大女儿也仅仅是在考进 719 所工作之后才知道爸爸所从事的工作。

当然，今天说黄旭华"默默无名"，兴许就有读者不服：黄旭华两获国家科技进步奖特等奖，其他大中小奖难计其数，不仅拥有工程院院士头衔，还荣膺"中国核潜艇之父"的美誉，更兼中央电视台"2013 年度感动中国人物"，可谓名满天下、家喻户晓。

毋庸赘言，今天的黄旭华的确享誉天下，但这是在他隐姓埋名 30 余年之后，国家和人民给予他的荣誉。如同对待同时代的"两弹一星"的元勋们一样，这些荣誉是国家和人民为了纪念和表彰黄旭华为祖国国防建设做出的巨大牺牲和贡献的一种理性的认同与回报，是弘扬正义、彰显文明的民族自觉行为。正如一句流行语所说的那样，我们"不能让英雄流汗、流血、还流泪！"。

其实，今天的黄旭华很为这些声名所苦恼，至于"中国核潜艇之父"的头衔他更是惴惴不安。这些笔者将在后面的"鲜花前的淡定"一节中再予详述。

其实，黄旭华不仅乐享"无名"的生活，其人生也是几无所求。不求"声誉"、不求"名利"、不求"照顾"。

大抵因地下党的履历及党校学习的经历，新中国成立后，黄旭华被组织上作为干部人才进行培养。他不负组织厚望，勤勉努力，很快在工作中脱颖而出。1958 年"09"工程获批，他即因为德才兼备而奉调入京。1964年由国防部任命为第七研究院第十五所副总工程师，自此走上了领导岗

---

① 祖慰：赫赫而无名的人生。《文汇月刊》，1987 年第 6 期，第 11 页。

位。其后，分别于 1965 年任 719 所副总工程师、1979 年就任"09"工程副总设计师、1982 年就任 719 所所长、1983 年继任"09"工程总设计师、1985 年任 719 所党委书记、1994 年荣膺中国工程院首批院士。然而，数十年来，黄旭华没有利用手中的一丝权力为自己或者家人谋过任何一份名、一丝利。

"知足常乐，难得糊涂"是黄旭华的口头禅。他没有对我们采集小组谈过自己如何淡泊名利，他总是回避这些问题，他觉得谈这些显得有些矫情。我们所访谈的张金麟院士、宋学斌总师、钱凌白总师、尤庆文高工等719 所老员工都向我们谈起过黄旭华让荣誉、让职称、让住房、让福利的事例。

在 20 世纪 70、80 年代，出国算得上是美差，不仅可以顺道在国外观光，而且还可以按政策买一些国内稀缺的免税商品。上级好多次指派黄旭华出国参加学术会议或进行学术考察，不同时期的他作为副总工程师、副总设计师、总设计师、所长、党委书记的职位参加这样的会议及考察，了解国外学术动态和前沿，均无可厚非，这也是上级安排他出国的初衷。可是，当他仔细研究学术会议及技术考察的专业及专题后，都一一婉拒了，然后指派专业对口的其他专家去了①。

技术职称，是专业技术人员的专业技术水平的标志，当然也与各种名誉及待遇挂钩。可是，身为副总工程师、副总设计师、总设计师的黄旭华，每一次在评技术职称时都不申报"高级工程师"，把机会和指标让给下级。直到 1988 年，上级觉得他的职称实在太不妥当了，采取非常措施，给没有申报的黄旭华直接评了"高级工程师"。

黄旭华不单是自己不求名利，对自己的妻子、孩子、亲戚也不谋求丝毫的照顾，有时甚至做得近乎无情，这一点突出表现在对待自己的夫人和孩子身上。

夫人李世英生老二、老三时，不仅没有多享受一天的产假，反而因为他提前结束休假，把孩子丢给外婆带，自己就赶回单位上班。李世英的工

---

① 祖慰：赫赫而无名的人生。《文汇月刊》，1987 年第 6 期，第 10 页。

作努力敬业、翻译成果丰硕，不仅没有得到正常的职级职称的晋升，反而因为他落后于同仁。

大女儿在葫芦岛落下哮喘的病根，身体又弱，高中毕业在家待业。以黄旭华当时的职位和社会关系，把黄燕妮安排进本所或者比邻的核潜艇总体建造厂工作并不困难，也不过分。或者按当时的政策向组织申请把大女儿安置

图 8-3　在武昌 719 所办公室内工作时留影（摄于 1988 年 11 月 10 日。资料来源：黄旭华提供）

就业也顺理成章。李世英坦言，因为大女儿的情况特殊，他还是希望黄旭华按照正常的程序向组织汇报，像别的同事解决子女就业方式解决大女儿的工作问题。当李世英向黄旭华提出这个要求时，黄旭华立刻毫无商量的回答："不行！"。最终，黄燕妮还是通过自己上电大学习，毕业后以社会青年的身份，硬过硬地招考进入 719 所工作的。黄燕妮进所工作后，尽管工作勤奋努力，业绩突出，但是依然没有受到任何关照，工作几十年连住房都没能分得一间，仅以普普通通的职工身份按时退休。至于另外两个女儿，黄旭华同样没有因为她们读书、工作动用过任何社会关系。他鼓励她们到社会上去打拼，如今，她们都拥有自己称心的事业，成为行业翘楚[1][2]。

退居二线后，以他的行政级别和院士级贡献，他可以享受高标准的住房、医疗、差旅、疗养及办公待遇，可他依旧退让，不搞特殊化。只要可以将就，尽量不给组织添麻烦，从不向单位提出任何过分要求。让我们采集小组感到异常惊讶的是，2014 年，黄旭华为了替单位节约差旅费，尽管已 90 高龄，竟然多次只身出差全国各地，让我们都为他捏了一把汗。

不追名逐利、不以位谋私、不居功索禄，是黄旭华的人生信念。许多人，包括媒体、当然也包括我们采集小组，都问过他这样一个问题：他和

①　李世英访谈，2014 年 9 月 24 日，武汉。资料存入采集工程数据库。

②　黄燕妮、张卫访谈，2014 年 3 月 16 日，武汉。存地同①。

他的家人受了那么多的苦，做出了那么大的贡献，坐享组织和国家给他们的合法待遇顺理成章、无可厚非，就这样拒绝了，不后悔么！黄旭华爽朗一笑，真诚地坦言自己无怨无悔，即使再来一次，他依然会这么选择。

写到这里时，笔者想起了黄旭华曾经对我们说过的一番话：

> 入党转正思想汇报时，我对支部书记说："列宁曾经说过，如果党需要他一次把血流光，那他就毫无遗留；如果需要他一滴一滴地流，他也会做到。我要以列宁这番话要求自己，无论需要我怎样流（血），我都会直到把血流光为止。"所有的名利我都可以不要，家里的问题① 我也忍受下了，为的是毛主席那句"（核潜艇）一万年也要（搞出来）"，那是天大的事情，其他事情都可以忍受，都可以放弃，我是这样的思想。②

黄旭华的话是对他淡泊名利、无怨无悔的行为所给予的最恰当的注脚，再有任何的诠释都是多余的了。

自 我 总 结

作为我国核潜艇事业的开拓者之一，黄旭华呕心沥血逾半个世纪，至今依然魂牵梦萦。可是，他是怎样总结或者评价自己在核潜艇研制设计中的成就或者贡献呢？对此问题，黄旭华从未刻意去思考或者总结过，或者因为"只缘身在此山中"的缘故，也不知怎样总结才是正确、客观或者公正的。采集小组在一年多的数次访谈中，经过大量诱导式的问询、曲径通幽般的启发，黄旭华还是对自己的成就与贡献断断续续地做过一

---

① 黄旭华此处所说的家里的问题系指因为研制核潜艇的缘故，他30年没回老家看望父母。父亲逝世、二哥病故都没有回家吊唁，他终生为此自责。

② 黄旭华访谈——天降大任，2014年7月17日，武汉。资料存于采集工程数据库。

些总结。

综合对黄旭华八次正式访谈及多次非正式交流中，涉及对自己的成就及贡献的表述，采集小组进行爬梳之后形成了如下的结论，权且算是黄旭华的自我总结。为了支持黄旭华院士的自我总结，笔者在黄老的某些观点中加入了一些旁证材料。

黄旭华认为他的技术成就主要体现在核潜艇的研究与设计之中，具体表现在科学的管理思想与方法、务实的设计理念及思想、严谨的技术突破与创新。

"09"工程实施以来，黄旭华承担的任务主要有两项，一是核潜艇技术抓总，二是核潜艇总体设计，而以技术抓总为主，尤其是在其担任副总设计师之后。

我国第一代核潜艇无论是核反应堆的功率、最大潜深、最大水下航速、多项操控指标、还是第一代鱼雷及潜射导弹等武备系统的性能均优于美苏第一代核潜艇，研制速度也比他们快，取得这样的成绩，除了各行业全体研制人员的共同努力之外，与科学的技术抓总有着很大的关系。

核潜艇总体是一个技术平台，技术抓总就是以这个平台为基础，把核反应堆、推进系统、操纵系统、导弹（鱼雷）武器系统、水声系统、导航系统科学集成在这个平台上面，实现核潜艇的技术、战术性能要求。技术抓总既要协调总体与各技术系统的关系，保障这些技术系统能够合理地布置在总体结构上，并充分发挥其技术特点和性能，同时还要建立各技术系统的关联，从而保证核潜艇技战术性能的实现。故此，技术抓总，既要懂技术、更要懂管理，两手都要抓、两手都得硬。

对于技术抓总的重要性，黄旭华曾经形象地用汉高祖刘邦在对群臣总结如何得天下时，对"汉初三杰"张良、萧何、韩信的评价，运筹帷幄刘邦不如张良，治国安邦刘邦不如萧何，用兵之道刘邦不如韩信，刘邦的作用相当于抓总。黄旭华强调自己绝非自比刘邦，只是借这个典故比喻核潜艇技术抓总的重要性和作用，其核心还是在于对各个技术系统实现科学的集成。

在技术抓总中，黄旭华既提出了一些有价值的管理思想，又成功的运用了卓有成效的管理方法。

在思想上，黄旭华提出必须有大局观、协作观，强调总体意识，要求总体必须为各专业、各局部创造条件 ①。

在方法上，黄旭华一方面用人不疑，给年轻人压担子、给实权；另一方面知人善任，给部下担担子、鼓励创新。

在对宋学斌、钱凌白、尤庆文的访谈中，他们均多次谈到了黄旭华的大局意识和协作思想，并实例分析了这在核潜艇研制中的作用及重要性。而在管理上，他们尤其感谢黄旭华在工作中对他们的信任，放手鼓励他们去做，充分发挥自己的想法和创造性，出问题他来担责任。宋学斌和钱凌白成长为我国核潜艇研制的高级研究专家，与黄旭华的鼓励、提携有着直接的关系。

在总体设计及技术抓总中，基于当时我国的客观条件及核潜艇发展的总体趋势，黄旭华认为自己提出了一些务实的设计理念，并把自己的设计理念归纳为两个方面，一是"尖端与常规"的综合观念，二是"毒蛇"思想。前者立足当时、后者放眼未来。这些理念对于我国第一代核潜艇顺利研制完成及新一代核潜艇的研制起到了很好的指导作用。

按照中央的决策精神，我国第一代核潜艇主要解决有无的问题，政治意义大于技术创新。按照这个原则，黄旭华认为第一代核潜艇实质上就是解决艇、堆、弹的综合问题，只要把现有的常规技术实现很好的综合，就能制造出具有尖端水平的核潜艇。这一有机综合的观念得到了彭士禄、黄纬禄、赵仁恺、张金麟、尤子平等人的认同，也体现和贯彻在我国第一代核潜艇"091"和"092"两种型号的研制之中。我国第一代核潜艇大部分技术性能指标及制造速度全面优于美苏第一代核潜艇，充分验证了黄旭华的"尖端与常规"综合设计理念的正确性和务实性。

黄旭华认为，他所提出的关于弹道导弹核潜艇研制的"毒蛇"设计思想恰恰从正反两个方面证明了他的思想的科学性和前瞻性。"092"在设计时，他提出了注重潜艇降噪设计，提高核潜艇的隐蔽性。可惜的是，他提出的这一设计思想在当时并未得到重视和采纳，结果我国第一代核潜艇交

---

① 宋学斌访谈，2014 年 4 月 24 日，武汉。资料存于采集工程数据库。钱凌白访谈，2014 年 3 月 14 日，武汉。资料存于采集工程数据库。尤庆文访谈，2014 年 3 月 14 日，武汉。资料存于采集工程数据库。

付海军后，因为噪声过大的问题饱受高层及军方质疑，甚至有西方媒体对我国核潜艇的噪声进行调侃。在我国新一代核潜艇的研制中，"毒蛇"思想所体现的隐蔽性受到空前重视，服役的新一代核潜艇也因为隐蔽性能的提高，战略威慑能力也大幅提升。我国核潜艇研制思想的转变客观上证明了黄旭华核潜艇"毒蛇"设计思想的科学性和前瞻性。

无论在第一代核潜艇的总体设计还是在技术抓总中，黄旭华认为自己做出了一些谨慎的技术突破与创新。并认为何梁何利基金评选委员会给自己的评价还是比较客观的。

图 8-4　何梁何利基金 1995 年度科学与技术进步奖证书（1995 年 10 月 19 日颁发。资料来源：黄旭华提供）

1995 年，黄旭华获何梁何利基金技术科学奖，何梁何利基金评选委员会在其出版的获奖者传略中，对黄旭华的技术成就进行了系统的总结，并予以详细的描述。兹摘录如下：

黄旭华是研制我国第一代鱼雷核潜艇和弹道导弹核潜艇的创始人之一。在中央领导下，他和其他科研人员一起，开拓了我国核潜艇的研制领域，主持过我国第一代鱼雷核潜艇和弹道导弹核潜艇从方案论证、研究设计、施工建造到试验、航行各阶段的技术工作，他成功地组织技术人员研究提出全艇主要配套设备项目，参与制定艇与动力、武备协调的总体方案，主持组织多项重大技术攻关项目的研究，决策采用适合水下高速航行的水滴型艇体和用围壳舵与艉水平舵相结合的操舵方式，牵头组织技术人员推导出弹舱大直径双排大开孔等耐压艇体结构设计计算方法，协调处理艇上各系统之间和系统与总体之间的协调匹配关系以及参与指挥水下发射运载火箭和深水试验等大型试验，为我国继美、苏、英、法之后，成为第五个自行研制出核潜艇的国家做出重大的贡献。

黄旭华在研制我国第一代核潜艇中的主要科学技术成就有如下几个方面：

（1）成功地组织技术人员研究提出全艇主要配套设备项目和艇的战术技术性能指标与总体方案

为了合理准确地提出全艇主要配套设备项目和艇的设想方案，研制工作开始时，黄旭华和其他同事一起，首先组织技术力量对国外有关情报资料和国内科研生产能力进行广泛深入的调研，切实可行地制定出我国第一代核潜艇战术技术指标和总体方案并确立研究课题，组织重点攻关。

在论证总体方案时，黄旭华和科技人员一起，通过深入讨论分析，认为大规模的尖端系统工程，都是立足常规，由许多不同专业技术组成的综合体，不仅要对一些关键技术进行重点攻关，更需要注重对现有成就的技术成果进行综合运用，在运用中加以发展；要围绕核动力应用于潜艇带来的要求和特点，充分发挥核动力的优势，使各项技术有机地相互协调配合，配套成龙，达到总体性能的最优化。艇的总体研究重点，首先是解决好适合水下高速航行的水滴型艇体和大深度下大直径、大开孔耐压艇体及艏、艉端结构；装置系统的研制要集中力量解决核动力装置、人工大气环境、以惯导为中心的综合导航系统、水声综合站、大深度自导鱼雷武备系统、远程快速通讯和自动操纵系统等。对于导弹核潜艇，还要突出解决水下发射技术，并带动与使用导弹武备有关的重大设备的研制。实践证明，艇的战术技术指标和总体方案的制定以及全艇主要配套设备项目的提出，都是准确、合理、切实可行的。

（2）决策采用适合水下高速航行的水滴型艇体和用围壳舵、艉水平舵相结合的操舵方式，成功地解决水下高、低速航行时的稳定性和机动性为了更有效地发挥核动力应用于潜艇的优越性，早在1958年开始探索核潜艇方案时，黄旭华和其他技术人员就认为适合水下高速航行的水滴型艇体是核潜艇的理想型线。黄旭华等在进行大量的试验研究，取得丰富的试验数据之后，决定一步将核动力和水滴型艇体相结合，成功地研制出我国的水滴型核动力潜艇。

我国核潜艇经过水下满功率全速航行试验和水下发射模型弹及运载火箭多次试验以及交付海军使用以来的实践证明，我国核潜艇水滴线型的采用和水下操纵面的设计，是非常成功的。

（3）牵头推导出艇体直径比常规动力潜艇大约1倍，特别是导弹舱特大直径和双排大开孔等耐压艇体结构的设计计算方法

核潜艇耐压艇体直径比常规动力潜艇大约1倍，且相当部分采用锥壳结构，其设计计算方法和艏端大直径耐压平面舱壁及大型玻璃钢导流罩结构设计计算方法是重大技术难题之一，尤其以导弹舱大直径双排大开孔耐压体结构设计更为突出。

黄旭华组织技术人员，论证了多种结构方案，经过弹、艇和发射装置与艇体结构的多次协调和模型试验分析比较，他合理地选择了圆柱体结构和断二连二肋骨布置形式。对于发射筒的固定方式，他采用了外筒支撑和变断面肋骨的新的结构形式，增强了上下部耐压体刚性，限制了壳体总失稳形态，提高舱室总体失稳压力。与结构设计的同时，他还主持确定耐压艇体结构设计计算方法，组织进行多种缩比模型试验，验证了结构强度及导弹发射筒变形技术指标的合理性。建成的导弹舱结构，经过艇体泵压试水鉴定、质量复查鉴定和多次水下发射模型弹和运载火箭试验，证明了结构设计的合理性和工艺方案的正确性。

此外，在研制我国第一代鱼雷和弹道导弹核潜艇全过程中，黄旭华成功地参与协调处理好核动力一、二回路和电力系统及全艇诸系统之间以及它们和总体之间的协调关系，做到各系统匹配协调、整体优化。在执行潜艇水下发射运载火箭的多次海试任务中，他作为核潜艇工程总设计师、试验指挥部首区副总指挥、船舶工业总公司技术总负责人，严格执行中央首长和上级的指示，在现场及时处理许多重大技术问题。他组织技术专业人

员，采用导航系统码头标校新技术。保证了惯性导航系统和星光导航系统零位的准确性和稳定性，保证了核潜艇水下发射定位系统的精度。他参加了核潜艇极限深度深潜、水下满功率全速航行和大深度发射鱼雷三项深水试验，担任试验领导小组成员和技术总负责人，对试验中出现的几项涉及艇的安全等重大问题，与有关技术人员研究分析，及时提出措施，制定决策，并亲自随艇下潜到极限深度，为保证试验顺利进行做出贡献。[①]

对于黄旭华的技术成就及其贡献的总结及评价从目前来看，何梁何利基金评选委员会的观点算是国内比较权威的、也最为系统的。公布近20年来几乎没有引起行业内外的异议，可算是已经经过了历史考验的总结与评价了。

此外，在对于他的评价之中，黄旭华认为新一代核潜艇型号总师宋学斌的评价也是比较公允的、实事求是的。

宋学斌是由黄旭华一手提拔和培养起来的我国首批"船舶设计大师"、自1962年以来全程参与第一代核潜艇设计建造、现任我国新一代核潜艇型号副总设计师、总设计师的宋学斌，在同我们的访谈中，以我国核潜艇研制的见证人及权威高级专家的身份，也对黄旭华关于核潜艇研制所作出的技术突破与创新进行了详细的总结。

宋学斌认为：

> 黄院士是我国第一代核潜艇的设计总师。他开拓了我国核潜艇研制领域，是我国第一代鱼雷核潜艇和战略导弹核潜艇的创始人之一。为我国核潜艇研制做出了卓越贡献。
>
> 从专业角度看，黄院士对于核潜艇研制工作的突破和创新：
>
> （1）在第一代核潜艇首制艇上，就采取了适合水下航行的水滴型艇体。
>
> 美国是经过常规线型、常规动力水滴型，然后才是核动力水滴线

---

① 技术科学奖获得者黄旭华。见：何梁何利基金评选委员会编，《1995 何梁何利奖》。北京：科学出版社，1996 年，第 244-246 页。

型，他们是三步走的过程，我们则是一步，黄院士从58年开始探索核潜艇，首先遇到的就是线型问题，经过多年研究、分析和试验，他果断决策采用水滴线型。

（2）水滴线型艇水下航行垂直面内的稳定性和操纵性是个关键技术。

特别是水面低速发射导弹，对艇的控制面要求很高。当时我们总体设计人员和操纵设计人员共同研究改进措施。但是我是负责09-1艇艏舱和指挥室围壳设计的人，我探索把原来的艇首水平舵，移到指挥室围壳上，既解决首鱼雷舱甲板装置的困难，但艇的动压中心后移，当时搞操纵性的人，提出异议，但是黄院士坚持通过模型水池试验再决定。事实证明黄院士的决策是对的，首水平舵移到指挥室围壳后，虽然动力中心后移，但艇采用围壳舵和尾水平舵联合操舵可以很好解决核潜艇高、低速的稳定性和操纵性，而且艇利用围壳舵中低速可以做到无纵倾升降。为了获得流动力参数，黄院士组织了旋臂水池、风洞多次模型试验和自航核试验，以及计算机仿真试验研究。实践证明我国核潜艇操纵性设计是非常成功的。

（3）黄旭华总设计师在解决我国弹道导弹核潜艇水下发射技术等方面成绩卓著，显示出他决策工程问题的卓越才能。

在导弹核潜艇的设计方面，他解决了导弹在艇上存放、运载、发射及与此相关给艇带来的一系列问题。特别值得提出的是，为了使艇在发射时的纵摇、横摇、角速度、升沉、偏航向等完全满足导弹发射的要求，美国第一代导弹核潜艇曾在艇上安装了60多吨重的稳定大陀螺。而他通过大量研究计算分析，认为可以通过改进艇的耐波性和操纵性入手，不采用稳定大陀螺，从而节省了大量财力和精力，满足了发射条件。在我国几次第一代"巨浪1"弹道导弹海上发射飞行试验中，黄院士都是发射现场的总师之一。同时也是中船总系统的技术负责人，负责艇总体性能、发射装置及发射动力系统与导弹的匹配与协调。"巨浪2"发射试验，我作为总师在指挥大厅，深深体会到这一担子的压力。我国第一代导弹核潜艇从水下发射了10发模型弹，5发

"巨浪1"零二批遥测弹，各发弹均安全出水，各项内弹道参数均符合要求。

（4）黄院士在结构力学方面做出突出贡献。他组织多项结构力学模型试验。对比分析弹舱耐压船体"8"（字体）和圆柱体，弹舱导弹发射筒两端刚性固定和一端固定一端悬挂方案，对弹舱总体稳定性影响。最后决断弹舱耐压结构采用"双排大开孔"结构，为弹舱结构设计打下有力的技术基础。①

黄旭华认为自己在技术上的贡献与宋学斌总师密切相关，宋学斌也是这些技术突破与创新的参与者和执行者。宋学斌作为我国新一代核潜艇研制的型号总师，对核潜艇研制的技术有更为专业的领悟，因此对黄旭华技术成就的总结和评价具有较高的针对性、权威性和代表性。

此外，黄旭华认为在当时的政治环境下，他所做出的技术突破与创新是非常严谨的。当年，他对拟采用的技术方案与方法并不盲目决策，尽可能进行较长时间的实验与试验，取得丰富的试验数据加以分析与审查，同时广泛听取各方面的意见，评估利弊，最终做出决定。正因为他的技术方案是严谨的，故此实施的过程中也比较顺利，并最终在核潜艇的建造及服役过程中经过验证认定是正确的。

黄旭华认为自己在我国核潜艇研制上的成就与贡献除了体现在科学管理、设计理念和技术突破与创新等三个方面外，他还做了一项非常有意义的贡献，那就是建立起核潜艇研制设计的情报搜集工作。科学技术研究也好、工程设计也罢，它山之石可以攻玉，资料情报的参考、借鉴及启示往往能够起到巨大的作用，情报资料的搜集本身也是科学研究及技术设计的重要方法。黄旭华从参与"09"工程以来，尤其是出任总设计师及所长等负责人之后，专门建立了情报资料搜集部门。尽管国外对这些高技术资料的封锁很严，但是百密一疏，依然可以从只言片语中或者新闻报道中嗅到一些有价值的情报资料。黄旭华指出，我国第一代核潜艇的研制设计中，

---

① 宋学斌：访谈提纲。2014年4月10日，未刊稿，第17—19页。资料存于采集工程数据库。

他们还是通过多种途径搜集到了一些各种类型的有价值的情报，并对核潜艇研制设计及相关技术攻关起到了很好的作用。比如前文提到的核潜艇模型，虽然是一个儿童玩具，但对于从未搞过核潜艇的中国设计师来说，却起到了很好的验证与借鉴作用。

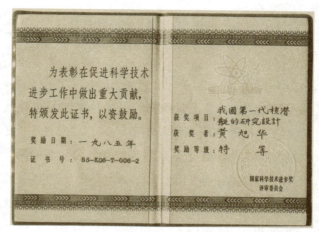

图 8-5　1985 年国家科技进步奖特等奖证书（资料来源：黄旭华提供）

　　作为我国第一代鱼雷核潜艇和弹道导弹核潜艇研制的创始人之一，黄旭华的贡献是巨大的，他也因此获得了很多大奖及崇高的荣誉。1978 年获全国科学大会奖，1982 年获国防科工委二等奖，他参与完成的我国第一艘核替艇研制获 1985 年国家科学技术进步奖特等奖，参与完成的导弹核潜艇研制获 1996 年国家科学技术进步奖特等奖，1986 年被授予中国船舶工业总公司劳动模范，1989 年被授予全国先进工作者，1994 年获评中国工程院首批院士，1995 年获何梁何利基金技术科学奖。黄旭华也因为在核潜艇事业上的巨大贡献而受到党和国家及军队高级领导人江泽民、胡锦涛、李鹏、聂荣臻、刘华清、赵紫阳、杨尚昆等人的多次接见。

图 8-6　1996 年国家科技进步奖特等奖证书（资料来源：黄旭华提供）

桑榆情怀

20 世纪 90 年代，我国第一代核潜艇及其武备系统全部定型，黄旭华等老一代核潜艇研制人员年事已高、功成身退，不再承担新一代核潜艇研制的具体工作，逐渐退居二线。但是，凭着对科学技术发展和核潜艇事业的热情与执着，他们依然没有闲下来，以新的工作方式奔波忙碌，为科学技术的发展和我国核潜艇的提升进步献计献策，发挥余热。

20 世纪 80 年代末，我国第一代核潜艇鱼雷攻击核潜艇、弹道导弹核潜艇相继定型之后，因为苏联解体冷战结束，国际形势趋于缓和，我国新一代核潜艇研制因此而放慢了步伐，新的型号没有及时衔接上。719 所自建立之日起，一直以核潜艇研制设计为唯一业务，没有发展民品生产，因为新一代核潜艇研制一直搁置未能立项，719 所迅速面临着困境，职工的生计很快变得非常艰难，部分高级设计人员也因此流失。黄旭华及其后任许君烈、张金麟一方面苦撑困局，另一方依然坚持核潜艇的研制。

核潜艇工程从 1958 年首次启动，到第一代核潜艇研制完成并定型，其间大约经过了 30 年的历史。围绕一代两型核潜艇的研究、设计与制造，积累了大量的技术与经验，上级领导及核潜艇总体研究设计觉得有必要对核潜艇的研制进行一个系统的总结与梳理，于是在 1989 年，由国防科工委组织，核潜艇总体研究设计所主持，

图 8-7　《核潜艇史料集》封面（资料来源：杨艺摄）

召集一部分从事核潜艇研制的老同志搜集和整理自 1958 年以来核潜艇研制的各类资料，并予以系统整理，编辑成了内部资料《核潜艇史料集》。黄旭华是这本资料编辑的主要发起人和负责人之一，他高度重视这项工作，认为这不是简单地对我国一代两型核潜艇研制历史的回顾，而且是对我国核潜艇事业发展的一次系统总结，既有技术层面的，也有决策层面的、思想层面的、管理层面的，是我们研制新一代核潜艇的宝贵财富。这本史料集也不仅是一本技术性资料，也凝结着第一代核潜艇人为之付出的大量汗水，是核潜艇精神的一种载体和重要体现[①]。

黄旭华亲自参加了《核潜艇史料集》草稿、一版和二版的编写、审定和最终的定稿，给我们展示了《核潜艇史料集》的几个版次。可惜的是，这本史料集涉及较多的核潜艇技术，高度保密，黄老只能给我们挂挂眼科，不能提供给我们采集工程[②]。

20 世纪 80 年代末至 90 年代初，黄旭华、赵仁恺在没有国家经费投入的情况下，召集部分技术骨干，长期坚持新一代核潜艇的设计及技术攻关工作，维系着核潜艇技术发展的传承，使得核潜艇的研制没有出现大的断层。20 世纪 90 年代初，黄旭华、赵仁恺初步完成了我国新一代核潜艇总体方案设计及相关的技术攻关工作。1994 年，我国新一代核潜艇研制终于获得立项，黄旭华、赵仁恺此前完成的研制设计工作为新一代核潜艇的研制打下了良好的基础，做了充分的技术铺垫工作。

虽然退居二线，但是黄旭华对新一代核潜艇的研制始终非常关心，不遗余力，积极献计献策。据宋学斌回忆，在一次"094 艇方案设计准备会"上，黄旭华一方面要求技术人员珍惜"094"来之不易，希望大家认真总结"092"的经验教训，秉持"09"精神，做好新一代核潜艇的研制工作。另一方面他提出"094"的 12 个系统都是新的、都需要攻关，但是力量应该集中到隐蔽性和导弹武备系统上面。此外，他协助宋学斌等人论证"094"的导弹方案，探索我国新一代弹道导弹核潜艇弹艇优化

---

① 黄旭华访谈——老骥伏枥，2014 年 10 月 14 日，武汉。资料存于采集工程数据库。杨连新：《见证中国核潜艇》。北京：海军出版社，2013 年，第 103 页。

② 黄旭华访谈——老骥伏枥，2014 年 10 月 14 日，武汉。资料存于采集工程数据库。

图 8-8　黄旭华（前排左四）、张金麟（前排右三）、宋学斌（前排左二）等于四川夹江参加"092"技术协调大会（1990 年 11 月 29 日。资料来源：黄旭华提供）

方案 [①] 。

20 世纪以来，黄旭华开始得以有一些时间来系统梳理和总结我国第一代核潜艇研制的缘起、过程、特点、环境、条件等历史经纬，从中提炼出了凝结在他们这一代核潜艇人身上的一种精神，他称之为"核潜艇"精神，或"09"精神。黄旭华把这种特定的"核潜艇精神"总结为 16 个字："自力更生，艰苦奋斗，大力协同，无私奉献"。他说，这四句话听起来比较土气，然而却非常质朴，每一句话都可以用成百上千人的汗水来诠释，也蕴含着深刻的道理，这才是"09"精神真正的财富 [②] 。

2013 年 8 月 8 日，国史学会"两弹一星"历史研究会联合解放军总装备部、海军、中国科学院、国防科工局、中国核工业集团公司、中国航天科技集团公司、中船重工集团公司等，在北京举办了核潜艇精神高层论坛。在这次论坛上，黄旭华院士应邀就"09"精神作了重点发言，他报告的题目是"弘扬'09'精神·激励奋进·继往开来·再铸辉煌"，报告的内容分为八个方面：潜艇发展历史回顾；"核潜艇，一万年也要搞出来！"；

---

① 　宋学斌：访谈提纲。2014 年 4 月 10 日，未刊稿，第 20 页。资料存于采集工程数据库。

② 　黄旭华访谈——老骥伏枥，2014 年 10 月 14 日，武汉。存地同①。

研制工作三原则；自力更生，立足国内，走自己的路；大力协同，集思广益，群策群力；艰苦奋斗，力克难关，勇攀高峰；无私奉献，献身"09"，无怨无悔；"09"精神，激励奋进，百尺竿头更进一步①。

在报告的最后，黄旭华奉献上了为"09"精神谱写的两首歌，一首是《〇九人之歌》，另一首是《〇九战歌》。他说，奉献这两首歌，一抒自己桑榆情怀，二与"09"战线的战友们共勉。

《〇九人之歌》的歌词：

> 我们〇九人，科研战线精英
> 胸怀祖国放眼世界，兴船报国创新超越
> 我们〇九人，国防战线尖兵
> 肩负〇九重任，强我国防，扬我国威，壮我军魂
> 〇九啊！〇九啊！任重艰巨，神圣而光荣，

图8-9 《〇九人之歌》的手稿（资料来源：黄旭华提供）

---

① 黄旭华：弘扬"09"精神·激励奋进·继往开来·再铸辉煌。时间不详，未刊稿。资料存于采集工程数据库。

祖国召唤，只争朝夕，〇九精神，激励奋进

自力更生，艰苦奋斗

大力协同，无私奉献

我们〇九人，献身〇九，勇往直前

默默无闻埋头钻研，赫赫无名铸就辉煌

我们〇九人，热爱祖国，不辱使命

擒龙捉鳖，苦战告捷，展望未来，任重道远

百尺竿头，更进一步，一万年太久，只争朝夕 ①

《〇九战歌》的歌词：

〇九健儿志气高，过关斩将逞英豪

哪怕狂风激恶浪，定叫惊雷震海天

骑鲸蹈海日游八万里，五洋捉鳖

驭龙腾飞直上九重天，九霄揽月

奋蹄人生路，志在铸辉煌

自力更生，艰苦奋斗，大力协同，无私奉献

默默无闻埋头钻研，赫赫无名攀登高峰

一、二、三、四，一、二、三、四

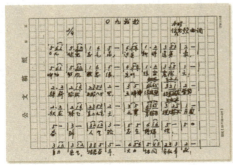

图 8-10 《〇九战歌》的手稿（资料来源：黄旭华提供）

---

① 黄旭华：〇九人之歌。时间不详，未刊稿。资料存于采集工程数据库。

〇九健儿志气高，过关斩将逞英豪

　　哪怕狂风激恶浪，定叫惊雷震海天

　　哪怕狂风激恶浪，定叫惊雷震海天 ①

　　黄旭华认为，核潜艇及其武器系统是一个系统工程，我国的核潜艇研制水平与美国和俄罗斯还有一定的差距，尤其在美国重返亚太战略实施后，美国先进的核潜艇直接威胁着我国的国防安全。因此，"09"精神在今天依然具有现实意义。老一辈开创的核潜艇精神不能丢，它是一种精神上的力量，有时比技术还重要，年青一代要把"09"精神发扬光大，并赋予"09"精神新的时代内涵。

　　只要有机会，黄旭华就竭力宣传"09"精神。1988年10月20日，他在中国船舶工业总公司首届劳模和先进集体表彰大会上做了题为《我的心思在〇九》的报告，在报告中，他首次提出了"09"精神。2000年9月，在一次与青年同志谈继承传统问题的座谈会中，黄旭华作了《自力更生　艰苦奋斗　无私奉献》的发言。在发言中，他系统的总结了"09"精神，把它作为一种传统灌输给年青一代，希望他们将"09"传统继承下去。2005年，黄旭华在湖北省国防工办党员先进性教育活动学习会上发表讲话，总结和解释了"09"精神的时代先进性。2006年，黄旭华在"中国十大名船"颁奖典礼上发言，阐释了"09"精神的巨大作用。

　　在今天的核潜艇总体研究所，在黄旭华等老一辈核潜艇人的推动下，"09"精神已经作为一种企业文化和技术理念得到了继承和发扬，并在新一代的核潜艇研制中得到体现。

　　退居二线后，黄旭华关注的问题开始由艇内扩展至艇外，技术视野也从行业内部辐射到国家的科学技术发展问题上。黄旭华在接受中央电视台等新闻媒体记者采访时说，他的梦想依然在核潜艇上，所以他一如既往的关心我国新一代核潜艇的研制。作为核潜艇总体研究设计所名誉所长、中国船舶工业总公司科学技术委员会委员，黄旭华鼓励和支持年轻人勇挑重

---

① 黄旭华：〇九战歌。时间不详，未刊稿。资料存于采集工程数据库。

担、大胆创新，并也尽可能为新一代核潜艇研制从设计理念到具体的技术问题提出一些建设性意见。同时，黄旭华也应邀参与行业内部或者其他相关专业重大技术项目的论证及审查工作，尽可能从专业的角度建言献策，为国家重点建设项目提升建设水平贡献自己的技术专长及经验教训。

图 8-11　黄旭华（中）出席湖北省科技新馆"内容建设"咨询座谈会（2012 年 5 月 24 日。资料来源：湖北省科协提供）

身居湖北武汉，黄旭华积极为湖北省及武汉市科学技术发展不遗余力地出谋划策。作为湖北省科学技术协会和武汉市科学技术协会常委，他为湖北省、武汉市的科学技术发展规划建言献策，为重大科技攻关项目论证把关。他常常毛遂自荐，不计报酬、不辞辛劳、不遗余力利用自身的一些资源和条件来推进有关科技项目的实施，为科学技术的发展和湖北及武汉地方经济的进步发挥余热。据湖北省科技馆的负责同志介绍，湖北省老科技馆是 20 世纪 80 年代建成的，规模小、功能差、配套水平严重不足，已经无法适应湖北省科学技术发展及科普宣传的需要。为了筹建新的湖北科技馆，黄旭华积极参与科技馆的论证、立项、布局设计、功能开发等工作，经常和省科协及科技馆的同志一道往来于各个部门之间，为科技馆建设的顺利进行立下了汗马功劳。

今天的上海交通大学，既是黄旭华专业技术的摇篮，又是他走向革命的起点。退居二线后，黄旭华多次回到母校，一来拜会昔日的师友，二来缅怀过去在交通大学学习和战斗的岁月。看到过去的宿舍犹在，不禁怀念逝去的同学；看到昔日"山茶社"旧址尚存，不免凭吊为革命逝去的战友。1996 年 5 月 3 日，黄旭华受邀回到母校，给 1996 届上海交通大学的毕业生作传统报告，给师生们回顾了我国核潜艇的研制历程。在上海交通大学百年校庆及 105 周年校庆时，黄旭华两次回到母校，并应邀回到船建学院，参观学生们的设计大赛作品。2011 年 4 月 9 日，黄旭华再次回到母校，庆祝母校 115

周年华诞，在"杰出校友卓越成就奖"颁奖典礼上发表了热情洋溢的讲话，介绍了自己的成长历程，勉励莘莘学子为祖国的富强而努力学习。

图 8-12　黄旭华（左三）参加上海交通大学建校 115 周年庆典活动，并获得"杰出校友成就奖"（2011 年 4 月 9 日。资料来源：黄旭华提供）

作为广东客家人，黄旭华也时刻关注着老家的社会发展。21 世纪以来，黄旭华多次应邀或者自愿回广东揭阳、汕头及汕尾等地，调研老家的科学技术、经济建设及教育事业的发展状况，依据实际情况提出一些建议，并尽自己的能力解决一些实际问题。同时，他多次回母校聿怀中学，给师生们演讲、和老师们座谈，既畅谈理想，又建言献策。当然，故地重游，凭吊父母祖先，看望亲朋古旧，勉励子侄后辈，感受老家改革开放以来的巨大变化也是他一份重要的桑榆情怀。

此外，黄旭华还积极参加政治思想教育、环境保护、社会保障、老年保健、大龄青年婚恋等社会活动，希望借助于自己的一些影响力解决一些社会问题，提升老百姓的凝聚力，构建和谐、幸福的社会环境。

鲜花前的淡定

黄旭华院士的一生，极富戏剧性或故事性，起、承、转、合皆文章。辗转求学为"起"，笑傲交大为"承"，蛰伏舰船为"转"，享誉天下为"合"。20 世纪 50 年代中期至 1986 年 30 余年间，黄旭华隐姓埋名，默默无闻地躬耕在核潜艇事业上，没有人知道他在干什么，就连他 70 岁的父亲离世时都不知道自己的儿子在做什么，他的名字也渐渐在同学、朋友的记忆中变得依稀起来。

1986 年 4 月 17 日，《人民日报》在一则题为《新形势下国防工业任务是什么？国防科技工作如何做？赵紫阳等同电子船舶行业专家座谈——国防科技为祖国的现代化建设服务》的报道中，提及了一位名叫黄旭华的船舶专家。这是国内媒体第一次提及黄旭华的姓名，但黄旭华是何许人、具体干什么工作、有哪些事迹则只字未透露。1987 年元旦，《人民日报》首次对外披露了我国核潜艇出海航行，坚冰开始融化，黄旭华等核潜艇幕后英雄的事迹逐步经由媒体对外曝光。

1987 年第 6 期的《文汇月刊》刊载祖慰先生的报告文学《赫赫而无名的人生》，是国内第一篇对黄旭华的专访，但是依然不能公布真实的姓名和照片，人们仅知道我国核潜艇研制过程中有一个赫赫的"他"，当然，圈内的人及亲朋好友对号入座，心里明白这个"他"是谁了。

1987 年 9 月 20 日，《人民日报》发表了祖慰与林普凯联合署名的报告文学《彭士禄的超验现象》，在这篇文章中，黄旭华的名字虽然只是跑了一次龙套，但已与核潜艇关联在了一起。不知是纯粹巧合，还是祖慰先生刻意为之，只要读过了祖慰先生同一时期发表的这两篇关于彭士禄和黄旭华的报告文学作品，《赫赫而无名的人生》中的"他"就天之昭昭了。

至此，黄旭华的名字及其他的事迹渐渐见诸媒体。但是，要么公开姓名则不提及事迹，要么铺陈贡献则略去姓名，姓名和事迹各抱琵琶半遮面，黄旭华其人其事笼罩着最后一层薄纱。

1988 年 9 月 26 日，《人民日报》海外版刊载了记者黄彩虹、曹国强的文章《中国核潜艇诞生记》，首次比较系统的报道了总设计师黄旭华研制设计核潜艇中的过程及重点事迹，黄旭华也第一次得以以完整的形象出现在公众面前。其后，全国部分媒体开始从不同的角度、以多种方式采访、挖掘黄旭华等第一代核潜艇人的事迹、贡献及各种花絮。对黄旭华的报道也逐步从核潜艇研制延伸至对其出身背景、求学经历、交大岁月及家庭生活等多个角度和侧面，还原其生动、鲜活、多姿多彩、跌宕起伏的赫赫人生。

各类媒体对黄旭华的报道呈现这样一种态势，开始比较平缓，但逐步提升，到 2014 年突然爆发，可谓是铺天盖地，全面开花，也让黄旭华的名字传遍大江南北，长城内外。

1986年至2013年的28年间，仅以报纸为例，据不完全统计，媒体涉及对黄旭华的各类报道总量198篇次，包括转载在内，平均每年不到10篇次，而以头版及以黄旭华为主体的报道的数量仅有12篇次。

同时，我们还统计了1988年至2013年的28年间各类期刊涉及对黄旭华的文献报道，其结果分布大体上与报纸报道类似。

据不完全统计，在2014年以前，黄旭华在电视台的露面次数仅有6次，都是他参加一些大型活动的新闻报道，基本上都是群体性活动，以黄旭华为专题的视频报道我们没有检索到。

因此，综合报纸、期刊、电视台等新闻媒体自1988年至2013年的28年间对涉及黄旭华的报道看，虽然总量较多，但考虑时间较长，媒体数量很大，黄旭华在全国的影响依然有限。

让黄旭华的声名迅速红遍大江南北、并被媒体铺天盖地般追踪报道，则是在2014年黄旭华获得中央电视台"感动中国"2013年度人物的称号之后。

2014年2月10日晚，"感动中国"2013年度人物颁奖盛典在中央电视台一套演播大厅隆重举行。在宣布颁奖典礼开始后，主持人敬一丹说：

图8-13　黄旭华获得"感动中国"2013年度人物称号（2014年2月10日。资料来源：黄旭华提供）

图8-14　"感动中国"2013年度人物奖杯（资料来源：黄旭华提供）

我们先来认识这样一个人，他的名字很少被人提起。他在忙碌，忙了那么多年家人都不知道他在忙什么。他的名字就那样久久的、默默的隐藏在大海深处。①

在播放一段黄旭华研制核潜艇过程及接受中央电视台专访的视频后，在全场热烈的掌声中，黄旭华院士第一个走上领奖台，高高的举起了"感动中国"2013 年度人物的奖杯。

"感动中国"推选委员、著名词作家闫肃如是评价获奖者黄旭华：

试问大海碧波，何谓以身许国？青丝化作白发，依旧铁马冰河。磊落平生无限爱，尽付无言高歌。

"感动中国"推选委员、中央电视台台长胡占凡感慨地说：

许许多多像黄旭华这样的人，是中国知识分子中最优秀的一群。

"感动中国"推选委员、中央美术学院教授孙伟说：

中华民族从来没有像今天这样需要海洋，而在走向海洋的过程中，更需要一份走向海洋的刚强。

主持人敬一丹宣读了中央电视台黄旭华获奖的颁奖词：

时代到处是惊涛骇浪，你埋下头，甘心做沉默的砥柱；一穷二白的年代你挺起胸，成为国家最大的财富。三十载赫赫而无名，花甲年不弃使命，你的人生正如深海中的潜艇，无声但有无穷的力量。

---

① "感动中国"2013 年度人物颁奖盛典（视频），中央电视台一套，2014 年 2 月 10 日。

黄旭华获奖后感言道：

　　现在在我子孙面前，我很自豪、很骄傲！因为我这一生没有虚度。此生属于祖国，属于核潜艇，我无怨无悔。

颁奖后，主持人白岩松问黄旭华今天的梦是什么，黄旭华回答说：

　　还是核潜艇，还是希望核潜艇更上一层楼。

　　在获得"感动中国"2013年度人物荣誉之后，黄旭华声名鹊起。据采集小组统计，自2014年1月1日起，截至2014年10月底，短短10个月的时间，各类报纸涉及对黄旭华的报道总数达到345篇次，占黄旭华全部报纸报道总数的63.5%，其中头版及以黄旭华为报道主体占到七成以上。各类期刊43篇次，占全部期刊刊文总数的55.8%。由于期刊文献的发表有比较明显的滞后性，如果统计时间再长一点，这个统计比例应该还会增加。电视台视频报道23次，占全部视频报道的79.3%，其中仅中央电视台的就多套节目播出过对黄旭华不同主题的专访。从统计可见，自黄旭华获得"感动中国"2013年度人物的称号后的10个月内，全部媒体的报道量远远超过此前28年各种媒体对他的报道总量，"感动中国"2013年度人物让他够资格成为2014年的年度新闻人物。

　　采集小组对各种媒体自1986年起到2014年10月底关于黄旭华的报道做了一个相对比较准确的统计，统计结果见下表。

1985年至2014年10月媒体对黄旭华报道统计表

媒体类别	1985.01—2013.12		2014.01—2014.10		总计
	数量	百分比	数量	百分比	
报纸	198篇次	36.5%	345篇次	63.5%	543篇次
期刊	35篇次	44.9%	43篇次	55.1%	78篇次
电视台视频	6部	20.7%	23部	79.3%	29部

在这里有两点需要说明，一是采集小组的统计主要依赖于各类馆藏数据库，这些数据库收录媒体的种类不完全，比如据我们目前所知，类似于《719 通讯》等内部报纸及电视频道的报道就没有收录进库，而这些行业内部媒体对黄旭华的报道也有一定的数量，因此，我们的统计肯定有所疏漏、不尽准确，实际的媒体报道数量应该比我们的统计数要多。第二，我们的统计可能不符合新闻专业或者编辑出版专业的规范，统计指标的选择、统计方式的运用、统计结果的表述也不够科学。但是我们不是在做专业研究，仅仅是想通过这个统计表大体反应各类媒体对黄旭华院士报道的基本概况。

电视台、报纸、期刊涉及黄旭华的新闻报道详见附录二、附录三、附录四。

图 8-15　接受湖北卫视的采访（2014 年 3 月 25 日。资料来源：王艳明摄）

图 8-16　部分报纸对黄旭华事迹的报道（2014 年 12 月 23 日。资料来源：杨艺摄）

说到媒体对黄旭华的报道，不单是令人瞩目的数量，还有一个无法回避的焦点话题，那就是关于"中国核潜艇之父"这个称号了。笔者让研究生系统搜索和整理了现有的中文文献，同时依据几种网络搜索引擎进行检索，发现被媒体或者其他文献称为"中国核潜艇之父"的有两个人，一是我国首任核潜艇总设计师彭士禄，二是第二任核潜艇总设计师黄旭华。这两人皆大名鼎鼎，都是我国核潜艇事业的开创者，都是中国工程院首批院士，都是大奖无数、荣誉等身，二人因核潜艇而结缘，成为一对好战友。

依据对媒体文献的不完全统计，在 2014 年之前，媒体对黄旭华的报道数量稍多于彭士禄，黄旭华被冠以"中国核潜艇之父"称号也较彭士禄为多。但在黄旭华获评 2013 年度"感动中国"人物称号之后，"中国核潜艇之父"的称号基本集中在黄旭华身上。

对于"中国核潜艇之父"的称谓，笔者无意于从文献考证的角度去查辨缘起，反倒是两位当事者彭士禄、黄旭华院士自始至今都很理性、也很无奈。他们俩都异口同声拒绝这个称号，都说如果一定要安一个"中国核潜艇之父"，那么这个父亲是一群人，不仅包括他们俩，也包括黄纬禄、赵仁恺、陈右铭等一批第一代核潜艇的设计者、建造者和领导者。

黄旭华告诉我们，他已经无数次对采访的媒体记者说，请他们务必不要把他个人称为"中国核潜艇之父"，核潜艇建造成功是一代人共同努力的结果。在他任 719 所所长期间，有一次因为保密的原因，记者的报道须经他签字认可，当黄旭华看到把他称为"中国核潜艇之父"时，坚决要求该记者不要对他用这个称谓，否则他就拒绝签字。对于现在的媒体，为了吸引眼球、追求新闻效应这么称呼他，他苦笑而无奈[①]。

采集小组曾经就"中国核潜艇之父"的称号问题访谈过黄旭华的大女婿、湖北美术学院雕塑系专业教师张卫先生。张卫先生认为岳父黄旭华拒受该称号是他高风亮节，是出于对风雨同舟几十年的战友们的尊重，他的想法是真诚的，也应该得到尊重。

但是，张卫先生也说，岳父黄旭华也当得起"中国核潜艇之父"的称号。张卫认为我国第一代核潜艇是黄旭华等一代人共同努力的结晶，"中国核潜艇之父"冠在黄旭华身上也绝非是讴歌黄旭华一个人，而是颂扬以黄旭华为代表的一代核潜艇人。张卫认为，黄旭华最具代表资格的原因有如下几条。

首先，黄旭华是唯一一个最早参加核潜艇设计，并自始至终、一步不离地坚持在核潜艇研制战线上的设计师。

1958 年 7 月，依据中央决策成立的核潜艇总体设计组组建，黄旭华

---

① 黄旭华访谈——老骥伏枥，2014 年 10 月 14 日，武汉。资料存于采集工程数据库。

图 8-17　与 719 所的年轻技术人员在一起交流（摄于 2009 年 5 月 20 日。资料来源：黄旭华提供）

自上海船舶工业管理局奉调加入最初仅有 29 人的总体组，是为最早。赵仁恺稍晚于黄旭华，彭士禄、黄纬禄则是后来逐步加入的。"09"工程自 1958 年获批、1962 年下马、1965 年上马、20 世纪 80 年代的维持、1990 年再次恢复等过程，期间彭士禄、赵仁恺、黄纬禄、尤子平等人都有过调出、调入甚至再调出的经历，唯有黄旭华始终坚持在核潜艇的研制设计岗位。在 1962 年下马后，黄旭华等极少量留守人员被保存了下来，作为"09"幸存的种子。第一代两型核潜艇定型服役后，又有一批人员自"09"工程转入其他行业，黄旭华则继续坚持到新一代核潜艇研制工程上马，退居二线仍然作为参谋咨询人员关心着新一代核潜艇的研制发展工作，是为唯一。黄旭华在"09"工程中的"最早"加"唯一"，在核潜艇战线找不到第二个人。

其次，黄旭华在"09"工程中的技术抓总工作无可替代。在第一代核潜艇研制的四位院士中，彭士禄和赵仁恺是抓核堆的，黄纬禄是研制导弹的，只有黄旭华是技术抓总，统筹协调艇、堆、弹，技术更为复杂。不仅要把艇设计好，还要满足堆和弹的要求。我国重大国防项目都实行总师制，而总师的主要任务就是技术抓总，可见抓总的重要性。因此，从技术上及系统工程学的角度看，黄旭华的代表性无可厚非。

第三、黄旭华对核潜艇研制做出的巨大的学术贡献及一辈子对"09"工程无怨无悔、不计得失的精神奉献[①]。

张卫老师所列举的三条理由，其实是对黄旭华院士一生的深刻描述与总结。的确，黄旭华院士是我国第一代核潜艇研制者的杰出代表，作为代表，他当得起"中国核潜艇之父"的称号。

面对纷至沓来的鲜花，已经90高龄的黄旭华院士既淡定、也冷静。他多次对媒体记者们说道，他真诚的希望他们不要报道自己，要更多的宣传为核潜艇做出巨大贡献的其他建设者。他也一再告诫我们采集小组，少宣传他个人，多挖掘"09"精神及其他人的事迹。

在获得"感动中国"2013年度人物之后，面对接踵而至的媒体，黄旭华大多拒绝了，只有那些走正常组织程序、经上级单位批准接受采访的媒体，他才无奈的接受。黄旭华和夫人李世英说，他们还是习惯默默无闻的生活，害怕这种无休止的采访，恳请所领导和上级有关机关回绝对他的采访要求。在黄旭华的坚持下，目前他们又渐渐回归了过去清净的日子。就在笔者写到此处时，通过湖北省科协得知，黄旭华院士刚刚拒绝了两家电视台的采访。

"09"工程从1958年开创到1965年正式上马，一方面处在国民经济的困难时期，另一方面因为核潜艇研究、设计与制造的特殊性，专为核潜艇研制设计而成立的719所搬到了条件更为艰苦、环境更为恶劣的葫芦岛。在那里，黄旭华隐姓埋名30年，不仅在母亲深受磨难时黯然无助，而且还默默承受着失去父兄之痛；不仅自己忍辱负重边养猪边设计，妻子女儿也因此遭受生活困苦与身体的伤害。然而，这些都没有让黄旭华退缩，30年不追求名利，饱受凌辱与困苦、历经荒岛人生亦无怨无悔。在这种情况下，黄旭华不仅与第一代核潜艇人一起开创了我国核潜艇事业，而且为我

---

① 黄燕妮、张卫访谈，2014年3月16日，武汉。资料存于采集工程数据库。

国一代两型核潜艇研制做出了巨大的科学贡献，更可贵的是，他们因此而铸就的一种无坚不摧的核潜艇精神。

祖国不会忘记每一个辛勤耕耘的儿女，人民不会让英雄流血还流泪。终于，黄旭华因为为祖国铸造国之重器，迎来了无数的鲜花和掌声，在无数巨大的荣誉及频频闪耀的闪光灯面前，黄旭华依然那么冷静和淡定，不仅一如既往的关注和浇灌着核潜艇事业，而且对国家和地方各项工作倾注着更多的桑榆情怀。

第九章
和谐温馨之家

　　黄旭华的人生是幸福多姿的。和许许多多的成功人士一样，黄旭华志趣高雅、才艺双馨，夫人温德贤良、才貌兼具，家庭幸福、其乐融融。

"才艺" 痴翁

　　黄旭华打小就聪颖好学。幼年时陪伴二哥读书时，不经意间就把二哥的功课背诵的滚瓜烂熟。及至自己启蒙读书，在树基小学、作矶小学，在聿怀中学、桂林中学成绩均名列前茅，且表现出对科学知识的浓厚兴趣。在特设大学先修班因为成绩优异取得中央大学的保送生资格，同时又被著名的交通大学录取，最终以第一名的位置进入交通大学船舶专业学习。

　　大学毕业后，在民用船舶设计及军工转让仿制中充分提升和展现了自己的专业才能，"09" 工程实施后即被上级选中，召入 "天字一号工程"。在核潜艇总体设计及技术抓总工作中，充分体现了自己的聪明才智，实现了一系列的技术突破与创新，铸就国之重器，瓦解了超级大国的核讹诈。

图 9-1　九十高龄的黄旭华为采集小组演奏口琴（2014 年 9 月 26 日。资料来源：王艳明摄）

许多圈内人折服黄旭华不仅仅因为其卓绝的专业才能，还因为他身上具有一种艺术家般的气质和才艺。从少年时代开始，也许受到过父母演唱圣歌圣诗的熏陶，黄旭华就表现出了很好的表演、歌唱的天赋，在小学、初中、桂林中学等各个阶段都表演过很多抗日宣传情景剧、话剧，专心投入，惟妙惟肖。

黄旭华不仅爱好表演及唱歌，对各种乐器也情有所钟，甚至有点无师自通。在儿时，他自己不仅学会了识谱，还慢慢自己琢磨学会了口琴吹奏，以后又培养出了一些非常规的演奏技巧。在许多媒体的采访中，黄旭华还经常应邀或即兴来一段口琴演奏，气韵浑厚、怡然自得，每每博得阵阵的掌声。黄旭华的父亲有扬琴演奏的爱好，黄旭华看着看着也会了，在后来的学习、工作及家庭聚会中，他也常常表演一段扬琴，古朴典雅、别有情趣。在桂林中学、在交通大学，他又学会了小提琴，虽然技艺不精，但尚可滥竽充数、自娱自乐。

在交通大学，黄旭华与其他地下党员及进步学生，以"山茶社"为阵地，以文艺表演的方式宣传进步思想，开展对敌斗争。黄旭华时而引吭高歌，给市民唱响进步歌曲；时而演奏乐器，展现青春的魅力；时而登台扮演话剧、歌剧角色，引导思想启蒙；时而热血挥臂，指挥大合唱，激发革命热情。在交通大学，黄旭华的艺术才能发挥到了极致，他也因此走上了革命道路，以其能、假其艺，为革命奉献了一辈子。

在港务局任团委书记期间，多才多艺让黄旭华的工作游刃有余。他利用文艺体育活动的方式，充分调动年轻人的积极性，增强他们的团队意识和集体荣誉感。在黄旭华的努力下，港务局的共青团工作有声有色，既得到了上级领导和同事们的拥戴，也给李世英留下了良好的印象。

在船舶工业管理局、在紧张繁忙的"09"工程建设中，黄旭华亦偶尔展现自己的才艺，或一展舞

图 9-2　耄耋之年的黄旭华回到汕尾家乡，为家乡人民演绎扬琴乐曲（摄于 2014 年 4 月 23 日。资料来源：刘军青提供）

姿、或即兴放歌、或操琴演奏，或在晚会、或在设计室、或在车间、抑或在深潜中，既舒缓大家紧张的节奏，调节工作的气氛，同时又为自己寻找灵感。夫人知其酷爱音乐，在黄旭华过生日时，李世英总是尽可能挑选与音乐相关的生日礼物送给他。

黄旭华不仅识谱唱歌，还会写歌谱曲，前文介绍的他所谱写的《〇九人之歌》《〇九战歌》已成为核潜艇精神的写照。

人们都说文体不分家，黄旭华也算文体兼通。在桂林中学、在交通大学、在港务团委工作期间，黄旭华的篮球、乒乓球水平在同学中、在同事里也算一把好手。在桂林中学读书期间，他在篮球比赛中获得优胜奖，其奖牌在珍藏半个世纪之后捐赠给了母校。1960 年 4 月，黄旭华在海直乒乓球联赛中取得个人第三名，经国家体育运动委员会审查，授予国家乒乓球三级运动员称号。

了解黄旭华院士的人都知道，他的太极拳可谓一绝。20世纪70年代初，他开始学习太极，师从过好几个人，也在好几个地方学过。85 式、88 式、24 节都先后学过，后来还跟一个同事学习过太极长拳。他现在打的一套拳很难说叫什么名字，兼具杨氏太极和陈氏太极的路数，一套下来大约在 20 分钟左右，刚好让他身体微微生津。别人问他打的是什么拳，他回答说没有名称，不知叫什么拳，是他以自己的体质基础、结合太极和长拳的特点自创的，不规范。其实，仅从这里就能看出黄旭华院士的技术风格，不拘

图 9-3　清晨练习太极拳（2014 年 9 月 26 日。资料来源：王艳明摄）

图 9-4　指挥 719 所千名员工高唱《歌唱祖国》（2007 年 10 月 19 日。资料来源：黄旭华提供）

泥传统、不信奉教条，立足自己，勇于创新。黄旭华自 20 世纪 70 年代以来，每天早晨 7 点左右必练太极，几十年从不间断，依然成为 719 所家属院里一道固定的景致。他看上去总是那样精神矍铄、精力充沛，自然是他长期坚持锻炼的结果。

退居二线后，黄旭华积极参加老年人的各种康乐活动，2012 年度被评为武汉市武昌区中老年组"健康之星"。黄旭华还是 719 所老年合唱团的指挥，其指挥气势雄浑不减当年。

不过，黄旭华虽然才艺兼具，志趣儒雅，但偶尔又做一些痴傻可爱的事，让人忍俊不禁，他也因此自比"痴翁"。现选取他夫人说给我们的两个小故事，以证笔者所言非虚。

在葫芦岛生活期间，大约在 1970 年前后，黄旭华又一次出差去一座城市，办完公干后，就去逛逛商店，想给妻子带点什么，既表达对妻子的关爱，又弥补对妻子的亏欠。在商店逛了良久之后，也没有找到一个合适的感情载体。正愁闷着，突然发现几位女同志正在买一种印花布料，他凑过去一看，颜色花纹不错，很适合自己的爱妻，便跟着买了一块。回家后，得意洋洋的交到李世英的手上，等着妻子的赞扬或者笑容。李世英一看，气不打一处来，这种印花布料的衣服她都穿了几年了，他愣是不记得。看着丈夫腼腆不知所措的样子，李世英又有些心疼，只好哭笑不得地对他说："你可以背得出你工程上的多少数据，就不记得我在你面前穿了几年的印

花布衣服！" ①

2014 年上半年的一天，黄旭华一如既往，按时上班。他拎着工作包，健步向办公楼走去，可是一路走一路疼，到了办公室之后自言自语地说："哎呀，我的脚今天怎么这么疼啊！"坐下来看看脚，没啥问题啊！再反复看了几遍后才发现了端倪，原来是鞋穿反了。左脚的皮鞋穿在右脚上，右脚的皮鞋穿在左脚上，能不疼么！回到家说给夫人听，李世英又生气、又心疼！

夫人李世英说，这样的例子很多。几十年了，他工作上心细如发、思维缜密，可生活上心粗如杵、童痴本色。

黄旭华无任何不良嗜好，心胸豁达，乐享表演、唱歌、谱曲、弹琴、指挥、打球、练太极、写诗、手工、养花等才艺和爱好，亦智亦痴，童心不泯。今天，黄旭华 90 高龄，依然健步如常、思维敏捷、字字铿锵、神采奕奕。

"三品"夫人

熟悉黄旭华的人无不认为，黄旭华在事业上能够取得巨大的成就，离不开夫人李世英坚定的、无私的支持。李世英不仅是黄旭华工作上的好帮手，也是他生活上的好伴侣，还是家庭中的顶梁柱。笔者既自黄旭华的口中慢慢了解了李世英，又多次亲身和她接触交流，耳濡目染，渐渐对她由惊而奇、由惊而敬。在对李世英女士有了充分的认知和思考后，笔者对黄旭华院士说，可以用"三品"来形容、抑或是总结与赞美他的妻子。

"三品"者，品德、品质、品位也。

人品德为先，李世英的美德体现在对丈夫之德、对长辈之德、对同仁之德、对家庭之德、对子女之德。

---

① 李世英访谈，2014 年 9 月 24 日，武汉。资料存于采集工程数据库。祖慰：赫赫而无名的人生。《文汇月刊》，1986 年第 6 期，第 6 页。

图 9-5　年轻时的李世英（1964 年于北京。资料来源：黄旭华提供）

作为妻子，李世英对丈夫在事业上鼎力以助，让黄旭华心无旁骛地专注在核潜艇上。家中琐事姑且不说，就是自己身怀六甲、入院生子、孩子生病等她都不告诉黄旭华，自己一个人扛着，怕他分心牵挂而影响工作。

有一次，李世英在下公汽时，被一个鲁莽的年轻人冲下来推倒在地，她被压在最底下，当时就人事不省，送入医院后被诊断为严重脑震荡，处在危险之中。黄旭华接到电话后赶回来，医生告知凶多吉少、甚至让他们做好思想准备。看着昏迷的妻子，黄旭华再也抑制不住自己的愧疚，第一次当着大女儿和大女婿的面失声痛哭，嘴里不迭地说着对不起他们的妈妈。吉人天相，李世英经抢救苏醒了，当她看到黄旭华站在病床旁时，着急地说："你怎么回来了？他们不该打电话让你回来，我没事，你那边不能没有你……"。

这就是李世英之德，宁可自己在鬼门关前徘徊，也不希望拖累自己的丈夫。再多的痛苦自己咽下去、再大的难题自己扛起来。黄旭华每每给我们谈到妻子李世英时，总会噙着眼泪说：这辈子对不起她！

作为妻子，李世英对丈夫在生活上也照顾入微。因为工作性质，黄旭华常年出差，在外的时间远远超过在家的日子，无论什么时刻、无论春夏秋冬，李世英总是把他的行李打点妥当，从不耽误他的行程。俗话说："看看男人衣，便知家中妻"。不论四时更迭、不论条件艰苦，黄旭华着装总是整洁、得体，总是给人一种雅致得体的感觉。

作为女儿、作为儿媳，李世英对两边的父母长辈尊敬爱戴，体贴关怀。且不说自己的父母，李世英对待黄旭华的母亲堪称典范，虽然见面次数很少，在一起生活的时间也不长，但婆媳之间交心、交流，两个睿智的女人得以理解和尊敬。黄旭华加入"09"工程之后，和自己的父母联系很少，但是李世英却和黄旭华的母亲常有书信往返。不能膝下照顾，李世英就代替黄旭华不时致信问安。在武汉，黄旭华的母亲有过一段和李世英生活的日子，婆媳之间也是相互理解和尊重，彼此关心与呵护。平时，黄旭华的父母兄弟及其家中生日喜

图 9-6　李世英与母亲一起晒衣（摄于 1993 年 10 月 28 日。资料来源：黄旭华提供）

庆，李世英也能提醒和代劳，尽显做妻子的义务和美德。

对待同仁，李世英、黄旭华夫妇可谓有口皆碑，和睦相处、关心疾苦、同情弱者、急人所急。在 719 所采集资料及访谈中，我们多次听到一些退休的职工讲述李世英黄旭华夫妇助人为乐，帮助他人的事例。今天，只要 719 所哪位老职工逝世，无论是技术人员还是普通工人，李世英、黄旭华夫妻俩至少有一个人坚持去参加吊唁，尽显人情美德。

对待家庭和子女，李世英那真要算是一臂擎天。生育三个女儿，又悉心养育、教诲，不辞辛苦。一家人的衣食住行都是她一个人操心打理，从无怨言。三个女儿出嫁，她反复叮嘱要任劳任怨、支持丈夫、孝敬老人。

李世英之德，让黄旭华愧疚、让长辈们称颂、让同仁们敬重，让女儿们奉为自己的楷模。

李世英不仅有着良好的传统美德，更有着知识女性的良好思想品质与专业技术品质。

李世英的外语功力深厚，俄语娴熟，英语能力也很强，德语亦具备较好的阅读笔译能力。同时，她精通情报搜集、甄别与整理，擅长期刊编辑出版。

李世英毕业于大连海运学院，不仅精通俄语，对造船专业知识也略通一二。在船舶工业管理局任苏联专家的翻译时，不仅能在日常管理及生活中做好翻译工作，还能够在中苏专家之间的技术交流中建立良好的沟通。

在上海工作期间，她还在上海外国语学院的夜校学习德语，能够胜任德语的文字翻译工作。参加"09"工程之后，李世英的工作主要转向潜艇、造船技术方面的情报资料的搜集、翻译及期刊编辑工作，为核潜艇研制设计提供情报支持。为了扩展境外资料搜集渠道与能力，李世英又继续深化中学阶段的英语水平，深化和扩大了对英文资料的搜集和处理能力。

李世英翻译过好几本造船专业方面的书籍，因时间久远，书名已大多记不清了，仅一本关于阀门设计制造方面的书有一定的印象。此外，由于保密的原因，这些书籍无法正式出版，只能作为内部资料使用。

李世英不仅具有高尚的品德、卓越的品质，在她的身上、在她的举手投足之间还溢洋着一种不凡的品位。我们采集小组每一次见到李世英女士，不论在什么场合，不论她在做什么事，她的着装与举止总是那样的恰到好处，优雅得体，俨然一个极有涵养的大家闺秀。在我们与其他人的访谈中，只要一谈及黄旭华的夫人李世英，大家无不感叹她的优秀品德与品质，同时亦不吝溢美之词，来感慨她卓尔不凡的品位。

不妨当一回不速之客去造访黄旭华院士的家，你必定会被他家里合理的布局、典雅的陈设、舒适的色调、温馨的氛围所折服，这种布置透射着女主人李世英的才情与品位。黄旭华院士家中的每一个角度、每一个物件似乎都有一种艺术感，但又绝不矫揉造作，给人一种愉悦与遐思，李世英的品位让温馨的家渗透着一丝高雅。

黄旭华院士爱照相、也很上相，他的发型很完美，并随着年龄的增加而有着些许的变化。也许你会想当然认为黄院士的发型一定是一个发型师或者手艺老到的理发师的杰作。其实不然，黄旭华院士的头发几十年来都是由夫人李世英打理，他始终恰到好处的发型间接地折射出李世英的品位。

黄旭华院士有三个女儿，都一如母亲般美丽优雅。李世英不仅养育了她们，而且将自己的品位也传承给了她们。李世英和丈夫黄旭华一样，热爱音乐、钟情艺术，她送给黄旭华的礼物绝大多数都是黄旭华所喜爱的音乐制品或者其他艺术品。黄旭华60岁生日时，依然在忙于"9185"及深潜试验等相关任务，终日忙碌，李世英为了舒缓黄旭华的情绪，特意想方设

图 9-7 李世英为黄旭华修剪发型（摄于
2008 年 7 月 4 日。资料来源：张卫提供）

图 9-8 李世英为黄旭华仔细整理着装（资
料来源：黄旭华提供）

法买到了贝多芬的第一至第九交响乐的全套磁带，送给黄旭华作为生日礼物，黄旭华如获至宝，欣喜万分[1]。

不仅黄旭华自己、也包括他身边的人，甚至我们采集小组的成员都不约而同地认为，黄旭华能够取得事业上的巨大成功，身后的"三品"夫人李世英功不可没。

"康乐"家庭

大约是对幸福含义的高度认同，生活总在印证一句话，幸福的家庭总是极其相似。黄旭华院士的家庭堪称幸福，但幸福一词太过宽泛，可以用"康乐"二字更准确诠释这个幸福家庭的特质。

无论在哪个历史时期，无论生活条件与状况如何，黄旭华的家永远充满着自由、温馨与欢乐。在北京、在葫芦岛、在武汉，只要黄旭华在家，哪怕是短暂得只有几个小时，黄旭华总能陪着女儿们玩耍。在北京的公园，黄旭华和女儿一起划船。冬天，他用一只板凳做了一个滑板，和燕妮一起在湖面上溜冰。在葫芦岛的荒地里，黄旭华和孩子们堆雪人、打雪仗；

---

[1] 祖慰：赫赫而无名的人生。《文汇月刊》，1987 年第 6 期，第 10 页。

图 9-9　黄旭华大女婿张卫手绘的"全家大团圆纪念"
素描（1993 年。资料来源：黄旭华提供）

在武汉的春节里，黄旭华和家人一起放鞭炮、玩游戏。有一年春节，年过半百的黄旭华和女儿们一起打闹嬉戏，大女儿笑弯了腰说："爸爸，过了年就把你送到托儿所去！"①

黄旭华一家人没有一个是专门学习音乐的，但是一家人却酷爱音乐。家庭音乐会已经在这个家庭形成了传统。不拘形式、不限风格，随心所欲的诠释与创新，激发了一种近乎原生态般的天籁。祖慰先生曾经这样描述过黄旭华家的家庭音乐会：

　　不是节日，不是周末，一个平常的日子，平常的时刻。这个家里，会传出一阵合唱。并不协和，并不动听，因为这一家子没有一位学过声乐，没有一个"金嗓子"。嗬，曲目广泛得超过任何合唱团：有用俄语唱的俄罗斯民歌，淡淡的哀愁；有用英语唱的美国黑人歌曲，沉沉的泣诉；有铿锵的古典音乐贝多芬第九交响乐中的《欢乐颂》；有轻松地流行歌曲《什锦饭》；有绝响古曲《阳关三叠》；还有神圣安宁的宗教歌曲《米赛亚》《圣诞之夜》……大女婿在与大女儿初恋时，第一次到他家做客，就听了他们即兴的、随意的、无仪式的、似乎是毫无目的的合唱。大女婿对大女儿说："你们真有意思。我不敢说全世界，但我敢说全中国，绝不会有这样爱唱歌的而且是无拘无束唱歌的家庭！"大女儿说："这有什么稀奇？我们家从来都这样。"②

---

　　① 祖慰：赫赫而无名的人生。《文汇月刊》，1987 年第 6 期，第 10 页。黄燕妮、张卫访谈，2014 年 3 月 16 日，武汉。资料存于采集工程数据库。
　　② 祖慰：赫赫而无名的人生。《文汇月刊》。1987 年第 6 期，第 9–10 页。

偶尔，在节假日的家庭聚餐中，他们还把家庭音乐会搬到了酒店餐厅，把欢乐传递到了大厅和隔壁，间或引来客人或者宾馆服务员的驻足欣赏，博得一阵阵掌声和羡慕的赞许。

图 9-10　黄旭华与他喜爱的蝴蝶兰（摄于 2007 年 3 月 12 日。资料来源：黄旭华提供）

热爱鲜花和亲近自然是这个家庭的另一特色。在黄旭华的家、在他女儿们的家，任何一个地方，目之所及，总能有各色形态万千的鲜花或者绿色植物吸引着你的眼球。在他们的家中，我们采集小组见到过上品级的蝴蝶兰；在 719 所的大院里，我们也碰巧见过黄旭华兴高采烈地捧着在同事家中寻觅

图 9-11　黄旭华夫妇和子孙的全家福（资料来源：黄旭华提供）

到的特殊兰草喜滋滋回家的身影。

周末，只要天气晴好，黄旭华一家人总是去城市周遭踏青野趣，沐浴自然。中科院武汉植物园是他们家最常去的地方，植物园每年的梅花节、樱花节、牡丹节、兰花节、桃花展、郁金香展、菊花展，你总能邂逅到黄旭华一家人愉快的身影。黄旭华去植物园总是全副武装，不仅带着照相机，还带着放大镜。看到感兴趣的植物或者鲜花，他立刻拿起放大镜仔细研究端详，一如他检视核潜艇的每一个零部件一样。

"康乐"的家庭、达观的心态、执着的事业追求让黄旭华院士 90 高龄依然精神矍铄，孜孜期待着我国核潜艇事业实现一个又一个的突破。

　　黄旭华的人生一如历经风雨后的彩虹，堪称完美。黄旭华是一个多才多艺、亦庄亦痴的科学家。然而，纵使黄旭华是天纵之才，若没有夫人李世英的鼎力支持，黄旭华不仅无法取得诸多重大的成就，恐怕其事业的历程都会因此而改写，至少不会拥有如此辉煌而丰富的人生。李世英厚德多才，品位卓尔不凡，她不仅给黄旭华成功哺育了三个孩子，营造了一个温馨浪漫的家，还用她那柔弱的肩膀给黄旭华的事业擎天般支撑。

结 语

笔行至此，无论是黄旭华院士学术成长的资料采集与整理，抑或是其传记的撰写，均大体接近尾声，按照采集工程的主旨及要求，工作的最后，须对传主的学术成长历程、科学贡献及其成因等进行小结。

学术成长的脉络

爬梳传主的学术成长之路，是"老科学家学术成长资料采集工程"的重要目的之一，对所采集的资料整理序化，也意在还原传主人生及学术发展的历程。

迄今，最完整见证我国核潜艇一步一步成长过程的，黄旭华绝对是不二的人选。因此，在今天，如果要用一个人的生命历程代表我国核潜艇事业的发展历史，恐怕没有谁比黄旭华更为合适；黄旭华的主要人生之旅就是我国核潜艇的孕育与航行轨迹。

从宏观的角度看，一代两型核潜艇所走过的道路，大体就是黄旭华的学术成长之路。路漫漫其修远兮，倘要检视或放大黄旭华学术成长的特点与过程，则可以将其划分为如下几个阶段。

求知期。这个过程大体包括自读书启蒙到交通大学学习时期。在这个阶段，黄旭华历经坎坷与磨难，于动荡岁月中完成了自小学到大学的系统求知过程。良好的家教、传统文化的熏陶、执着的强国梦想、现代科学技术的培育，让黄旭华从一个懵懂的渔乡少年成长为一个有知识、有理想的大学生，为其后来叱咤海疆的一生奠定了良好的思想基础与知识平台。

专业入门期。这个过程可划分为交通大学的专业学习期及船舶工业管理局的转让仿制专业实践期。

在交通大学，黄旭华接受了系统而严格的专业理论学习，并得到叶在馥、辛一心、杨槱等大师级老师们的悉心教诲，为他从事核潜艇的总体设计及技术抓总奠定了扎实的基础。大学毕业后，经过短暂的党政工作后，进入船舶工业管理局从事苏联舰船的转让仿制工作。在这里，他开始真正接触军事舰船的设计与建造，开始对潜艇有了系统的实践认知，在再一次得到业师辛一心的耳提面命及苏联专家的无私指点后，黄旭华真正走进了专业的殿堂，技术业务能力突飞猛进，学术水平迅速提升，不仅成为了技术骨干，并开始走上技术责任人的岗位。

专业拓展期。从"09"工程获批到"09"工程再次上马这段历史是黄旭华的专业拓展期，经过这一过程的磨砺，他从一名普通的技术人员蜕变为核潜艇研制的栋梁之一。

1958年，天降大任，"09"工程应运而生，因为在船舶工业管理局所展现出的优秀的学术及业务能力，黄旭华顺理成章成为"09"工程最初的专业技术人员之一。虽然核潜艇的研制历经了启动—下马—再上马的波折，但是黄旭华的学术水平和专业技能反倒是因为这种波折所产生的缓冲得到了更多磨砺与锤炼，使之得以充分的理解和消化核潜艇的总体设计的理论与技术，并通过一系列的水动力试验及模型模拟研究，对核潜艇设计及研制逐步建立了自己独有理念与理论认知，从而渐渐确立了自己在核潜艇研制上的学术特色及管理方式。通过这段时间的积累与拓展，黄旭华也逐步从一名普通的设计人员成长为担纲核潜艇总体设计的副总工程师，在学术能力长足进步的同时，开始领衔"09"工程的总体攻关。

学术成熟期。自"09"工程再次上马到第一艘核潜艇正式下水，黄旭华的学术水平与专业素养成长臻于成熟。

"09"工程恢复上马后，在极其艰难的情况下，黄旭华带领他的团队围绕核潜艇设计与制造展开了一系列的技术攻关。在此过程中，黄旭华一方面展现了自己高超的领导才能，另一方面又展示了自己独到的学术思想，继承与创新相结合、常规与尖端谋转化，其设计理念、技术创新逐步体现在核潜艇的设计与制造之中。首制核潜艇下水并试航成功，既实现了毛泽东主席的誓言，也标志着黄旭华学术成长达到高峰。

学术收获与验证期。"091"的定型过程及"092"成功服役的历史，既是黄旭华学术成长的收获期，同时也是黄旭华学术理论与观念的验证期。

"091"的定型及"092"的服役经过了一段较为漫长的过程。其间，黄旭华以大无畏的精神、严谨而淡定的科学态度指挥、参与及经历了长航、深潜、武备等一系列若干阶段试验。试验的成功及一代两型核潜艇的最终服役，让黄旭华收获了几十年辛勤耕耘的成果，给我国的核潜艇工程留下了一整套宝贵的思想理念、科学精神与方法、技术创新的路线及尚处于严格保密中的一系列成套技术。而最终对成功的总结、对不足的反思也验证了黄旭华关于发展我国核潜艇事业的正确性与前瞻性。

和许许多多的科学巨匠及技术大师一样，黄旭华的学术成长同样遵循科学发展及思维科学的一般规律的，必然历经入门、积累、磨砺、进步、成熟与收获的过程。虽说收获的成果千姿百态，但成功的道路似曾相识。

科学贡献概述

黄旭华的科学贡献在本书第八章"自我总结"一节中已借用黄旭华自己、何梁何利基金委及宋学斌总师的评价进行过全面的叙述，此处无须详述，仅作更为简要的概括。

综合各方面的评价、分析与研究，黄旭华的科学贡献主要体现在两个方面。一是在科学管理与科学思想上，将系统工程的理论运用到核潜艇的总体设计与技术抓总上，实践了常规与尖端的辩证关系，提出了核潜艇设计特有的"毒蛇"理念。二是不拘泥传统、不甘于平庸，锐意创新，取得了在核潜艇总体设计上重大技术突破及抓总经验，使我国一代两型核潜艇的总体技战术性能优于美苏同代的作品。

从科学技术进步与发展的规律看，正确的科学观念与思想往往对技术的发展或者进程起着决定性作用。

核潜艇是一个尖端的系统工程，它是在本就高度复杂的现代造船技术的基础上，进一步集成核动力技术、海底通讯与导航技术、声呐与探测技术、鱼雷与导弹武器技术建造而成的巨大的深海核动力移动作战平台，用核潜艇专业人士的话说就是一座海底城市。因为其技术的复杂性和加工制造的艰巨性，迄今能设计与制造核潜艇的国家，在世界上依旧屈指可数。

黄旭华甫一加入核潜艇研制队伍就负责总体设计这一涉及全局的工作，成为技术负责人后，主要承担起核潜艇的技术抓总工作。技术抓总工作异常重要，既要懂技术，又要懂管理；既要懂总体，又要对各个组成系统有充分而全面的技术认知。否则，即便是各个子技术系统都先进成熟，也无法集成为合格的核潜艇武器平台，这在世界上都不乏先例。在技术抓总过程中，黄旭华科学运用了系统工程的集成思想，鉴于我国当时既没有任何潜艇技术抓总的经验、又没有核心技术资料可供借鉴的现状，创造性地提出利用现有的常规技术进行合理的科学集成的方法，认为只要方法正确，就能让核潜艇的技战术性能达到较为先进的水平。黄旭华的这一思想在一代两型核潜艇研制上收到了预期的卓越成效，它不仅让我国一代两型核潜艇的研制过程快于美苏同代产品，而且实现了技战术指标上的超越。

从军事理论及武器技术平台的特点审视，核潜艇被认为是最为有效的二次核反击平台，在军事大国竞相发展导弹防御系统的条件下，核潜艇进一步成为核大国间比拼核威慑能力的实力标志。但是，核潜艇成为最安全、最有效的核堡垒的前提是自身的噪音水平与安静能力必须达到较高的水平，否则与陆基、空基核力量一样成为显著的活靶子。黄旭华在20世纪60年代主持设计我国第一代核潜艇时即高屋建瓴，从技术发展的视阈提出了核潜艇设计的"毒蛇"理念，这一理念与现代核潜艇设计思想不谋而合，已经成为了我国新一代核潜艇设计中最优先考虑的技术要素与战术指标。

黄旭华所形成的核潜艇技术抓总的思想与经验、所提出的核潜艇设计的"毒蛇"理念已经成为我国研制新一代核潜艇的重大技术财富，成为一种思想和知识力量。

黄旭华作为我国核潜艇事业的开拓者，在核潜艇研制上的成就自然不仅仅局限在科学管理与科学思想上，也表现在具体的技术突破与创新上。

虽然，从当时的决策层的思想看，我国一代两型核潜艇主要是解决有无的问题。但是，以黄旭华为代表的我国核潜艇事业的开创者们并不甘于平庸，他们克服各种困难，既立足于现实，又不拘泥于传统，锐意创新，在艇体线型设计、耐压舱室设计、艇体重心控制、操舵方式等方面与美苏同代产品相比都实现了创新，从而改善了我国一代两型核潜艇的技战术性能，这也是我国第一代核潜艇优于美苏同代核潜艇的技术成因。

科学贡献的成因

基于黄旭华学术成长的轨迹，结合其家庭背景、历史遭际、思想转折、学习经历、工作状况、环境影响等多种要素，采集小组认为黄旭华的科学贡献除了自身的刻苦努力之外，主要源自两个方面的成因，即环境成因、思想成因。

毋庸置疑的是，在人的成长过程中，环境的作用是巨大的，有时甚或是决定性的。黄旭华院士无论是其科学贡献，还是其人生旅程，都强烈的受到家族熏陶、历史机遇、人际氛围的影响。

首先，黄旭华自幼受到良好的家族精神的熏陶。在我国，由于几千年传统文化的浸润，许多家族在其迁徙流变中逐渐形成了具有鲜明特色的家族精神与传统，这种精神与传统塑造着家族成员文化修养、道德情操、行为举止、情商秉性，并一代一代传承不绝，影响着一代代人的事业选择与精神追求。

在黄旭华的家族成员中，对他最具直接影响的就是其父亲黄树穀和母亲曾慎其。在我们的正式及非正式访谈中，黄旭华多次坦诚他继承了许多父母亲的行为、品德与思想，譬如进取、正直、善良、宽容、达观、坚韧。黄旭华的这些自父母亲血液中遗传而来的禀赋，在他近半个世纪的核潜艇研制生涯中起到了巨大的精神支撑和道德影响，是他克服重重困难、顽强不屈、锐意创新的精神源泉。

其次，黄旭华能取得如此骄人的科学贡献也拜时代所赐，或曰机遇使然。

在"交大岁月"的访谈中，黄旭华基于自己的人生之旅，发出过如是的人生感悟。他说，人的成功，大抵上需要三个因素：一个机遇、一个天分、一个勤奋，其中机遇不可或缺，否则就算是天纵英才、勤奋不辍，也惟能徒唤奈何。他进一步补充说，虽然他的一生也算饱经磨砺，但上天待他不薄，逢难化吉，运气尚佳。甚至在有人赞美他的巨大贡献时，他总是谦逊地说：这些没什么了不起，我只是机遇好些而已，换了别人也一样能做出这些贡献。

黄旭华院士的自评，虽说出自自身的谦恭，但也不无道理。他确有机遇相助，学校的取舍、专业的选择、事业的历练仿佛都是为他进入"09"工程而安排的。但是，谁都可以拥有机遇，却不是谁都具有把握机遇的能力。黄旭华生逢其时，历史选择了他，他也很好地把握了这个机遇，从而创造了彪炳的历史与辉煌的科学贡献，可谓"天降大任于斯人"、叱咤"09"建奇功。

其三，在家族及历史机遇而外，黄旭华院士科学贡献也源自其人生各个历史时期所拥有的良好人际氛围。

读书时，黄旭华得遇良师。先后有苏剑鸣、柳无垢、许绍衡、巴小泉、叶在馥、辛一心、杨槱等名师的熏陶与教诲。其中叶在馥、辛一心、杨槱等三位交通大学的老师，均是新中国造船事业的开创者及专业技术权威，给黄旭华夯下了扎实的专业功底。尤其是辛一心老师，不仅在课堂上为其传授了系统的专业知识，而且在转让仿制工作中更是对他悉心栽培，让他在专业技术上迅速崭露头角，为其得选"09"工程创造了条件、为其在核潜艇设计中的系统抓总及技术创新注入了深厚的学养。

在核潜艇研制工作中，黄旭华收获了良好的人脉资源，他上得领导信任器重、中有同侪无私配合、下有后进鼎力协助。入列"09"工程后，黄旭华不仅得到过聂荣臻、刘华清、李鹏等党和国家领导人的鼓励，还渐次受张景诚、薛宗华、周圣洋、于笑虹、夏桐、陈右铭等领导的提携、青睐与重用，乃至于关键时期的保护。正是这些关怀、爱护及信任，让他不遗余力、专心致志于核潜艇的研制之中，使他一步步从一名普通的设计人员，成长为核潜艇总设计师。在核潜艇技术抓总工作中，黄旭华得与彭士禄、赵仁恺、黄纬禄三位院士及尤子平副总师一起配合与协同，共同成为我国核潜艇事业的拓荒者。在核潜艇总体设计及专题攻关中，黄旭华又得到了诸如许君烈、张金麟、宋学斌、钱凌白、闵耀元等一批核心将才的鼎力帮助，他们尽心尽力辅助黄旭华攻克了我国一代两型核潜艇设计中的许多技术难关，共同实现了毛主席的伟大誓言。

当然，不能不重提的是，黄旭华的事业成功还得益于其夫人李世英女士全力奉献，让他心无旁骛于核潜艇事业。

天道酬勤、得道多助，机遇与人脉是黄旭华取得巨大成就的助推器。

成就黄旭华科学贡献的动因除了环境要素外，思想成因也不可小觑。思想成因意即观念成因，或曰价值观因素。在人生追求中，正确的价值观就如同指南针一样，指示着你努力前行的方向。在黄旭华幼小的心灵中，就具有了对知识的渴望，从而支撑他在弱冠之年就流浪西南大地艰难求学。在民族历经灾难的过程中，他接触到了进步思想，进而在风雨如晦的岁月中加入了中国共产党，从而坚定了其科学救国、振兴民族的伟大理想与信念，并将自己的人生价值与国家的富强兼容在一起。志存高远，经过近两年的情感交流与观念碰撞，我们深刻、真切地感受到黄旭华将国家的核潜艇事业作为自己的人生追求的诚挚情感，自己的人生价值就是国家的富强与民族的复兴。

思想成因，是黄旭华取得巨大成就的意志力保障。这一问题笔者在本书第三章《交大岁月》的《小结》里已做过剖析，故此无须在此徒费更多的笔墨。

环境成因与思想成因具有必然的逻辑关联，是人生事业追求的主客观要素。黄旭华院士将上述主客观因素充分结合，既实现了人生的价值追求，又为民族振兴贡献了不朽的科学成就。

质朴的家族精神、积极向上的价值观、历史的机遇与优秀的人脉，再加上黄旭华自身不懈的勤奋努力，编织了他完美而厚重的人生，也迎来了国之重器的华诞，同时谱写出"核潜艇精神"的旷世华章。

科学人生的感悟

笔者既非专业的科技史研究人员，也不具备研究我国核潜艇事业发展史的能力，故而对黄旭华院士的学术成长脉络的梳理自认肤浅，对黄旭华院士学术成就的总结大约也只能借他人之言，对黄旭华院士科学贡献的成因分析更是有信口雌黄之嫌。然而，两年多来，来自黄旭华院士的耳濡目染的洗礼，及对黄旭华院士各种资料的尽心整理与阅读，倒是对黄旭华院士的科学人生有了些许真实的、发自肺腑的感悟。

感悟一，亲师教诲、意志磨炼、家属支持、团队协作及把握机遇的能力是其取得重大技术成就的基础及保障。

感悟二，正确的人生观、价值观成为其坚持不懈、力克重艰、无私奉献的精神支撑。

感悟三，于常规中谋尖端、积跬步为巨制。

在今天的创新理论中，科学集成被认为是创新的重要手段及方法之一。其实，黄旭华等科技人员在核潜艇的研制中就实践和验证了这一创新理论。在 20 世纪 60、70 年代，以我国的科技实力和经济条件，基本不具备研制核潜艇的条件。然而，以黄旭华为代表的第一代核潜艇研制人员正视现实，既不畏难退缩，也不好高骛远，硬是立足常规技术，通过科学的集成来让产品具备尖端的效能，所研制出的第一代核潜艇的大部分技战术指标均优于美苏同代产品。此外，黄旭华等设计人员在核潜艇研制中，科学务实，一步一个脚印，逐项攻关，每一次进步虽然不大，但终积跬步之力绘就了核潜艇这个鸿篇巨制，筑起了捍卫国家安全的海上移动长城。

感悟四，有情方为真豪杰，科学未必苦行僧。

在对黄旭华院士的访谈及资料采集过程中，有两点给笔者及采集小组留下了极其深刻的印象。

一是黄旭华院士是一个感情非常丰富的人。父母情、兄弟情、夫妻情、子女情、同事情、下属情萦绕着他人生中的每一个阶段甚至细节之中。在访谈中，于激动处，为父母恩情、为老领导豁达胸襟、为同事悲惨际遇、为对妻儿的亏欠常常泪洒衣襟。重情尚义体现在黄旭华生活的每一个细节处。经年以来，黄旭华每一次出差或者旅行，总要系上或者携带老母亲留给他的围巾，对父母拳拳之心时刻不忘。所里有职工逝世，无论级别岗位，他必定前往吊唁。在我们访谈黄旭华的同事，或者与719所职工谈及黄旭华院士时，大家首先谈及的不是他的技术、他的贡献，而是他关怀职工、体恤家属的动人故事与见微知著的感人细节。即便是对过去曾经批斗过他的人、误会过他的人，他依然心无芥蒂，报以理解、宽容，甚至以德报怨。有情方为真豪杰，这是我们采集小组共同的感叹和心声。

受制于采集工程性质及对科学家传记撰写的特殊要求，笔者在铺陈、渲染黄旭华院士的情感上颇为节制，这也成为笔者撰写该传记的遗憾之一。

黄旭华院士的科学历程给我们留下的另外一个印象是：科学未必苦行僧。打我们受教育那天起，或者在我们读过的许许多多的关于科学家的故事中，科学之路似乎总是跌宕困苦、崎岖凶险的。然而，黄旭华院士的学术成长之路，却于艰辛曲折之中，折射出一种快乐、浪漫的情愫，或曰苦中有乐、乐在其中。笔者以如下小诗来写照黄旭华院士的科学浪漫主义精神。

荒岛琴声起，船舱谱诗章；斗室舞探戈，波上领合唱。

任何工作都有苦有乐，科学作为一项特殊的工作自然不会例外。科学之路既充满艰辛，也有无穷的魅力。我们既要努力寻求科学带给我们的快乐，也要用我们的才艺浇灌科学之花，科学不是苦行僧。这既是黄旭华对科学之路的诠释，也是我们的从他那里得来的感悟。

无论是对于黄旭华学术成长之路的梳理、科学贡献的总结，还是对于其贡献成因的诠释，包括我们得来的感悟，可能囿于采集小组及笔者学术视角错位与狭隘、研究时间的仓促、认知能力的贫乏而失之片面与肤浅，然拙作作为黄旭华院士的第一本传记，窃以为唯其抛砖引玉，自是善莫大焉。

今天，黄旭华院士等老一代科学家开创的我国核潜艇事业蒸蒸日上，成果辈出，我国的新一代核潜艇已经成为令美俄都不敢小觑的国之重器，护卫着祖国的安全和世界的和平。

附录　黄旭华年表

2 月 24 日，生于广东省海丰县田墘镇，现广东省汕尾市红湾区田墘镇，父亲按族谱秩序为其起名为黄绍强。祖籍为广东省揭阳县玉湖镇新寮村，现广东省揭阳市揭东县玉湖镇新寮村。是年，父亲黄树穀（号育黎）32 岁，母亲曾慎其 31 岁；大哥黄绍忠 5 岁，二哥黄绍振 3 岁。

1926 年

大妹黄秀春出生。

1927 年

开始随母亲曾慎其进教堂做礼拜，学会了吟唱《米赛亚》《再相会》《圣诞夜之歌》等圣歌。

1928 年

常随二哥黄绍振去海丰县田墘镇教会学校树基小学，为二哥陪读。

1929 年

四弟黄绍富出生。

1931 年

入海丰县田墘镇树基小学念初小一至三年级。

1933 年

二妹黄秀阳出生。

1934 年

五弟黄绍荣出生。

入海丰县田墘镇小学继续念初小四年级。

1935 年

入海丰县汕尾镇教会所办作矶小学念高小。受兼任国语、算数、自然、体育多门课程的苏剑鸣老师影响较深，尤其国语课为其普通话水平打下了良好的基础。

1936 年

六弟、七弟黄绍赞、黄绍美出生。

1937 年

夏，于作矶小学毕业，完成小学学业。

7 月，因日寇侵略，当地中学都处于搬迁之中，未能顺利转入中学学习，辍学期间参加田墘镇民间抗日宣传队，参演抗战宣传剧目，在《不堪回首望平津》中扮演一位逃难的小女孩。

1938 年

2 月 3 日（农历正月初四），随大哥黄绍忠（后改名为黄誉）一起离开家乡，经海丰、陆丰，步行四天抵达揭阳县五经富镇，转入迁入该地的聿怀中学就读初中。读书期间参与抗日宣传队演出《放下你的鞭子》，另在就读期间获得篮球比赛优胜奖章。

夏，回到祖籍地玉湖镇新寮村度过暑假。

1939 年

夏，回海丰县田墘镇家中度过暑假。

暑假后，即往韩山师范学校继续读初中二年级下半期。

1940 年

夏初，黄绍强改名为黄旭华。

7 月，受战事影响难以安心念书，遂决定前往广东梅县报考东山中学或梅州中学。后因二者招考已过，改考梅县教会学校广益中学，被录取，在广益中学读高中一年级。

1941 年

春，聿怀恢复办学，回聿怀读初三。

夏，从广东梅县出发，赴广西桂林就读省立桂林中学。途经兴宁、韶关、坪石，并于坪石与大哥黄绍忠见面，在大哥的带领下到达桂林。

9 月，入省立桂林中学高 35 班，念至高中三年级。入学时作为班级唯一代表加入桂林中学校合唱团，常参与社会义演。

1944 年

7 月，因长沙战事紧张，桂林所有中学毕业会考取消，于桂林中学仓促毕业。在决定报考大学时，因观日军频繁登陆海上，且深受后方敌机轰炸之苦，思想开始从志在行医向立志船舶、航空转变。

8 月，桂林紧急疏散，离开桂林并决定报考国立交通大学。路经柳州、独山、贵阳，并在贵阳停留期间参加唐山交通大学（现西南交通大学）的招考，随即启程赶往重庆，当月抵达，在其大哥打工的某炼油厂落脚。后收到唐山交通大学录取通知，但已无返回可能，因而未能入读。

9 月，进入位于重庆江津白沙镇的由国民政府教育部为收容战区流亡学生所特设的大学先修班学习。慕交通大学的东方 MIT 之名，在海船情结和军事救国思想驱动下，着手报考交通大学造船系。学习期间自行整理编辑了《大代数讲义》。

1945 年

7 月，回到其大哥打工的某炼油厂做工，等待国立交通大学的招考成绩通知。

8 月，因成绩优异获得中央大学航空工程系保送资格，稍晚接到交大造船工程系录取通知书。然其志在船舶，故放弃中央大学保送资格。

9 月初，入当时位于重庆九龙坡的校区国立交通大学造船工程系学习。

在渝校期间结识同届交大航海工程系学生于锡堃，从于锡堃处接触到许多进步思想。

1946 年

3 月，随交大渝校第三批师生从重庆九龙坡校区走陆路经宝鸡、西安，复员上海徐家汇校园。

4 月 8 日，抵达交大上海徐家汇校园，当日恰逢交大校庆之日。

在国立交通大学就学期间，辛一心、叶在馥、王公衡等多位名师的教诲使其专业知识的培养及阅读外文科技文献的能力得到锻炼及提升。在校时曾获交通大学本校奖学金以及上海市轮船业同业公会奖学金等。

暑假，与从西南联大复员清华大学路经上海的大哥黄绍忠短暂相见，留影。

在于锡堃的介绍下，与厉良辅、蒋励君等加入交大进步学生社团"山茶社"，于锡堃任社长。"山茶社"主要以歌舞、短剧等艺术形式在学生运动中进行进步思想宣传。

1947 年

春，与"山茶社"社员在纪念"五四"文艺晚会、"反饥饿、反内战"、"救饥救寒"等活动中上街宣传，到上海各院校演出。

5 月，参与护校运动，与"山茶社"社员一起连夜赶制标语、横幅、旗帜，并在系科代表大会上带领全校学生演唱《团结就是力量》以鼓舞士气。

7 月起，利用课余时间先后做了三份家教，主要辅导中学数学、物理等课程。通过兼职家教，改善了自己的生活学习条件。

1948 年

在"山茶社"继任社长许建秘密开设的学习班中，接触《论联合政府》《目前形势与任务》等毛泽东著作及《大众哲学》《辩证唯物论和历史唯物论》《社会发展史》等文章，奠定革命理论基础。

4 月起，参加"五·二〇"运动周年纪念、"反美扶日"等宣传活动，教学生演唱革命歌曲，成为"山茶社"文艺宣传骨干。

4 月底，为避开国民党监视，"山茶社"成立"大江歌咏团"在交大校内外进行文艺宣传，其为歌咏团主要负责人。

5 月 3 日，于上海市学联在交大召开的"纪念五四"营火晚会上参与演出节目《农作舞》。

5 月 4 日，上海各大、中学生在交大举行纪念五四运动营火晚会，作为"山茶社"成员参与晚会。

暑假，从上海出发，乘船至汕头探望在聿怀中学读高中的四弟黄绍富，并同行乘船回汕尾田墘镇老家探亲。

冬，经陈汝庆向党组织递交入党申请书。

12 月底，国民党特务在交大校园进行秘密抓捕，帮助室友厉良辅逃脱搜捕。

1949 年

"山茶社"改名为"晨社"，任"晨社"第一任社长，仍继续原有宣传工作，开展"大家唱、大家跳"等活动。

春，魏瑚通知交大党组织批准其加入中国共产党，成为中国共产党预备党员。

4 月 26 日，凌晨，国民党大批军警冲进交大校园大肆搜捕，在同学帮助下趁军警换岗间隙隐蔽至三楼李钟英房间得以躲过抓捕。

7 月，从国立交通大学工学院造船工程系毕业。同月，在报名参军南下时，交大党总支书记庄绪良通知组织决定其进入上海中共市委第一期党校学习，遂放弃参军念头，决定进入党校学习。

9 月，于上海中共市委第一期党校学习结束。

10 月，中共上海市委组织部分配其至当时的华东军管会船舶建造处工作，主要负责指导监督各私营船厂造船质量及施工情况。

1950 年

4 月 20 日，成为中国共产党正式党员。

调至上海市招商局任局长于眉的秘书。在招商局工作期间，上海市统战部抽调部分党员加入民主党派以帮助民主党派发展工作，以是加入上海市国民党革命委员会。

1951 年

任上海市港务局共青团团委书记，任职期间仍然以党员身份参加上海市国民党革命委员会的组织工作。

与时任上海港务局青年干事的李世英初识。

1952 年

进入船舶工业管理局任船舶试验筹备处技术组技术员兼秘书组组长。

调入船舶工业管理局"三反"、"五反"办公室，参与打击贪污分子的工作。

5 月 12 日，中央人民政府政务院人民监察委员会聘请其为监察通讯员。

1953 年

10 月，结束"三反"、"五反"，调至船舶工业管理局设计处总体组，任总体组副组长，从事民用船舶总体设计。

11 月，作为国家商务代表团成员随团赴东德考察，了解东德造船情况并洽谈合作。

随赴德商务代表团一起抵达柏林。

1954 年

4 月底，随团回国。

6 月，转入船舶工业管理局设计二处扫雷艇与猎潜艇科，从事苏联军用潜艇的转让制造。其后因保密原因停止与民革的活动。

李世英加入转让制造工作，担任苏联专家翻译，二人逐渐确定恋爱关系。

1956 年

4 月 29 日，与李世英在上海结为连理。

12 月 31 日，因公出差广州，顺道回海丰县田墘镇老家探亲三日。

1957 年

年初，由上海调至北京船舶工业管理局设计处工作。

9 月 6 日，大女儿黄海燕出生。

年底，从北京调回上海，重回船舶工业管理局设计二处潜艇科任科长，继续从事转让制造工作，为日后核潜艇研制工作奠定了技术与管理基础。

1958 年

7 月，一机部船舶工业管理局以出差为由电话通知其启程赶往北京，实则秘密选调其参加核潜艇研制工作。

8 月，正式加入海军舰船修造部和一机部船舶工业管理局于 7 月联合组建的"核潜艇总体设计组",全组共29人。该总体设计组下设船体组、动力组、电气组三个专业小组,其分配至船体组,张景诚任组长,其为张景诚的助手。

10月,其与造船技术研究室的同事共同完成了导弹核潜艇总体方面的5个设想方案,其中3个为普通线型、2个为水滴线型,后初步选定为水滴线型、排水量为3000吨级的设想方案。初步设想方案为1958年10月中国政府专家代表团出访苏联谈判起到了重要作用。

11月,与造船技术研究室同事对核潜艇的主要器材设备的技术要求开始进一步地探讨论证,全面调研协作挂钩单位,制定关键项目的预先研究方案,考虑全船总体布置,筹划有关试验等。

年底,在708所试验水池对导弹核潜艇水滴线型展开试验摸索。

1959 年

造船技术研究室总体组下设的三个专业组改"组"为"科",其与武杰任船体科副科长。

2月,带领崔继纲、单海扬等技术人员集中力量在上海交通大学试验水池对导弹核潜艇水滴线型进行模型试验,对导弹核潜艇普通线型和水滴线型的战术性能做更为细致的计算。但受当时交大试验水池尺度等硬件条件的限制,试验仅限于定性分析。

1960 年

4月,在海直乒乓球联赛中取得第三名,经国家体育运动委员会审查授予国家乒乓球三级运动员称号。

1961 年

年初,和钱凌白一起参与指导702所实验水池的建造,并依据核潜艇试验的技术要求对水池建造进行审核,为核潜艇研制的水动力实验创造条件。

11月,由海军任命其为国防部第七研究院(简称七院)"09"技术研究室副总工程师。

12 月 14 日，父亲黄树毂去世，享年 70 岁，其因工作性质未能见父亲最后一面。

1962 年

是年起，"09"工程"下马"，作为少数核心人员被保留下来继续从事核潜艇研制工作，与总体方面同事重点进行了核潜艇水滴线型及耐压艇体结构强度等专题的研究，为工程重新上马时能快速进入科研设计阶段做了充分的技术储备。

妻子李世英被调入北京"09"技术研究室从事核潜艇研制情报搜集工作，随即携大女儿黄燕妮一起迁至北京，全家团聚。

3 月，与"09"技术研究室同事完成并提交第一个核潜艇总体设计方案——《原子导弹潜艇初步设计基本方案（初稿）》。

1963 年

10 月，中央专委批准二机部（即第二机械工业部）原子能所反应堆工程研究室潜艇核动力设计组（47-1 室）与七院"09"技术研究室等单位合并，成立潜艇原子能动力工程所（代号"715 所"，隶属七院），共 160 余人。由周圣洋任所长，其与彭士禄任副总工程师，组织科技人员开展潜艇核动力装置总体方案的论证、设计工作。

1964 年

715 所总体参加人民解放军，番号为总字 907 部队。

1 月 6 日，被授予人民解放军技术少校军衔。

1 月 18 日，时任国防部长林彪签署任命书，任命其为国防部第七研究院第十五所（即 715 所）副总工程师。

1965 年

年初，开始与 719 所同事共同研究设计 091 型首艇和 092 型核潜艇，全所论证核潜艇总体设计方案、设计指导思想和艇体线型。在艇型设计上力主采用最先进的水滴线型方案，并与技术人员进行反复试验确保其可行性。

春节期间，与钱凌白一起至原海军科研部部长、七院副院长的于笑虹将军家中，共同商讨"09"工程上马事宜。

5月，719所成立了以其为总负责人的北京工作组，工作组下设总体性能组、艇体结构组等若干专业小组，全组开始进行反潜攻击型鱼雷核潜艇的总体方案论证，目的是为确定核潜艇的战术技术指标提供依据，并为拟制核潜艇的主要设备清单做准备。

6月，七院正式以701所2室（简称"12室"）和715所潜艇总体科为基础，组建了七院核潜艇总体研究设计所（代号"719所"），设在辽宁葫芦岛核潜艇总体建造厂旁。首任所长为夏桐，副所长宋文荣和王诚善，其与尤子平任副总工程师。

6月1日，退伍转业。

8月25日，六机部在京召开代号"825"的总体方案论证审查会，作总体方案介绍报告。

12月底，率宋学斌、苏绍宗等技术人员参加在武汉市洪山宾馆召开的全国第一届水声会议。与来自全国水声声学所、院校的专家、教授一百多人共同论证并确定了091型首艇的水声配套方案和艏端布置以及水声换能器布置方案。

1966 年

年初，719所全所开展09工作"鸣放"大会。

将大女儿黄燕妮接到葫芦岛之后不久，夫人李世英亦调至葫芦岛，一家人再次团聚。

4月8日，二女儿李骊在上海出生。

为取得水滴型核潜艇操纵性能的第一手资料，与黄士龙、尤子平等技术人员和七机部五院、702所等科研部门密切合作，开展大量的模型试验研究，对水滴型艇型方案作验证性试验。并与其他单位大力协作，开展了近10项专题研究，探索了新的设计计算方法。此外，进行了1:3和1:5耐压结构焊接模型的强度模拟试验，为水滴型艇型的设计提供了可靠的依据。

参与组织并指导 1∶1 全尺寸核潜艇木制模型的设计建造工作。

出席在北京京西宾馆召开的核潜艇方案审查和技术协调会时，719 所的革命造反派冲进会场将其押送回了葫芦岛。

1967 年

年初，受"文化大革命"批判，被勒令下放养猪。

年冬，因中央军委《特别公函》指示下发，核潜艇研制工程得以排除干扰，随后结束养猪，恢复核潜艇研制的领导工作。

1969 年

其参与组织和领导的 1∶1 核潜艇木制模型建造完毕。

1970 年

12 月 26 日，我国第一艘攻击型核潜艇顺利下水，其亲眼见证了这一具有里程碑意义的历史事件及过程。

1973 年

7 月 2 日，小女儿黄峻于上海出生。

1974 年

与宋学斌向原海军参谋长的刘华清同志汇报取消 091 型核潜艇锚装置的问题。刘华清听取意见后决定采纳建议，此后研制出的核潜艇上均不再配备锚装置。

8 月 1 日，我国第一艘攻击型核潜艇服役。中央军委发布命令，命名中国第一艘核潜艇为"长征 1 号"，正式编入海军战斗序列，并举行了庄严的军旗授予仪式。其出席了此次交接命名大会，出席大会的还有海军司令员肖劲光、国防科委副主任钱学森等。

6 月，大女儿黄燕妮从锦西高中毕业。

与夫人及三个女儿在葫芦岛团聚。

4 月 5 日，全家随 719 所从葫芦岛迁至武汉，自此在武汉定居。

离开广东海丰田墘镇老家二十年后，由五弟黄绍荣将母亲接至武汉，母子得以再会。

因在核潜艇总体研究设计中做出贡献获得全国科学大会奖。

9 月，为加强核潜艇工程的技术抓总和协调，国防科委、国防科工办任命彭士禄为核潜艇工程总设计师，其与黄纬禄、赵仁恺为副总设计师。

3 月 10 日，第六机械工业部第七研究院聘请其为科学技术委员会委员。

3 月 17 日，国务院科学技术干部局和第六机械工业部第七研究院第七一九所授予其舰船研究设计专业工程师。

"09" 工程建立潜射导弹发射试验总师制度，黄纬禄任试验总师，其与国防科委测量通信总体所副所长沈荣骏和海军潜地导弹试验部队参谋长谢国琳任试验副总师，负责试验中的技术协调工作。此外，针对该项试验成立了首区、末区指挥部，首区指挥部由海军试验基地司令员田作成任指挥，潜地导弹总设计师黄纬禄与其任副指挥。

1982 年

6 月，任 719 所所长。

获得国防科学技术工业委员会二等奖。

10 月，时任国务院副总理、中央军委副秘书长张爱萍，时任解放军副总参谋长、海军司令员刘华清等中央军委首长接见包括其在内的"9182"任务参试人员。

10 月 7 日，参与并指挥代号为"9182"任务的"长城 200"号弹道导弹常规潜艇水下发射首枚潜地导弹"巨浪 1"号试验，主要负责艇的保障工作。艇体和导弹发射正常，但点火后不久，因导弹失控翻转，在空中自毁，第一次潜艇发射潜地导弹试验失败。

10 月 12 日，参与指挥常规潜艇水下发射第二枚潜地导弹获得圆满成功。

1983 年

3 月 19 日，国防科学技术工业委员任命其继任"09"工程总设计师，原总设计师彭士禄改为顾问。

1984 年

10 月 19 日，出席我国第一艘弹道导弹核潜艇交接仪式并发表讲话。

1985 年

年初，因在我国第一代核潜艇研究设计中做出重大贡献被授予国家科学技术进步奖特等奖。

3 月 21 日，二哥黄绍振逝世，享年 65 岁，因工作繁忙未能回家奔丧。

4 月，兼任 719 所党委书记。

5 月，国防科工委和海军向有关单位下达代号为"9185"任务的弹道导弹核潜艇实施潜地导弹水下发射试验要求，在发射首区和落弹末区分别成立了指挥部。首区设立其与组长黄纬禄、赵仁恺和周渊林组成的总师组，负责组织和协调试验中的重大技术问题。

8 月 12 日，参加"929"钢及配套材料科研审定会。国防科工委指定其负责技术抓总。

9月，参加"9185"首区指挥部誓师大会。

9月28日，作为首区总师组成员指挥导弹核潜艇水下发射潜地导弹试验的进行，因导弹在空中自毁，首枚导弹发射失败。

10月7日，弹道导弹核潜艇进行水下发射第二枚潜地导弹，试验仍告失败。

10月18日，弹道导弹核潜艇第三次进行水下发射潜地导弹，由于水下发射力学环境复杂，试验最终宣告失败。

11月15日，被聘为中国舰船研究院科学技术委员会特邀委员。

12月，因出任"巨浪1"号固体潜地战略武器及潜艇水下发射试验现场副指挥并于年初获国家科学技术进步奖特等奖，获中国船舶工业总公司第七研究院表彰。

12月，大女儿和湖北美院教师张卫在武汉结婚。

与宋学斌向原国防科工委科技部部长王统业汇报减少导弹数量为6个至8个的大弹艇方案。

1986 年

4月16日，于中南海怀仁堂与赵紫阳总理、李鹏副总理等中央领导及与会的电子、船舶行业的二十位专家座谈国防科技为祖国的现代化建设服务。

4—7月，参与渤海海域进行的导弹核潜艇瞄准精度试验。

10月17日，获中国船舶工业总公司劳动模范称号。

10月20日，参加中国船舶工业总公司首届劳动模范表彰大会，作为获奖代表发言。

11月，出差深圳大亚湾核电站，回到阔别三十年的广东故乡，在肇庆与母亲曾慎其相见，陪伴三日后即辞别。

11月12日，中国船舶工业总公司职称改革工作领导小组聘请其为高级专业技术职务评审委员会委员。

12月，卸任719所书记职务。

2 月 10 日，《文汇月刊》刊载了作家祖慰撰写的一篇题为《赫赫而无名的人生》的文章，第一次详细报道了其参与研制核潜艇的相关事迹，但因保密需要全文未提及其姓名。

2 月 22 日，当选武汉市科协第三届委员会常委。

5 月 21 日，参与在抚顺举行的 402 钢中间试验。

10 月，卸任 719 所所长职务。

年底，国防科工委和海军联合召开了弹道导弹核潜艇第二次水下发射潜地导弹试验的工作会议，成立首区和末区指挥部，首区指挥部负责指挥参试兵力和组织实验工作，指挥长由海军试验基地司令员王惠悫担任，副指挥长由其与栾恩杰、陈德仁、赵孟、何志斌、丁桂阁、周淦林等担任。

参与代号为"916 任务"的弹道导弹核潜艇第二次水下模型弹弹射试验。

大外孙张也力于武汉出生。

1 月 10 日，参加代号为"982"的"091"型"404"号核潜艇深水试验第二次办公室会议。

1 月 23 日，于青岛潜艇学院参加"09"工程核动力装置模拟器鉴定验收。

3 月，获中国船舶工业总公司船舶工程专业研究员任职资格。

3 月 28 日，重回母校桂林中学参观校址。

4 月，获中国船舶工业总公司船舶工程专业研究员级高级工程师任职资格。

4 月 3 日，于海南安游参观访问我国第一艘常规动力深潜潜艇。

4 月 21 日，参与并指挥"091"型"404"号核潜艇第一个航次 180 米预先下潜，该艇实际潜深 193 米。

4 月 28 日，"404"号核潜艇起航，参加试验的共有 176 人。王守仁为副指挥长，其与总师办公室主任吴庭国、著名船舶结构力学专家徐秉汉为技术负责人。参与试验的还有艇长王福山、核潜艇总体建造厂厂长助理王道桐、机电长李锦柏、水手长梁德祥等。

4月29日，404号核潜艇在南海进行极限深度下潜试验并成功下潜到极限深度300米。其指挥并参与深潜试验，成为世界上核潜艇总设计师亲自参加深潜试验的第一人，并写下了"花甲痴翁，志探龙宫；惊涛骇浪，乐在其中"的雄浑诗篇。

5月12日，参加并指挥091型404号核潜艇第三个航次即水下全速航行试验，进行高工况摸底试验。

5月13日，于指挥船上随091型404号核潜艇进入试验海区，开始测速试验，试验取得圆满成功。

5月25日，于南海指挥参加大深度发射鱼雷试验，共发射4枚鱼雷，均获得成功。

5月26日，参加代号为"982"的极限深度下潜、水下全速航行、大深度发射鱼雷三项深水试验任务总结大会。

6月22日，参加"巨浪1"号导弹发射装置密封装置和适配器鉴定会。

6月25日，中国船舶工业总公司第七研究院聘请其为船舶工程专业研究员级高级工程师，任期自1988年6月至1990年6月。同日，于葫芦岛宾馆参加402钢中间试验协调会。

7月，因执行"982"实验任务荣获中国船舶工业总公司一等功。

8月19日，原国务院总理李鹏受其与七院副院长赵孟之邀，视察代号"9188"的发射阵地。

9月，参加"9188"任务首区誓师大会。

9月15日，作为"092"型弹道导弹核潜艇水下发射"巨浪1"号遥测弹试验首区副指挥长参加并指挥试验获得成功。试验结束现场祝捷会上发言，即兴赋诗："奋发图强齐攻坚，苦战告捷喜开颜。骑鲸日游八万里，驭龙直上九重天。"

10月16日，因担任"09"核潜艇总设计师期间工作突出，受国防科学技术工业委员会表彰。

10月18日，参加国防科工委暨所属部队组建30周年纪念大会及国防科学技术专家座谈会，与会的有原中央军委副主席赵紫阳、原国务院总理李鹏、中央军委副秘书长刘华清、钱学森、朱光亚、邓稼先、彭士禄、赵仁恺、黄纬禄等。同日，受到原国务院副总理聂荣臻元帅的接见。

11月7日，受湖北省高校工委之邀，于洪山礼堂为湖北高校师生做"自力更生，艰苦奋斗"专题报告。

11月8日，为武汉大学师生做"自力更生，艰苦奋斗"专题报告。

1989 年

1月24日，于北京出席海军核安全专家委员会成立大会。彭士禄任该委员会主任委员，其与赵仁恺、林诚格为副主任委员。

3月11日，为华中师范大学师生做"自力更生，艰苦奋斗"专题报告。

4月2日，主持"核潜艇军工史"初稿审查。

5月7日，于辽宁葫芦岛出席中国船舶工业总公司核安全领导小组成立大会并发表讲话。

6月22日，赴郑州713所参加"巨浪1"号导弹发射装置密封装置和适配器鉴定会。

8月12日，原中共中央军事委员会副主席刘华清同志视察431厂，受到亲切接见。

9月，国务院授予其全国先进工作者称号。

9月6日，于北京参加915-XX815鉴定会。

9月17日，赴江苏连云港716所参加092型导弹"785"交控计算机设计定型审查会。

9月21日，于郑州713所参加092导弹发射装置及发射动力系统定型审查会。

11月16日，参加"巨浪1"号潜地战略导弹定型会议。

12月14日，于北京海军大院受到军委副主席刘华清的接见。

是年开始，第一批享受国家政府特殊津贴。

1990 年

4月10日，于葫芦岛宾馆参加402钢中间模型试验协调会。

5月23日，为武汉工学院做"自力更生，艰苦奋斗"专题报告。

5月24日，在华中理工大学做学士报告。

6月26日，为湖北审计署做"自力更生，艰苦奋斗"专题报告。

11月8日，参加HB4核保护装置评审会。

11月15日，为武汉水利电力学院师生做专题报告。

11月29日，于四川夹江参加092技术协调会。

1月17日，赴郑州713所参加《潜地导弹发射装置通用规范》等四项国军标审查会。

2月7日，其在七院召开的094型核潜艇艇方案设计准备会上发言并指出："094开始了，来之不易。干'09'，一是大力协同；二是立足国内，从现实出发；三是既要是试验艇，又是战斗艇……12个系统都是新的，但是力量应集中到导弹武备、隐蔽性和与导弹相关系统。一代艇主要解决核动力应用于水下，解决导弹艇有无问题；二代艇应该解决远程导弹问题；要总结092哪些是成功的，有哪些问题应解决。"

5月4日，在武昌出席094动力协调会。

9月16—27日，参加《潜艇核动力装置》卷终审会议。

10月23日，于四川核动力院出席第五次船用核动力专家委员会年会。

4月24日，被聘为第二届海军核安全专家委员会委员。

5月6日，于四川夹江核动力院参加094型核潜艇反应堆及一回路方案设计审查会。

9月3日，于牡丹江北方宾馆参加VHD402钢中间试验工艺模型鉴定会。

9月25日，于江苏扬州参加潜艇核动力装置安全分析报告标准格式和内容要求审查会。

1993 年

10 月 23 日，与夫人回广东肇庆为母亲一百岁寿辰贺寿。

11 月 6 日，于汕头拜访小学老师苏剑鸣。

11 月 16 日，于丹东参加核潜艇系泊、航行试验规程审查会。

1994 年

3 月，因参与完成 092 弹道导弹核潜艇设计与制造项目，荣获中国船舶工业总公司 1993 年度科技进步奖特等奖。

5 月，选聘为中国工程院首批院士。

6 月 3—8 日，于北京参加中国工程院成立大会和中国科学院第七次院士大会。

6 月 5 日，大哥黄绍忠于湖北十堰逝世，享年 75 岁。

12 月 13 日，在汉口海军工程学院参加核潜艇服役年限论证评审会。

1995 年

3 月 21 日 17:00，母亲曾慎其去世，享寿 102 岁。

10 月，中国船舶工业总公司职称改革工作领导小组聘请其为研究员职务任职资格评审委员会委员。

10 月 19 日，获颁 1995 年度何梁何利基金科学与技术进步奖之技术科学奖。

1996 年

1 月 8 日，被聘为哈尔滨工程大学兼职教授，聘期四年。

1 月 9 日，选聘为哈尔滨工程大学"211 工程"部门预审评审组专家成员。

3 月 26 日，于沈阳怡园宾馆参加"09"工程产品鉴定会低噪音空调器评审会。

4 月，出任上海交通大学学生科技协会顾问。

4 月 3 日，赴北京参加由中国工程院机械与运载部、中国造船工程学会和中国航海学会联合组织的高速水路发展战略研讨会。

4月10日，参加上海交通大学一百周年校庆，和山茶社部分老社友于上海交通大学相聚。

5月3日，回母校上海交通大学出席纪念"五·四"运动的活动，为1996届交大毕业生汇报我国核潜艇从无到有的研制历程。

6月，作为由中国工程院机械与运载部、中国造船工程学会和中国航海学会联合组成的"高速水路"调查团成员之一于珠海参与调研考察。

10月9日，参加在武汉船舶工业公司召开的武汉造船工程学会第八次会员代表大会，在会议上通过协商表决成为第八届理事会理事成员之一。

10月29日，两院院士朱光亚到访武汉东湖开发区，与其和文伏波、谢鉴衡等在汉院士进行座谈。

12月18日，因在092型弹道导弹核潜艇研制过程中做出重大贡献荣获该年度国家科技进步奖特等奖。

12月25日，小女儿黄峻与郭万钧订婚。

1997 年

3月26日，参加"09"工程产品鉴定会。

4月3日，鞍山，参加921A系列钢认可会。

4月，获武汉市科学技术协会荣誉表彰。

4月16日，获武汉市科学技术协会荣誉委员称号。

5月，获湖北省科学技术协会荣誉委员称号。

5月28日，小女儿黄峻和郭万钧于汉口球场街王宫大酒店举行婚礼。

1998 年

1月13日，出席哈尔滨工程大学"动力定位和集中控制与显示技术"鉴定会。

2月26日，为武汉教育学院师生做"自力更生，艰苦奋斗"专题报告。

6月5日，在出席中国科学院第九次院士大会、中国工程院第四次院士大会期间拜访原军委副主席刘华清。

1999 年

4 月 5 日，任国防科技工业技术委员会专家咨询委员会船舶专业组委员。

4 月 6—9 日，与"山茶社"部分老社员和大学同班同学聚会于上海交通大学。

5 月，任春兰集团公司科技咨询委员会委员。

5 月 19 日，被聘为华中理工大学教授，聘期四年。

5 月 21 日，被聘为华中理工大学交通学院名誉院长。

9 月 1 日，任解放军总装备部舰艇总体技术专业组顾问，任期至 2001 年。

9 月 19 日，作为中国船舶重工集团公司的专家代表参加由中共中央、国务院、中央军委在人民大会堂举行的表彰为研制"两弹一星"做出突出贡献的科技专家大会。

2000 年

4 月 15—20 日，参加总装备部舱船总体专业化审查十五规划至 2010 年规划。

5 月 7 日，出席湖北省科协召开的"中国光谷建设武汉地区院士专家座谈会"，与 25 位院士专家共同在《关于加快技术创新，发展我国光电子信息产业的建议》上签名，吁请中央批准建设国家级电子产业基地光谷。

5 月 16 日，于杭州参加"潜艇总体建造技术研究"鉴定会。

8 月 29 日，参加"超低频潜艇深水通信系统"立项建设方案审查会。

11 月 19 日，参加"潜艇 AIP 动力预研"技术鉴定会。

11 月 23 日，国家光电子信息产业基地（筹建）领导小组聘请其为"武汉·中国光谷"建设委员会顾问。

2001 年

1 月 1 日，于厦门鼓浪屿迎接千禧年时赋诗《七绝》："登高武夷送世纪，畅游鼓浪迎千禧，常言七十古来稀，岂知夕阳更绚丽。"

3 月 8 日，被聘为中船重工集团第七研究院第五届科学技术委员会委员。

3 月，获解放军总装备部科学技术委员会表彰。

7 月 1 日，被聘为中国船舶重工集团公司第一届科学技术委员会委员，聘期四年。

7 月 8 日，被授予中国造船工程学会第十二届理事会名誉理事荣誉称号。

8 月 4 日，与百名全国劳动模范和先进工作者赴北戴河参加休养活动，并出席全国劳模北戴河疗、休养座谈会，受到原中共中央政治局常委、书记处书记、中华全国总工会主席尉健行同志的亲切慰问，并向尉健行同志汇报了工作体会。

9 月 29 日，参与母校聿怀中学 125 周年庆典大会，并代表所有校友在会上致辞。

2003 年

2 月 10 日，被聘为国防科学技术工业委员会第二届专家咨询委员会委员。

4 月 11 日，于宝鸡参加船用钛合金应用推广和技术交流会。

7 月 12 日，参加第一代潜地导弹作战训练系统成果鉴定会。

9 月 13 日，赴沈阳参加中国科协 2003 年学术年会。

9 月 14 日，出任沈阳市人民政府科技顾问。

9 月 15 日，出席辽宁船舶工业发展战略研究高层论坛并在论坛上发言。

2004 年

9 月 26 日，参观酒泉发射中心，内蒙古载人航天发射场。

11 月 20 日，于怀柔参加中船重工集团公司中长期科技发展规划纲要（民品部分）研讨会。

2005 年

1 月 21 日，于西安参加鱼 -6 重要设计定型会。

11月29日，在上海参加海军装备技术研究所"水下修理平台（ROY）技术研究"课题成果鉴定会。

12月21日，与两院院士潘家铮、工程院院士梁应辰、张超然等13名专家组成"福建水口水电站2×500吨级升船机建设及运行项目技术成果鉴定会"技术鉴定委员会，对当时国内规模最大的升船机——福建水口电站升船机做出技术鉴定。

为配合共产党员先进性教育活动，先后多次为国防工办、中航重工集团公司总部、海军驻719所军代表室专题报告，就核潜艇研制"自力更生、艰苦奋斗、无私奉献"精神，谈对共产党员先进性教育内涵的理解和把握。

2006 年

3月23日，出席"中国十大名船"颁奖典礼，其代表的单位所设计建造的我国第一代弹道导弹核潜艇荣获"中国十大名船"称号。

5月23日，赴上海参加"09（工程）老同志联谊会"。

5月24日，于上海红蕃音乐餐厅庆祝80寿辰。

6月，成为中国工程院机械与运载工程学部资深院士。

8月24日，出席《中国舰船研究》期刊第一届编辑委员会会议并发表讲话。

9月21日，被授予中国造船工程学会第十三届理事会名誉理事荣誉称号。

10月19日，参加719所"庆祝党的十七大胜利召开"演出会，在会上指挥千名员工高唱《歌唱祖国》。

11月14日，接受《见证中国核潜艇》一书作者杨连新先生的采访。

2007 年

1月23日，参加湖北省科技厅在中南民族大学组织的"多轴摆动减速机构"科技成果鉴定会。

2月2日，应邀出席国防科学技术工业委员会举办的船舶行业院士专家座谈会。

5 月，哈尔滨工程大学聘请其为全国博士生学术论坛《船舶与海洋工程》学术委员会委员。

7 月 27 日，被聘为中国船舶重工集团公司军工专家咨询委员会委员，聘期三年。

9 月 22 日，参加华中科技大学文华学院 2007 级新生开学典礼。

9 月 24 日，参加中国百名院士沈阳行活动，并被沈阳市人民政府聘为政府咨询顾问。

9 月 28 日，与饶芳权、郑度、周福霖三位院士共同出席聿怀中学成立130 周年校庆活动暨聿怀初级中学成立 5 周年庆典。

2008 年

1 月 22 日，参加 2008 年湖北省院士专家迎春茶话会，并于会上表演太极长拳。

4 月 29 日，出席华中科技大学文华学院五周年校庆盛典并题词"祝贺文华学院建校五周年，严谨办学，全面发展"。

6 月 24 日，与核潜艇工程第三任总设计师张金麟院士同去探望病中的第一任总设计师彭士禄院士。

8 月 18 日，回到现名为汕尾白沙中学的原田墘镇小学，并题词"母校办学严谨，桃李芬芳，硕果累累，祝蒸蒸日上，更上一层楼"。

11 月 5 日，参加南昌高新科技成果展示洽谈会，并考察江西罗伊尔游艇工业公司。

11 月 6 日，于江西省科技馆参加南昌高新科技成果展示洽谈会活动开幕式。

11 月 17 日，应邀于九江职业大学作"从核潜艇研制谈创新意识与人才素养"的学术报告。

12 月 8 日，出席"九江船舶工业创新与发展同舟论坛"开幕式，对九江船舶工业发展提出建议。

2009 年

出席中船重工集团公司军工专家咨询委舰船总体专业技术委员会第一

次研讨会。

1 月 16 日，国防科工局科学技术工业委员会聘任其为第一届国防科技工业局科学技术委员会委员。

3 月 20 日，出任孝感市人民政府核技术发展产业顾问。

7 月，被评为"新中国成立 60 周年十大海洋人物"。同月，获中国船舶重工集团公司第七一九所 2008 年度"优秀共产党员"荣誉称号。

9 月 12 日，重回广东省揭东玉湖镇新寮村故里，与故乡亲眷在其祖居地"崇德堂"合影。

10 月 28 日，被评为湖北最具影响力劳动模范，并获"荆楚楷模"荣誉称号。

2010 年

1 月，被聘为中国船舶重工集团公司科学技术委员会第二届委员。

2 月，获中国船舶重工集团公司第七一九所"优秀个人"称号。

2 月 9 日，参加湖北省院士专家 2010 年迎春茶话会。

5 月 12 日，应邀参加上海交通大学湖北校友座谈会，其为湖北校友会名誉会长。出席座谈的还有上海交通大学张杰校长，湖北校友会会长、上海交通大学 1953 届校友赵梓森院士以及 20 余名湖北校友会代表。

6 月 25 日，被聘为宁波市国能核科技应用研究院有限公司高级顾问。

8 月 18 日，参加黄石市院士工作站授牌仪式，并与湖北登峰换热器有限公司签订《院士专家工作站合作意向书》。

8 月 24 日，入围湖北省感动荆楚"十大杰出老人"候选人。

9 月，当选湖北省感动荆楚"十大杰出老人"。

9 月 17 日，参加浙江省科学技术协会年会院士专家宁波行活动，并出席开幕招待酒会。

9 月 18 日，加入宁波市国能核科技应用研究院公司院士工作站。

10 月 10 日，出席感动荆楚"十大杰出老人"和"十大孝老爱亲模范"颁奖晚会，获颁感动荆楚首届"十大杰出老人"奖。

12 月，被聘为中国船舶重工集团公司第二届军工专家咨询委员会委员，聘期三年。

2011 年

入选由桂林日报社启动的"60 年铭记——影响桂林的 60 人"大型评选活动。

1 月，获中国船舶重工集团公司第七一九所 2010 年度安全保密工作"优秀个人"称号。

1 月 20 日，于武昌洪山宾馆与省、市领导共度院士专家新年团拜会。

4 月，参加上海交通大学建校 115 周年校庆活动。

4 月 9 日，获上海交通大学杰出校友卓越成就奖并作讲话。同日，应邀参加上海交大船舶海洋与建筑工程学院举办的院士校友座谈会，并作为评审嘉宾出席"松辽—超日"杯绿色智能船艇决赛。

7 月，获中国船舶重工集团公司第七一九所 2010 年度"优秀共产党员"荣誉称号。

8 月 1 日，出席湖北省科技馆新馆建设推进座谈会。

11 月 20 日，出席湖北省科技馆新馆奠基仪式。

12 月 1 日，为纪念父亲逝世五十周年，与夫人和健在的六个兄弟妹一同前往汕尾祭拜。

12 月 3 日，与夫人李世英一同前往广东海丰拜访彭士禄院士。

2012 年

3 月 11 日，于武汉湖滨花园酒店参加上海交通大学湖北校友会 2012 年年度大会。

5 月 24 日，出席由湖北省科技协会召开的湖北省科技新馆"内容建设"咨询座谈会，出席会议的还有刘经南、叶朝辉、朱英国、杨叔子、曹文宣、熊有伦、熊远著等七位院士，其就科技馆建设应面向全民，要了解观众需求和心理的问题发表了自己的见解。

6 月，获中国船舶重工集团公司第七一九所 2011 年度"优秀共产党员"荣誉称号。

9 月 29 日，出席母校聿怀中学 135 周年校庆活动。

11 月 6 日，在著名作曲家吕远先生访问武昌 719 所期间，与吕远先生分享其亲自作曲作词的《09 战歌》，并和吕远先生畅谈集团歌曲的重要意义。

11 月 28 — 29 日，在北京望远楼宾馆参加由中国"两弹一星"历史研究会、中国核工业集团公司党群工作部、中国船舶重工集团公司政治工作部联合举办的首届"中国核潜艇精神高层论坛"。

12 月，出席武昌 719 社区为五十位"老国防"举办的集体祝寿酒会，并即兴赋诗。

2013 年

1 月，参加 2012 年度武汉市武昌区健康"五评"活动，被评为中老年组"健康之星"。

4 月 21 日，于武汉市黄陂区参加上海交通大学湖北校友会 2013 年年度大会。

5 月 26 日，参加华中科技大学文华学院建校十周年校庆活动，并与华中科技大学校长李培根院士、中国科学院杨叔子院士、中国工程院潘垣院士、张祖勋院士、张勇传院士等六位院士共同出席校庆庆典大会。

8 月 15 日，参加湖北省科技馆新馆项目启动仪式，并随同樊明武、赵梓森、叶朝辉、姜德生等五位院士出席新馆项目建设座谈会，就新馆工程设计、空间规划以及未来运行中的降噪、节能等问题提出建议。

9 月 14 日，参加湖北省及武汉市科协等单位在汉口常青花园举办的第十个全国科普日活动。

10 月 25 日，出席上海交大举行的海洋强国战略论坛暨纪念船舶与海洋工程系成立 70 周年活动。

2014 年

1 月 17 — 18 日，赴北京参加中央电视台"感动中国 2013 年度人物"颁奖典礼节目录制。

2 月 10 日，当选 CCTV "感动中国 2013 年度人物"。

3 月 12 日，于 719 所作 "感动中国" 获奖事迹专题报告。

3 月 17 日，于武汉出席 2014 年湖北省船舶与海洋工程装备院士工作中心工作会议。

3 月 18 日，为海军武汉局做核潜艇研制事迹 "感动中国" 专题报告。

3 月 25 日，接受湖北卫视电视台 "长江问答" 栏目组采访时，在栏目组安排下与作家祖慰重逢。

4 月 23 日，受邀参观广东省汕尾市红海湾经济开发区及白沙中学旧址红楼，并为汕尾市红海湾经济开发区题词 "美丽红海湾"。

4 月 25 日，与汕尾市市委书记、市人大常委会主任温国辉，市领导陈央、林涛、苏茂荣、李庆新等会面。为汕尾市 1300 多名干部做 "感动中国" 事迹专题报告。

4 月 27 日，获广东省汕头市金平区第三届 "金平好人" 特别奖，并在全区宣传文化工作会议暨社会主义核心价值观专题学习会上作 "爱国敬业，誓言无声" 的主题报告。

4 月 28 日，至汕头参观聿怀中学新校区及聿怀实验学校，并与同学们座谈。

4 月 29 日，在广东省揭阳市揭东区委书记吴平河的陪同下到揭东人民广场参观考察，举行座谈，并应邀于揭东区人民广场会展中心为 "揭东论坛" 作党的群众路线教育实践活动专题报告。

5 月 24 日，于云南昆明出席第十六届中国科协年会。

5 月 28 日，接受新华社、人民日报、光明日报、经济日报、中央电视台、中央人民广播电台、中国科学报、中船重工报等八家媒体联合采访。

6 月 9 日至 13 日，参加中国科学院第十七次院士大会和中国工程院第十二次院士大会。

7 月 19 日，湖北美术学院徐勇民院长一行前往府中专程看望，其向该校题赠 "艺海藏龙" 牌匾，并获徐勇民院长回赠 "大海蛟龙——感动中国，向黄旭华先生致意" 匾额。

8 月 1 日，于 "建军节" 当日，与全国拥军优属模范李祖珍共同为 18

位来自海、陆、空军及武警驻汉部队的 18 位指战员在武汉"市民之家"举行的"江城之恋·鱼水情缘"集体婚礼证婚。

8 月 29 日，"最受推崇的十大潮人家风"颁奖晚会在汕头市广播电视台综合剧场举行，院士家庭光荣当选，并由其长女黄燕妮夫妇代为领奖。

9 月 17 日，参加中国科协巡回报告团，赴合肥做"此生无悔"专题报告。

9 月 27 日，受湖北省人才工作部邀请，给机关干部做"〇九精神和感人事迹"专题报告。

9 月 30 日，湖北省委书记李鸿忠到其府邸致节日慰问。

10 月 22 日，在中国科学巡回报告团南宁站做"此生无怨无悔"专题报告。

12 月 3 日，和武汉华师一附中学生座谈。

12 月 16 日，在中国科协巡回报告团呼和浩特站，做"无怨无悔，此生没有虚度"事迹报告。

参考文献

［1］程望，程辛. 当代中国的船舶工业［M］. 北京：当代中国出版社，1992.

［2］李觉. 当代中国的核工业［M］. 北京：中国社会科学出版社，1987.

［3］杨国宇. 当代中国海军［M］. 北京：中国社会科学出版社，1987.

［4］聂力，怀国模主编. 回顾与展望［M］. 北京：国防工业出版社，1989，396.

［5］中国科学技术协会编. 中国科学技术专家传略·工程技术编·交通卷［M］.
　　北京：中国科学技术出版社，1995.

［6］黄彩虹主编，寒羽编著. 核潜艇［M］. 北京：人民出版社，1996.

［7］何梁何利基金评选委员会编. 1995·何梁何利奖［M］. 北京：科学出版社，
　　1996，244−246.

［8］赵德义. 中国历代官称辞典［M］. 北京：团结出版社，1999.

［9］周济主编. 科技创新院士谈（上）［M］. 北京：科学出版社，2001.

［10］许国志，陈太一主编. 院士谈教育［M］. 福州：福建教育出版社，2002.

［11］刘华清. 刘华清回忆录［M］. 北京：解放军出版社，2005.

［12］钱伟长，朱光亚，宋兆法等. 中国当代著名科学家黄纬禄. 贵阳：贵州人民
　　出版社，2005.

［13］南方大学肇庆校友会，肇庆市政协文史资料编辑委员会编. 肇庆文史·第
　　二十辑·南方大学校友在肇庆［M］. 内部资料，2005.

［14］朱隆泉主编. 思源湖——上海交通大学故事撷英［M］. 上海：上海交通大
学出版社，2006.

［15］上海交通大学党史校史研究室编著. 民主堡垒——战斗在交通大学的地下党
［M］. 上海市：上海交通大学出版社，2007.

［16］广东省揭东县玉湖镇新寮乡. 新寮乡黄氏家族族谱［M］. 内部资料，2008.

［17］武汉市科协等编. 江城院士风采［M］. 武汉：武汉出版社，2008.

［18］中共江津区党史研究室编. 中国共产党江津地方历史（第一卷1926—1949）
［M］. 北京：中共党史出版社，2009.

［19］汕尾市红海湾抗日英烈陵园文史馆编. 长忆合作军［M］. 内部资料，2009.

［20］约翰·威尔逊·刘易斯著. 曹志荣等译. 中国建造核潜艇［M］. 内部资料，
2010.

［21］潘敏，李建强主编. 思源致远，百年神韵——上海交通大学文化研究［M］.
北京市：高等教育出版社，2011.

［22］《大海记忆——新中国60年十大海洋人物，十大海洋事件》编委会编. 大
海记忆·新中国60年十大海洋人物、海洋事件［M］. 北京：海洋出版社，
2012，145.

［23］辛亨复. 辛一心传：一个中国造船科学家的奋斗［M］. 上海：上海交通大
学出版社，2012.

［24］《海陆丰历史文化丛书》编纂委员会编. 海陆丰历史文化丛书（卷一）人文
志略［M］. 广州：广东人民出版社，广东省出版集团，2013.

［25］杨连新编著. 见证中国核潜艇［M］. 北京：海军出版社，2013.

［26］朱乐民. 潜艇的成功航行取决于有才干的潜艇设计师［N］. 人民日报海外
版，1985-12-01.

［27］郗其新，刘景之. 新型导弹潜艇［N］. 光明日报，1987-07-28.

［28］黄彩虹，曹国强. 中国核潜艇的诞生［N］. 人民日报海外版，1988-08-29.

［29］金凤. 中国核潜艇工程总设计师黄旭华［N］. 中国老年报，2001-07-03（8）.

［30］安德鲁·埃里克森，莱尔·高德斯蒂恩. 胡锦洋编译. 中国新一代核潜艇借
鉴国外经验 中国未来的核潜艇力量（二）［N］. 世界报，2007-07-11（11）.

［31］郑冰利. 烈士鲜血染红楼——见证者钟文琴老人谈田墘"红楼事件"［N］.
汕尾日报，2011-08-06.

［32］陈娟. 一家祖孙四代 11 人从事教育事业令人敬佩［N］. 桂林日报，2011-09-11（2）.

［33］黄晓旋，郑楚藩. 人杰地灵新寨村"中国核潜艇之父"黄旭华故乡［N］. 揭阳日报，2013-01-31（8）.

［34］王建蒙. "水下核盾"，鲜为人知的往事［N］. 解放日报，2014-01-10（10）.

［35］胡思华. 上海交大校友"中国核潜艇之父"黄旭华"感动中国"，曾写诗言志："自探龙宫，惊涛骇浪，乐在其中。"［N］. 东方教育时报，2014-02-26（12）.

［36］林宝凤. "希望大家到村里来！"——揭东区玉湖镇新寨村打造乡村游景点侧记［N］. 揭阳日报，2014-04-22（9）.

［37］徐元. 中央媒体集中报道黄旭华先进事迹［N］. 中船重工报，2014-06-06（1）.

［38］康克兢，鲁超芳，赵冰化. 18 位指战员举行集体婚礼 感动中国人物黄旭华现场送祝福［N］. 长江日报，2014-08-02（2）.

［39］杨可. 汕头评出"最受推崇的十大潮人家风"［N］. 汕头日报，2014-08-29（1）.

［40］祖慰. 赫赫而无名的人生［J］. 文汇月刊，1987（6）：2-11.

［41］郗其新. 深海霹雳［J］. 航天，1989（1）：2.

［42］刘景之. 记导弹核潜艇的总设计师黄旭华［J］. 军事世界（香港），1989（7）：12-13.

［43］陈右铭. 英明的决策，艰巨的任务［J］. 海军装备，1989（4）：14.

［44］蒋兵. 黄旭华和中国核潜艇［J］. 新华文摘，1995（12）：122-123.

［45］顾宗炎. 五洋捉鳖，九天揽月——回忆 26 年前我国第一艘核潜艇首航成功［J］. 现代舰船，1997（10）：34-36.

［46］吴锴. 战略核潜艇的设计思想：访中国工程院黄旭华院士［J］. 兵器知识，2000（4）：2-5.

［47］吴锴. 攻击型核潜艇的设计思想：再访黄旭华院士［J］. 兵器知识，2000（6）：22-25.

［48］丁群. 我国第一艘核潜艇诞生记——访总设计师、工程院院士黄旭华［J］. 名人传记，2002（2）：58-61.

［49］李忠效. 核潜元勋陈右铭［J］. 报告文学，2002（5）：16.

［50］刘炜. 从玩具到核潜艇——中国核潜艇总设计师黄旭华的故事［J］. 孩子天地，2002（12）：4.

［51］红旅. 人民海军的海下核威慑力［J］. 世界航空航天博览（B版），2004（04B）：27-33.

［52］李生云. 深海有约——记中国战略核潜艇设计者黄旭华院士［J］. 科学课，2004（6）：4-5

［53］朱隆泉，孙光二. 造船巨擘叶在馥［J］. 上海造船，2007（04）.

［54］我国核潜艇研制始末：美国模拟玩具泄露天机［J］. 科学大观园，2009（15）：42.

［55］陈钜品. 两航起义人员参与并见证了60年来上海飞机制造厂的发展［J］. 联谊通讯，2009（83）.

［56］姜浩，丛语. 中国核潜艇发展亲历记——访我国第一代核潜艇总设计师黄旭华院士［J］. 兵工科技，2010（17）：12-20.

［57］水冰. 核潜艇的"七朵金花"［J］. 舰船知识，2011（4）：30-31.

［58］木易. 核潜艇的试航、交艇［J］. 舰船知识，2011（4）：28-31.

［59］解红叶. 板形之先，满井之霖——记冶金机械专家、中国工程院院士陈先霖［J］. 金属世界，2012（5）.

［60］钟言. 研究、传承、弘扬核潜艇精神建设社先进文化——核潜艇精神高层论坛召开［J］. 国防科技工业，2012（12）：50-51.

［61］刘军青，鄢松权. 犁浪遨游固海疆［J］. 军工文化，2014（3）：48-51.

［62］钱凌白. 回忆录（未出版）. 2013-01.

［63］黄绍赞. "核潜艇之父"的故乡情结（未出版）. 2014-05.

［64］黄绍赞. 记忆中的一些事（未出版）. 2014-10.

［65］于能. 正好江南四月天 万里归来谊更浓——汪胡桢文物史料捐赠侧记［EB/OL］. 2006-05-01. http：//www.cnjxol.com.

［66］桂林中学. 中国"核潜艇之父"——记桂中学生、中国工程院院士黄旭华先生［EB/OL］. 2008-04-30. http：//www.glzx.net/show.aspx? id=2941&cid=37.

［67］陈东荣，熊东华. 感动荆楚"十大杰出老人""十大孝老爱亲模范"颁奖晚会举行［EB/OL］. 2010-10-12. http：//news.cnhubei.com/news/gdxw/201010/t1482186.shtml.

［68］上海交通大学船建学院. 黄旭华院士："潜水"三十年的核潜艇之父［EB/OL］. 2011-04-13. http：//news.sjtu.edu.cn/info/1002/102872.htm.

［69］盛小航. 省科技馆新馆内容建设座谈会召开 各方专家与科普工作者积极献计［EB/OL］. 2012-05-25. http：//news.cnhubei.com/gdxw/201205/t2081080.shtml.

［70］林忠. 庆祝桂林中学建校 108 周年——桂林中学校史概况［EB/OL］. 2013-09-22. http：//www.glzx.net/show.aspx？id=8278&cid=551.

［71］汤雄. 忧国伤时的姑苏才女——忆宋庆龄秘书、柳亚子之女柳无垢［EB/OL］. 2014-04-21. http：//blog.sina.com.cn/u/3514365647.

［72］黄旭华口述. 张红岩，来芙萍整理. "我没有辜负对组织的誓言！"［EB/OL］. 2014-07-14. http：//dangjian.people.com.cn/n/2014/0714/c117092-25279126.html.

后 记

　　撰写黄旭华院士的传记，于我而言，委实是一件既惴惴不安、又刺激兴奋的、且极具挑战性的工作。

　　之所以惴惴不安，因忧虑本人力有不逮。我是理工出身，现在的研究领域是档案与信息管理，而学术传记属史学领域，三者似乎风马牛不相及，假使不是因为采集工程的要求，我是断然没这个胆量的。

　　黄旭华院士是我国核潜艇事业的开创者这一，为我国核潜艇的设计建造做出了巨大的贡献，吾唯恐难详其思想精髓、毕世奇功；黄旭华院士精神矍铄、学者风范、才艺兼具，余害怕难尽其道德风骨、人格魅力。当我得知黄旭华院士迄今尚没有一本传记、且婉拒过多位名笔给他撰写传记的请求时，私下里更是汗流浃背。故此，自开笔以来，一直小心翼翼、字斟句酌、夙夜匪懈。

　　然而，让我所料未及的是，当我告知黄旭华院士我将遵照采集工程之规定给他写一本传记，并坦言我的诸多顾虑之后，黄院士不仅欣然同意，而且以他们当年研制核潜艇的艰难为例，鼓励我大胆试笔，并就传记的标题与写法等与我交换意见。黄旭华院士这种胸襟让我又一次油然而生敬意，也体会到他老人家对我的提携和信任，这多少让我涌起了一份信心。

　　之所以刺激兴奋，则是因为机会确实难得。从读书识字伊始，虽不敢说酷爱文学，但迄今对小说、散文也常手不释卷，对名人传记亦偶有翻阅，对"五四"以来那种半文半白的文学体裁尤其钟爱。读书时作文一向得老师鼓励，高考虽报考理科，但语文成绩却胜过数理化甚多。青涩时期，曾经向隅而作三二篇小小说，然惧他人啐骂不自量力，故唯在被窝里孤芳自赏，之后便偃旗息鼓，那点文学野心也就此尘封于记忆之中。很是感谢中国科协发起了"老科学家学术成长资料采集工程"，让我机缘巧合地得到了黄旭华院士的资料采集项目，并让我濒于窒息的野心开始苏醒了，至少，我可以在黄旭华院士鼓励之下，堂而皇之地撰写"文学作品"了。

甲午年惊蛰日，出于对采集工程这一重大文化项目的慎重、出于对黄旭华院士的崇敬、出于对我那份极具私意的野心的拔苗助长，我整理好采集而来的资料及参考书，打开电脑、压匀呼吸，凝重的敲下了《誓言无声铸重器：黄旭华传》。

本传记的写作纯粹是按照历史发展的逻辑进行铺叙，既没有名人哲理的恣意修饰，也没有科技史理论的丰厚铺垫。笔者自知能力所限，仅能对黄旭华院士的人生旅程及重要事件予以白描，如能做到黄旭华院士资料集成，并为其他研究者提供薪柴，我便心满意足了。在行文之中，不免对黄旭华院士的品质及成就持有笔者个人的些许观点或者赞美，也是发自肺腑之论。

这本传记的写作及其进度与黄旭华院士的资料采集状况及进程有着密切的关系。在资料的采集与传记的撰写过程中，许多人给了我热情的帮助。从书名的确定、体例的安排，到资料的整理与考证、照片的选用，甚至文本的审校、遣词造句在各方面，我都收获丰硕。

首先我要表达对传主黄旭华院士及其夫人李世英的感恩之情，他们不仅给我的写作给予鼓励，同时尽可能提供各种资料与线索。尤其是黄旭华院士，他的工作依然忙碌，社会工作总是安排的满满当当，但对于我们的访谈要求从不推辞，见缝插针，回答我们的问题，有时甚至牺牲自己的休息时间为我们提供资料。在传记的写作过程中，黄院士多次告诫笔者，核潜艇事业是一代人的功劳，要少写他个人，更不要拔高他的贡献。诚恳谦逊之情溢于言表。

　　黄旭华院士的亲人中，他的大女婿张卫先生及大女儿黄燕妮女士为我们的访谈及资料采集提供了必要的帮助，我在此谢谢这对贤伉俪。黄旭华院士年近八旬的弟弟黄绍赞先生很是让我感动。由于路途遥远，往来不便，加上先生的客家口音，沟通起来有些障碍。他竟按照我们的访谈提纲所列的问题，一一作答，写成了厚厚的一叠回忆录，并快递给我们。当我拿到那份回忆录时，觉得异常的沉重，激动万分，感慨良多。我谨在此代表我们采集小组对黄绍赞老先生鞠躬致敬。

　　其次，我要真诚的感谢张金麟院士、宋学斌总师及钱凌白高工、尤庆文高工，他们在核潜艇的研制过程中与黄旭华院士数十年风雨同舟，对黄旭华院士的行为、事迹、贡献、人品了如指掌。他们不辞辛苦，不仅欣然接受我们的访谈，而且给我们提供了大量的资料与信息。同时，我还要对719所的彭明民、黄秀梅、刘军青、鄢松权等同志表示由衷的谢忱。由于黄旭华院士所在的719所是高度保密的单位，我们的每一次出入及访谈都要履行诸多的手续，他们不仅每一次不厌其烦支持我们的访谈，并且在保密许可的情况下，尽一切可能给我们提供所需的资料与信息。设若没有他们的理解、支持与帮助，人物访谈和资料采集工作不可能进行得这样顺利。

　　其三，必须感谢采集工程领导小组的王春法、张藜、樊洪业、吕瑞花、罗兴波等同志，他们在项目中评时对传记的写作方案提出了诸多中肯建议。尤其要感谢王春法同志，他对笔者中评方案中传记的标题范式及行文方法所指出问题，果然在我的写作过程中发生了，事实印证了他判断的正确性，让我当时的不以为然，转变为羞愧且诚挚的敬意。

　　其四，我要感谢在传记中所引用的文献、照片和参考资料的作者们，是他们的劳动让我的写作有了丰富的资料基础。尤其是祖慰及杨连新两位先生，他们的作品《赫赫而无名的人生》及《见证中国核潜艇》是我写作案头上最为重要的资料，本人亦在此对两位先生及其大作致以谢意。

　　此外，中国科协宣调部的沈林苣同志、张利洁同志，采集工程办公室的张藜同志、罗兴波同志、刘洋同志，湖北省科协的马贵兵同志、王汉祥同志、邓腾同志，武汉市科协的杜循刚同志，湖北电视台的康耀方同志，武汉教育电视台的黄阳同志、刘保哲同志，武汉市城建档案馆的张凯同志、刘元海同志，广东揭阳电视台的洪诗荣先生，广东揭阳日报的陈育同志、林宝凤同志、林碧鸿同志，他们分别在项目组织、资料采集、人物访谈和传记写作中，对采集小组及笔者提供过指导、支持和帮助，在此一并向他们表示感谢。

采集工程馆藏基地的李志东、杨璐露、王彦煜、高天平四位老师对移交进馆资料进行了仔细的核对、校正和验收，在此感谢他们的辛勤劳动。我的同事覃兆刿教授也对本传记的写作给与了一些有益的建议，让我受益良多，谢谢他的帮助。

当然，我也必须谢谢我的五名研究生，他们分别是杨艺、汤润雪、李觅、王庆悦、林青，一年多来，他们为该项目各项工作都付出了辛勤的劳动。尤其是杨艺同学，她承担了从采集计划与方案的制定、访谈提纲的编制、人物访谈的实施、资料线索的查询与采集、访谈录音的整理、资料的分类与著录、全部资料的整理与装盒、各类清单的编目与核对、各类资料的打印及装订等大部分工作，并独立完成了传主年表的撰写、资料长编的编制、传记照片的选择、传记文本的审校等工作，还协助笔者准备中评、终评的评审资料及 PPT 演示文稿的制作等事宜，并对每一个工作环节都仔细而认真的掌控，为此付出了大量的时间和汗水，为师在此由衷且诚恳地对她说一声：谢谢！辛苦了。

最后，感谢所有关心、支持本项目的人！

王艳明

2014 年 04 月 18 日于武昌沙湖琴园

老科学家学术成长资料采集工程丛书

已出版（76种）

《卷舒开合任天真：何泽慧传》	《此生情怀寄树草：张宏达传》
《从红壤到黄土：朱显谟传》	《梦里麦田是金黄：庄巧生传》
《山水人生：陈梦熊传》	《大音希声：应崇福传》
《做一辈子研究生：林为干传》	《寻找地层深处的光：田在艺传》
《剑指苍穹：陈士橹传》	《举重若重：徐光宪传》
《情系山河：张光斗传》	《魂牵心系原子梦：钱三强传》
《金霉素·牛棚·生物固氮：沈善炯传》	《往事皆烟：朱尊权传》
《胸怀大气：陶诗言传》	《智者乐水：林秉南传》
《本然化成：谢毓元传》	《远望情怀：许学彦传》
《一个共产党员的数学人生：谷超豪传》	《没有盲区的天空：王越传》
《含章可贞：秦含章传》	《行有则　知无涯：罗沛霖传》
《精业济群：彭司勋传》	《为了孩子的明天：张金哲传》
《肝胆相照：吴孟超传》	《梦想成真：张树政传》
《新青胜蓝惟所盼：陆婉珍传》	《情系梁莍：卢良恕传》
《核动力道路上的垦荒牛：彭士禄传》	《笺草释木六十年：王文采传》
《探赜索隐　止于至善：蔡启瑞传》	《妙手生花：张涤生传》
《碧空丹心：李敏华传》	《硅芯筑梦：王守武传》
《仁术宏愿：盛志勇传》	《云卷云舒：黄士松传》
《踏遍青山矿业新：裴荣富传》	《让核技术接地气：陈子元传》
《求索军事医学之路：程天民传》	《论文写在大地上：徐锦堂传》
《一心向学：陈清如传》	《铃记：张兴铃传》
《许身为国最难忘：陈能宽》	《寻找沃土：赵其国传》
《钢锁苍龙　霸贯九州：方秦汉传》	《虚怀若谷：黄维垣传》
《一丝一世界：郁铭芳传》	《乐在图书山水间：常印佛传》
《宏才大略：严东生传》	《碧水丹心：刘建康传》

《我的气象生涯：陈学溶百岁自述》 《我的教育人生：申泮文百岁自述》
《赤子丹心 中华之光：王大珩传》 《阡陌舞者：曾德超传》
《根深方叶茂：唐有祺传》 《妙手握奇珠：张丽珠传》
《大爱化作田间行：余松烈传》 《追求卓越：郭慕孙传》
《格致桃李半公卿：沈克琦传》 《走向奥维耶多：谢学锦传》
《躬行出真知：王守觉传》 《绚丽多彩的光谱人生：黄本立传》
《草原之子：李博传》

《宏才大略 科学人生：严东生传》 《探究河口 巡研海岸：陈吉余传》
《航空报国 杏坛追梦：范绪箕传》 《胰岛素探秘者：张友尚传》
《聚变情怀终不改：李正武传》 《一个人与一个系科：于同隐传》
《真善合美：蒋锡夔传》 《究脑穷源探细胞：陈宜张传》
《治水殆与禹同功：文伏波传》 《星剑光芒射斗牛：赵伊君传》
《用生命谱写蓝色梦想：张炳炎传》 《蓝天事业的垦荒人：屠基达传》
《远古生命的守望者：李星学传》